行政公益诉讼的法经济学研究

Ius est ars boni et aequi

乌 兰——著

法律出版社 LAW PRESS · CHINA
——北京——

图书在版编目(CIP)数据

行政公益诉讼的法经济学研究 / 乌兰著. -- 北京 : 法律出版社, 2023

ISBN 978 -7 -5197 -8058 -6

Ⅰ. ①行… Ⅱ. ①乌… Ⅲ. ①法学－经济学－研究－中国 Ⅳ. ①D90 -059

中国国家版本馆 CIP 数据核字(2023)第 111858 号

行政公益诉讼的法经济学研究
XINGZHENG GONGYI SUSONG DE FA JINGJIXUE YANJIU

乌 兰 著

策划编辑 似 玉
责任编辑 似 玉
装帧设计 汪奇峰

出版发行 法律出版社
编辑统筹 法律应用出版分社
责任校对 朱海波
责任印制 刘晓伟
经　　销 新华书店

开本 710 毫米×1000 毫米 1/16
印张 22 **字数** 296 千
版本 2023 年 6 月第 1 版
印次 2023 年 6 月第 1 次印刷
印刷 北京建宏印刷有限公司

地址:北京市丰台区莲花池西里 7 号(100073)
网址:www.lawpress.com.cn
投稿邮箱:info@lawpress.com.cn
举报盗版邮箱:jbwq@lawpress.com.cn
销售电话:010－83938349
客服电话:010－83938350
咨询电话:010－63939796

书号:ISBN 978－7－5197－8058－6　　**定价**:88.00 元
凡购买本社图书,如有印装错误,我社负责退换。电话:010－83938349

序

乌兰博士在检察机关曾从事多年民事行政检察工作,参与了我国行政公益诉讼改革试点及全面推行的整个过程,对行政公益诉讼的制度建设及司法实践有着切身体验和较深入了解,特别是对其中存在的一些疑难问题有细致观察和自己的思考。在中南财经政法大学攻读博士学位期间,她结合自己的工作与学术兴趣,系统研究了行政公益诉讼制度建构与运行中的成本和效益问题;在导师的指导下,勤奋钻研,完成了自己的博士学位论文《行政公益诉讼的法经济学研究》并顺利通过答辩。现在此基础上进一步修改完善后付梓面世,的确可喜可贺!

行政公益诉讼是针对侵犯国家利益、社会公共利益的违法行政行为提起的诉讼,检察机关提起行政公益诉讼的根本目的是监督和纠正行政机关侵害国家利益和社会公共利益的违法行政行为。自2015年7月开展试点至今,我国已创立了检察机关提起行政公益诉讼的基本制度框架,并在扩大案件范围、细化办案程序、增强监督实效以及相关制度衔接等方面不断发展完善，行政公益诉讼已成为法学理论界、司法实务界乃至社会各界高度关注的行政法学重要领域。我本人近几年也对行政公益诉讼问题有研究兴趣，撰写发表过相关论文；在乌兰写作博士学位论文和答辩中与她有过多次交流，深感她的论文选题具有突破性和理论与现实意义，并支持和启发她进行论文写作。从目前行政公益诉讼的研究现状来看，学界对于行政公益诉讼制度如何优化资源配置、减少司法成本、提升公益保护的效率尚存在研究空白。此书以法经济学为视角和切入点，运用法经济学的基本原理和分析工具对行政公益诉讼制度的设置、运行、结果、效率等进行了较系统的分析，揭示了制度设计和实施中存在的供给和需求不符、成本负荷过重、效率与效果混淆、信息资源稀缺等现实问题，研究了规则设计和实施方式的均衡性、最优性标准，确立了以最小化成本取得最大化收益、有利于公共利益最优保护的价值取向。在此基础上，此书进而提出了以最小投入实现公益保护最大整体效率的制度优化进路和改进建议。具体包括：围绕行政公益诉讼诉前程序、司法程序和工作机制三个核心问题分析了行政公益诉讼制度运行中的法经济学原理和改进方向；从宏观和微观两个层面提出了理念转变、主体性制度及案例指导等方面的具体改进建议；提出了行政公益诉讼坐标是公共利益领域法律资源的再配置，公共利益最大化保护的目标应指向公正与效率的均衡，要重新认识检察院、法院、行政机关在公益诉讼中的角色定位，充分运用“两高”的案例指导制度比推行统一性立法更具有低成本的优势等新见解。

总之，此书为判断、评价和进一步完善现行行政公益诉讼制度提供了新的理念和思考，对于改进我国行政公益诉讼的立法和司法实务有重要参考价值。

目前，运用法经济学研究行政公益诉讼制度在我国行政法学界还十分少见，乌兰博士率先进行了这一探索，希望她能长期坚持，期待不断有新的作品问世。

是为序。

方世荣

2023 年 1 月 6 日于中南财经政法大学

目录

图表目录

导　论

习近平总书记在党的十八届四中全会上第一次提出“探索建立检察机关提起公益诉讼制度”，公益诉讼制度的发展从此进入“快车道”。自2015年7月全国人民代表大会常务委员会正式赋权检察机关开展公益诉讼至今，公益诉讼制度从无到有，从试点运行到全面推开，从逐步探索到基本规范化，办案体量不断增大，司法效果不断提升，关注度和认可度不断提高，取得了引人瞩目的成就。行政公益诉讼制度直接贯彻了习近平总书记强化公权力的监督与制约要求，是完全生发于我国特定国情和发展需要的“一次自发而生的本土试验”，[1]是以公益保护最大化为目标的公益司法监督制度改革“中国方案”。首先，笔者拟对本书的选题背景，即为什么要从法经济学角度研究行政公益诉讼问题作以总体说明和阐释，并对本书的研究意义、主要思路和框架作以介绍。

---

〔1〕 刘艺：《检察公益诉讼的司法实践与理论探索》，载《国家检察官学院学报》2017年第2期。

第一节 为什么要从法经济学角度研究行政公益诉讼

为什么要选择行政公益诉讼这一具有中国特色的,以检察机关法律监督职能嵌入国家监督体系和公益保护体系的"中国化"制度设计进行法经济学研究?笔者认为需要从以下三个方面做出回应。

一、为什么要研究行政公益诉讼

行政公益诉讼是习近平总书记第一次提出的法治新理念、新概念、新论断、新观点和新战略,[1]是在以习近平同志为核心的党中央指引下完成顶层设计到实践落地的制度创新,是新时代社会主义法治发展的缩影。2014 年 10 月,党的十八届四中全会《中共中央关于全面推进依法治国若干重大问题的决定》(以下简称党的十八届四中全会《决定》)提出构建对行政权力制约和监督的制度体系,其中,作为加强检察机关对行政权力运行的制约和监督,"检察机关提起公益诉讼"作为推动法治政府建设,促进依法行政的重大制度设计,与"对涉及公民人身权和财产权的行政强制措施进行司法监督"和"督促纠正在履行职责中发现的行政机关违法行政行为或不作为"两项制度改革一起,被列为检察机关此后一段时期开展行政检察制度改革的重点工作任务。2019 年 10 月,党的十九届四中全会《中共中央关于坚持和完善中国特色社会主义制度 推进国家治理体系和治理能力现代化若干重大问题的决定》(以下简称党的十九届四中全会《决定》)提出"拓展公益诉讼案件范围"。2020 年 11 月,习近平总书记在中央全面依法治国工作会议上强调"完善公益诉讼

[1] 颜运秋:《习近平法治思想中有关公益诉讼的重要论述及其展开》,载《中国政法大学学报》2022 年第 1 期。

制度”。2021年1月,中共中央印发《法治中国建设规划(2020—2025年)》,进一步提出“完善检察公益诉讼案件办理机制”“拓展公益诉讼案件范围”“完善公益诉讼法律制度”“探索建立民事公益诉讼惩罚性赔偿制度”。2021年6月,党中央印发了《中共中央关于加强新时代检察机关法律监督工作的意见》,明确提出“积极稳妥推进公益诉讼检察”。在立法层面,检察机关自2015年7月在13个省(区、市)以生态资源与环境保护领域为监督重点试点探索。两年后,行政公益诉讼被正式写入2017年7月起修改实施的《行政诉讼法》第25条第4款,检察机关被授权在生态环境资源、食品药品管理、国有财产管理、国有土地使用权出让四个领域,针对有执法权的行政机关严重损害国家或社会公共利益的违法行政行为或不作为情形提出检察建议的职能,如行政机关未按照检察建议要求及时全面履行法定监管职责,有权向法院提起行政公益诉讼。此后,2018年4月通过的《英雄烈士保护法》、2020年10月修订的《未成年人保护法》、2021年6月修订的《安全生产法》、2022年修订的《妇女权益保障法》等8部单行法陆续授权检察机关在其他8个领域内开展行政公益诉讼。从党的十八大到党的十九大,全面建设中国特色社会主义法治体系的若干背景因素发生变化,检察机关三项改革措施中,在检察公益诉讼发展迅猛的同时,另外两项改革措施即行政强制措施的检察监督和行政违法或不作为行为的全面监督因监督范围、手段难以确定,与公益诉讼及其他相关机关的职责边界模糊等因素被暂时搁置。[1] 与此同时,国家监察体制改革于2017年年底全面推开后,检察机关反贪污贿赂、反渎职侵权和预防职务犯罪三项具体的职务犯罪侦查职能和工作人员统一转隶,给检察制度带来重大而深刻的影响。国家监察体制改革之前,无论是检察机关内部,还是检察机关外的社会各界人员,普遍认为职务犯罪侦查职能就是检察机关法律监督职能最为重要的体现,以至于这项

〔1〕 虽然学界普遍认为另外两项行政检察改革并未完成,但检察系统背景的学者认为,实际上行政公益诉讼诉前程序就是一种限缩了监督范围的行政违法行为检察监督机制。参见刘艺:《行政检察与法治政府的耦合发展》,载《国家检察官学院学报》2020年第3期。

职能转隶后,很多人认为"国家的法律监督机关"这一定位面临严峻挑战,至少"对检察机关反贪反渎职能的剥离,在一定程度上影响了检察权威",〔1〕甚至提出"中国检察制度将何去何从"这一重大而严肃的问题。〔2〕面对挑战和困境,检察机关以新时代中国特色社会主义思想为指导,立足我国的根本政治制度和基本国情,立足检察机关的法律监督定位,将行政公益诉讼融入推进法治政府建设,促进依法行政,推进国家治理体系和治理能力现代化的制度设计当中。2015 年 7 月至今,行政公益诉讼从顶层设计到实践落地,从局部试点到全面推开,从人民代表大会授权到修律入法,办案体量在公益诉讼领域占据了优势地位,成为检察工作中受到法学理论界、司法实务界乃至社会各界关注的重点业务领域。

习近平总书记强调哲学社会科学要形成自己的特色和优势,必须立足我国实际开展研究,要求"以我国实际为研究起点,提出具有主体性、原创性的理论观点,构建具有自身特质的学科体系、学术体系、话语体系"。〔3〕如何从监督行政执法活动的角度嵌入公益保护的制度体系,公益司法保护如何回应当前生态资源、环境保护、食品药品质量等领域公益保护的现实需求,应当立足于中国实践,对这一制度的应然与实然给予足够的理论关照。由于行政公益诉讼实践时间尚短,针对这一制度的必要性、可行性等应然问题及一些实践问题的应对性被动性研究较多,缺少从优化公益司法保护制度发展的角度进行整体性、系统性的研究,这构成了对行政公益诉讼相关理论和实践问题进行系统研究的动机之一。

---

〔1〕 贾永健:《中国检察机关提起行政公益诉讼模式重构论》,载《武汉大学学报(哲学社会科学版)》2018 年第 5 期。

〔2〕 参见魏晓娜:《依法治国语境下检察机关的性质与职权》,载《中国法学》2018 年第 1 期。

〔3〕 习近平:《习近平谈治国理政》(第 2 卷),外文出版社有限责任公司 2017 年版,第 342 页。

二、为什么要用法经济学分析方法研究行政公益诉讼

习近平总书记“以人民为中心”的发展思想在法治场域就是“法治为民”,[1]将“法治为民”思想贯彻到公益诉讼场域,就是运用法治方式保障人民的幸福生活,让中华民族大家庭中的所有人“都要过上好日子”。[2] 公益诉讼就是维护全体人民合法权益、保障全体人民幸福生活的法治方式。以“最大化保护公共利益”为核心目标的行政公益诉讼,是通过监督纠正行政执法行为这一司法活动去贯彻“切实维护国家和社会公共利益,增进人民福祉,保障国家经济社会可持续发展”政策的制度性设计,是解决生态环境保护、食品药品安全、个人信息、安全生产等直接关乎广大人民群众生命健康、生存发展的民生保障问题的制度创新。公益保护执法和司法都属于稀缺性资源,在一个资源稀缺的世界,一项法律制度改革要获得正当性评价,必须具备经济合理性。行政公益诉讼应当将公益保护的法律制度和经济社会发展的供求关系从不均衡走向均衡,重新配置公益保护资源作为改革目标。检验一项法律制度最为合理的标准就是该制度的实施能否促进最广大人民的最大幸福,而从最大化幸福观念中演绎出的公平感、获得感、满足感,直接来源于整体社会效率和社会福利水平的增长惠及最广大人民这个前提。

当前的行政公益诉讼制度无论是从规则设计,还是从实际实施过程,受传统法学研究方法和思维方式的影响,过于偏重公平公正层面的功能,在一定程度上忽视了公益保护的效率,导致了执法和司法成本叠加、社会总成本不降反升、办案效果与效率混淆、制度供求不均衡、社会总体福利提升不足等深层次问题。随着行政公益诉讼体量持续增大、范围不断拓展、影响力不断提升,对于制度实施过程中出现的行政实体、行

---

〔1〕 张文显:《习近平法治思想研究(中)——习近平法治思想的一般理论》,载《法制与社会发展》2016 年第 3 期。

〔2〕 习近平:《习近平谈治国理政》(第 3 卷),外文出版社有限责任公司 2020 年版,第 300 页。

政程序、行政诉讼、公益保护等方面的理论和司法实践问题，不同部门法领域的学者纷纷从各自的专业视角给出了自己的见解和建议，但对于检察公益诉讼制度在优化资源配置、促进公益保护效率提升的作用问题还未给予应有的关注。

传统法学研究方法主要关注规范分析和价值判断，研究集中于公平、正义、权利、义务、责任等基本问题，主要侧重于对法律规范本身及实施过程中是否有利于实现公平、秩序、自由、安全等价值目标去评判其优劣。在公益诉讼制度规范的分析判断上，尽管能够认可“公益保护”的价值目标一定是公平与效率的有机统一，但在微观层面有关“效率”的分析研讨往往是浅尝辄止，或者直接进行模糊化处理。公益保护这一绝对占据道德制高点的价值目标，容易使人陷入一种对公平的情绪化、直觉性误读，而“最大化保护公共利益”这一价值目标相对道德直觉式的表达，也容易使人陷入对公平与效率关联关系的误读，在缺少对公平和效率进行认真衡量的前提下，主观性地认为公益诉讼这一制度设计一定能够同时实现公平与效率的价值目标。在公益保护领域中，什么样的规则设计和实施方式才是均衡的、最优的，能够最小化成本且最大化收益的，最利于公共利益最优保护的，传统法学研究方法显然难以提供科学明确的权衡和判断标准，我们需要在传统法学研究方法领域外去寻求新的分析工具，以成本—收益分析为核心，强调借助数量方法进行权衡判断的法经济学分析方法提供了这一可能。西方的法经济学分析从 20 世纪 60 年代起源至今，已形成了较为完整的体系，财产法、契约、侵权等领域的法经济学分析已较为成熟。虽然在行政诉讼或公益诉讼、检察监督等领域的法经济学分析方面尚无可资借鉴的研究成果，但是法经济学的一系列基本原理和分析工具，有关行政程序、诉讼程序等方面的分析思路和成果对研究和探讨行政公益诉讼制度及其实施效果具有一定启示和借鉴意义。

三、用法经济学分析方法研究行政公益诉讼应当围绕哪些核心问题展开

检察机关探索开展行政公益诉讼伊始,就提出了两阶段程序设置的构想,即检察机关在向法院提起行政公益诉讼之前,必须履行前置程序,先向行政机关提出纠正违法行为及时履行职责的检察建议,行政机关不接受建议、不及时整改反馈时才可以提起公益诉讼,这是行政公益诉讼与行政私益诉讼最大的不同。应当说,诉前程序作为提起行政公益诉讼的必经前置程序,具有很大的独立性,从多元化争议解决方式的角度,完全可以将其理解为一种司法程序外的争议解决方式。与此相对应,检察机关提起行政公益诉讼后,行政争议就进入了传统司法程序解决争议的范畴。与此同时,围绕着行政公益诉讼诉前程序和司法程序的运行,还涉及检察系统内部上下级检察院之间、公益诉讼部门和行政检察部门之间、与监察机关之间相互作用、相互影响的工作机制问题。诉前程序、司法程序和工作机制仿佛是行政公益诉讼制度运行的横纵两个切面,开展法经济学分析应该围绕这三个核心问题展开。“现代法经济学是作为运用经济学的手法进行制度分析的学科发展起来的”,〔1〕主要通过比较分析制度运行或行为人行为的成本收益来寻找最符合效率标准的行为方式或制度模式,是一个与传统法学研究方法完全不同的思维方向。〔2〕法经济学将“效率”作为其核心议题,将效率作为衡量一切法律制度规范、司法运行机制是否科学、是否合理的根本标准。以法经济学为研究视角和切入点,能够为我们重新审视和评价当前的行政公益诉讼制度提供一种全新的观念和视角,有利于揭示程序和机制运行中公平和效率的内在关联,对如何避免这一本应具备“高性价比”的制度在实践运行中成为

---

〔1〕 菊地諒「「法と経済学」の揺籃(一)—ジョン・R・コモンズの見解の紹介と検討—」法學論叢183卷2号(2018年)85頁。

〔2〕 参见郭振杰、刘洪波:《经济分析法学方法论的贡献及局限》,载《现代法学》2005年第3期。

"头痛医头，脚痛医脚"的"低性价比"制度进行仔细剖析，进而探求节省成本，提升效率的制度改进和优化进路。

第二节 本书的研究意义

以法经济学为主要研究方法对行政公益诉讼进行分析、预测、判断，具有重要的理论和现实意义。

一、研究的理论意义

1. 拓展行政公益诉讼制度研究思路。在传统的行政法教义学体系中，检察监督或与司法监督并列，或被包含在司法监督中作为一项监督行政制度加以阐述。即便行政公益诉讼已经突破了以往检察机关只能通过诉讼间接监督行政权的限制，被赋权直接介入公共行政权的运行过程，但目前的理论研究仍然从监督行政的视角更多关注其维护公平正义，保障法律统一正确实施的制度目标，忽视了行政机关和司法机关通过行政公益诉讼是否实现了公益保护整体效率这一关键问题。一直以来，中国传统法学对效率纳入法律价值范畴的态度并不积极，不习惯于在法学研究中引进均衡、效率、成本、效益等概念，容易将法律制度改革中的效率和公平目标进行人为割裂。因行政公益诉讼制度正式入法为时不久，对这项制度的法经济学研究更未引起重视。从法经济学角度深入剖析当前行政公益诉讼运行中凸显的法经济学问题，对这项制度的运行过程、效果、效率进行分析，能够发现其规则设计和实施中存在的制度供给和需求不符、成本负荷过重、效率与效果混淆、信息资源稀缺等现实约束，从而提出以最为经济的方式来实现提升公益保护整体效率的制度改进目标。

2. 为行政公益诉讼参与主体提供行为依据。行政公益诉讼制度运行只有真正实现公益保护法律制度和经济社会发展之间供求关系的均衡,真正达到有效配置公益保护执法和司法资源,才能有效提升总体社会福利,才能最大限度满足人民群众对依法行政、效率提升、经济增长、社会福利等所有偏好,才能真正实现以人民为中心,最大限度满足人民日益增长的美好生活的需要。围绕行政公益诉讼促进行政机关依法行政,维护国家和社会公共利益两大制度功能,这一制度在运行过程中所涉及的行为主体除检察机关外,还包括行政机关、审判机关、监察机关、行政相对人、有关社会组织及公众。将法经济学原理应用于行政公益诉讼制度运行过程、效果和改进目标的分析,综合运用成本收益、行为法经济学、信息与博弈、公共选择等理论,可以客观判断和预测相关主体的行为,寻求规范与指引检察机关、行政机关、行政相对人、审判机关、监察机关、社会组织、公众等相关主体在监督行政执法和保护公益过程中的行为准则,从而为科学制定相关主体的行为规则提供指引。

二、研究的现实意义

1. 为行政公益诉讼司法实践提供指导。目前,行政公益诉讼在基本法律层面依据只有《行政诉讼法》一个条款规定,难以为办案中遇到的诸多疑难问题提供答案。在实践中,检察机关、审判机关、行政机关对很多问题认识不一致,不同地区处理方法各异,有些问题甚至暂时搁置无法处理。从法经济学视角研究现实中的疑难问题,有助于从不同角度分析和厘清当前司法实践中存在的认识模糊和做法不统一问题,能够为厘清司法实践中的模糊认识、认识误区提供指导。

2. 使最小化成本实现最大化公益保护成为可能。通过对行政公益诉讼诉前程序、司法程序、工作机制运行中一系列问题进行法经济学分析,重点分析和解决行政公益诉讼程序设置中可能引发的监督懈怠或监督随性、程序和机制运行中存在的成本收益不成正比、相关主体职能间的不均衡等问题,寻求制度得以优化的可能路径,使行政公益诉讼真正成为实现最广大人民最大化幸福总量的制度实践。

3. 优化公益保护资源配置,推动和促进检察权与行政权、审判权、监察权的合作治理。行政公益诉讼“提供了国家治理的新视野”,[1]这项司法制度在国家权力分工体系中承载着促进依法行政和公共利益保护的基本功能。通过将法经济学原理应用于行政公益诉讼研究,寻求合理配置公益保护执法和司法资源的改进方案,将每一种不同属性的资源分配给检察机关、行政机关、审判机关、监察机关等不同主体,使所有的资源都能够得到最佳利用,才能够推动行政公益诉讼制度充分发挥配置公益保护稀缺资源的“指挥棒”作用,以检察权与行政权、审判权、监察权的合作治理推动和实现国家治理体系和治理能力的现代化。

第三节　本书的研究方法、研究思路和基本框架

一、研究方法

法经济学方法是本书的主要研究方法,但不仅限于此。结合行政公益诉讼制度发展实际,拟运用以下研究方法。

1. 马克思主义辩证唯物论和历史唯物论分析方法。在研究行政公益诉讼制度变迁及改进理念时,运用马克思主义辩证唯物论和历史唯物论关于对立统一原理及上层建筑取决于经济基础又相对独立于经济基础的原理,立足于社会生产发展规律研究法律制度,从法律赖以生存和发挥作用的社会经济关系之间的有机联系去把握法律制度发展的本质。

2. 跨学科研究方法。运用法学和经济学的理论、方法和成果从整体上对检察公益诉讼进行综合研究。突破传统法学研究的范畴,以制度运行中存在的问题为导向,以法经济学中的供求分析和成本收益分析方法,以及行为法经济学、博弈论、公共选择等分支学科的研究方法,结合行政法与行政诉讼法基本原理,提炼出以效率为目标的制度优化方案。

---

〔1〕 胡卫列:《国家治理视野下的公益诉讼检察制度》,载《国家检察官学院学报》2020年第2期。

3. 历史考察方法。将行政公益诉讼结合广义行政检察监督制度的发展过程置于经济社会发展的历史背景进行统筹分析，科学评价和研判在这项制度的渐进性变迁中正式制度和非正式规则所起到的作用，为这项制度的未来发展走向提供判断基础。

4. 实证研究方法。通过对检察机关开展行政公益诉讼活动进行实践观察，在对一定假设前提进行归纳与提炼的基础上，运用数据统计、典型案例、事例分析并借助微观经济学数理模型、效用函数等工具进行研究，以期对现实中已观察到的及尚未观察到的法律现象作出合理而有意义的解释与预测。

二、研究思路

任何一种争议解决方式的选择，都会涉及公共资源的合理配置和纠纷解决的成本效益问题，行政公益诉讼作为解决重大公共事务行政监管争议的一种方式，其运行过程更需要考虑公共资源配置的合理性、成本节约和效益提升问题。行政公益诉讼两阶段的程序设置是其与传统行政诉讼程序最大的不同点，诉前程序虽然属于整个行政公益诉讼程序的组成部分，但诉前程序被设置为向法院提起行政公益诉讼的必经前置程序，具有很大的独立性，通过诉前程序完全可以达到与法院正式审理后作出的判决相同的效果。因此，诉前程序完全可以被理解为一种替代诉讼的争议解决方式，即 ADR〔1〕的一种类型。这种在传统司法程序外解决争议和纠纷的方式相较于传统司法程序能够缩短解决争议和纠纷的时间，避免社会承担巨大的司法成本，还因为避免了诉讼的对抗性而提高问题解决的效果。〔2〕为了充分发挥诉前程序这一优势，有必要单独分析诉前程序结构机理及其实际运行中的成本收益问题。与诉前程序这

〔1〕 ADR，即“Alternative Dispute Resolution”的简称，指各种诉讼外纠纷解决方式和方法。

〔2〕 参见［美］克丽斯蒂娜·沃波鲁格：《替代诉讼的纠纷解决方式（ADR）》，载《河北法学》1998 年第 1 期。

一诉讼外争议解决程序相对应,检察机关正式向法院提起的行政公益诉讼属于传统司法途径解决争议的程序。从司法实践情况看,对不同程序类型的选择适用、诉讼中的举证责任分配、判决执行问题是行政公益诉讼司法程序中有关成本收益、相关主体间的博弈等法经济学问题最为集中的三个方面。与此同时,在行政公益诉讼诉前程序和司法程序运行的过程中,维系和调整检察机关内部上下级院之间、相关职能部门之间和监察机关职能之间关系的工作机制问题不容忽视。"机制"在《辞海》中被解释为"一个工作系统的组织或部分之间相互作用的过程和方式",[1]学者将机制这一概念界定为"遵循和利用某些客观规律,使相关主体间关系得以维系或调整,实现预期的作用过程"。[2] 行政公益诉讼制度通过法律文本确立,体现的是静止的状态,而行政公益诉讼的诉前程序、司法程序和工作机制体现的则是动态的过程。程序直接的含义是指行事的先后次序,司法程序是指人们从事司法活动所必须遵循或履行的法定步骤、次序、方式和时限。行政公益诉讼立法安排确立起相关主体间的关系,诉前程序、司法程序为相关主体实体权利义务的实现提供规则,工作机制维系和调整主体间的相互关系,是行政公益诉讼立法在实然状态下的转化形式。诉前程序、司法程序都是实体权利和义务实现的必要条件,工作机制是行政公益诉讼活动涉及的相关主体间为实现制度目的而相互作用的内在机理及其过程。行政公益诉讼制度的实际运行离不开法律文本、程序设置、工作机制等必不可少的因素,需要文本、程序、机制等因素的相互作用为这一制度提供必要的路径和动力才能实现其预期效果。

基于此,本书总体遵循理论准备—分析阐释—制度改进之思路,在对行政公益诉讼进行法经济学分析的必要性和主要分析工具进行阐释

---

〔1〕 机制共有三种含义,其他两种含义分别是"用机器制造的""指有机体的构造、功能和相互关系"。参见夏征农、陈至立主编:《辞海(3)》,上海辞书出版社 2011 年版,第 1972 页。

〔2〕 李松林:《体制与机制:概念、比较及其对改革的意义——兼论与制度的关系》,载《领导科学》2019 年第 6 期。

的基础上,围绕行政公益诉讼诉前程序、司法程序和工作机制三个核心问题展开法经济学分析,探讨办案实践中出现的一系列不经济、不均衡、低效率问题的原因和改进可能,进而从宏观和微观两个层面提出制度改进的建议。

三、基本框架

研究的基本框架为:在对行政公益诉讼的法经济学分析做好理论准备(第一章)的基础上,围绕执法和司法成本、公益保护效益、制度均衡、制度变迁等,分别从诉前程序(第二章)、司法程序(第三章)、工作机制(第四章)三个维度分析行政公益诉讼制度运行中存在的法经济学问题和具体改进可能,最后从理念、主体性制度和权利义务重构、地方立法、案例指导五个方面提出制度改进建议(第五章)。

第一章　法经济学原理对行政公益诉讼之意蕴

第一节　行政公益诉讼与公益保护最大化

一、行政公益诉讼之构成要素

“行政公益诉讼”在一些文献中表述为“检察行政公益诉讼”。目前，检察机关是唯一获得现行法授权的行政公益诉讼起诉主体，虽然有不少研究观点提出未来应将起诉主体扩大到社会组织或公民个人，[1]但本书的研究对象仅限于现实中的行政公益诉讼，因此在表述上采用了“行政公益诉讼”。行政公益诉讼与公益诉讼、检察公益诉讼之间是种属概念的关系。从字面意思理解，行政公益诉讼是基于诉讼法角度对诉讼类型的划分，强

---

〔1〕 参见秦前红：《检察机关参与行政公益诉讼理论与实践的若干问题探讨》，载《政治与法律》2016 年第 11 期；陈杭平、周晗隽：《公益诉讼“国家化”的反思》，载《北方法学》2019 年第 6 期；沈岿：《检察机关在行政公益诉讼中的请求权和政治责任》，载《中国法律评论》2017 年第 5 期。

调的是其诉讼性质，是检察机关根据现行法明确授权，针对因行政执法机关履职违法或不作为造成国家利益或社会公共利益的损害情形提出检察建议，在行政执法机关未按照检察建议要求及时纠改违法行为的情况下，向法院提起行政公益诉讼，要求法院裁判该机关承担相应公法责任的一种行政诉讼类型。从行政公益诉讼在《行政诉讼法》第 25 条第 4 款的条款位置和表达方式看，更多的是将其作为与行政私益诉讼相对应的诉讼类型，就其起诉条件、程序、范围等方面表明了其部分特征，并不能从整体上说明其本质。无论是从涉及主体的相互关系，还是从其制度规则和运作过程看，行政公益诉讼都是一项相对比较复杂的社会系统活动，主要表现在以下几个方面。

1. 行政公益诉讼涉及行政机关与检察机关、行政机关与行政相对人、上下级行政机关、检察机关与审判机关及行政、检察、审判、监察机关、社会公众等多个主体之间产生的，表现为横向和纵向错综复杂的相互关系。

2. 行政公益诉讼多个主体之间关系呈现多重性，每一重关系也并非独立的系统。如在诉前检察建议阶段，行政机关接受采纳了检察机关提出的纠正督促整改违法行为的建议后，就可能会启动对违法行政相对人的行政处理程序，行政相对人如果接受认可了行政机关的行政处理决定，还会涉及行政机关组织公益恢复及采取验收措施，向检察机关回复反馈后检察机关的后续处理、社会公众对此的评价等。仅在诉前检察建议阶段，一个行政公益诉讼案件就涉及检察机关与行政机关之间的监督行政关系、行政机关与相对人之间的行政管理关系及社会公众对行政机关和检察机关的舆论监督关系。

3. 行政公益诉讼是多个相互联系的主体从多个角度、多个层级相互作用而形成操作复杂的系统活动，其规则和运作过程也体现出复杂性。如行政机关收到诉前检察建议后怠于启动行政处理程序，或虽然启动了行政处理程序但行政相对人没有能力完全恢复受损害的公共利益，还要涉及行政、检察、审判三机关之间在诉讼中的三方法律关系，而诉讼法律关系仍与之前的诉前程序中的多重关系相勾连。如果行政机关被判败诉,对于因行政机关及其负责人、工作人员失职造成国家和社会公共利益重大损害的情形,就存在监察机关介入的可能,行政机关负责人、直接责任人要承担党纪政纪责任,构成职务犯罪的要承担刑事责任。

为了对本书的研究对象进行全面严谨的诠释,基于行政公益诉讼体现出的"构成复杂、类别复杂、组织复杂、层级复杂、操作复杂、规则复杂等复杂性事物的特征",[1]借鉴复杂性科学为全面、系统、透彻认识复杂性事物,先将复杂系统逐渐分解,找出组成或影响复杂系统本质的子系统或要素,再将各子系统或要素组合联系使其成为有机整体的方法,[2]笔者拟从权力来源要素、主体要素、运行要素、对象要素和保障要素五大组成要素角度廓清行政公益诉讼的含义。

(一)权力来源要素

行政公益诉讼的权力来源要素,是指检察机关被赋予开展行政公益诉讼活动资格及相应职权的依据,其中包括重大决定、法律的直接授权和中央重大文件、规范性文件等的间接授权。首先需要明确的是,本书从组成要素角度分析权力来源,并不意在重申"法律监督权"这一属于检察机关最基本的,普遍意义上的身份定位,因为检察机关开展行政公益诉讼的理论基础就根源于我国检察机关是法律监督机关这一宪法定位。从国家机构体系看,检察机关产生于人民代表大会这一国家权力机关,其具体的法律监督职能都来自人民代表大会制定的法律授权,是直接向人民代表大会负责的专门性法律监督机关,检察机关从事的所有检察活动都是其履行法律监督职能的具体表现。因此,本书所称权力来源是指检察机关被赋权开展公益诉讼的法律、司法解释、规范性文件及政策性文件等直接和间接的权力来源。笔者对检察机关被赋权开展公益诉讼

---

[1] [美]尼古拉斯·雷舍尔:《复杂性——一种哲学概观》,吴彤译,上海科技教育出版社2007年版,第18页。

[2] 参见黄欣荣:《复杂性科学的方法论研究》(第2版),重庆大学出版社2012年版,第141~146页。

以来中共中央、全国人民代表大会常务委员会、国务院及相关部委、最高人民检察院、最高人民法院出台的相关法律、决定和文件依据进行了梳理，按照文本的类型和性质制作了简单的表格，见表1－1。

表1－1　检察机关开展行政公益诉讼活动的权力来源

权力来源类型	文本来源	主要内容
法律	2017年《行政诉讼法》修正时增加的第25条第4款	对生态环境资源管理、食品药品管理、国有财产管理、国有土地使用权出让领域的监管机关违法行为或不作为造成公益损害的，有权提出检察建议督促履行职责，不依法履行职责的，有权提起行政公益诉讼
	2018年《英雄烈士保护法》第25条第2款	对以侵害英雄烈士姓名权、肖像权、名誉权和荣誉权的形式损害社会公共利益的行为提起公益诉讼
	2020年《未成年人保护法》第106条	对侵犯未成年人合法权益，涉及公共利益的行为提起公益诉讼
	2021年《安全生产法》第74条	对因安全生产违法行为造成重大事故隐患或者导致重大事故损害公共利益的，可以根据《民事诉讼法》《行政诉讼法》的相关规定提起公益诉讼
	2021年《军人地位和权益保障法》第62条	侵害军人荣誉、名誉和其他相关合法权益，严重影响军人有效履行职责使命，致使社会公共利益受到损害的，可以根据《民事诉讼法》《行政诉讼法》的相关规定提起公益诉讼
	2021年《个人信息保护法》第70条	个人信息处理者违反本法规定处理个人信息，侵害众多个人的权益的，可以提起诉讼
	2022年《反垄断法》第60条	经营者实施垄断行为，损害社会公共利益的，设区的市级以上人民检察院可以提起民事公益诉讼（只能提起民事公益诉讼）
	2022年《农产品质量安全法》第79条	食用农产品生产经营者污染环境、侵害众多消费者合法权益，损害社会公共利益的，可以提起诉讼

续表

权力来源类型	文本来源	主要内容
法律	2022年《反电信网络诈骗法》第47条	对于电信网络诈骗侵害国家利益和社会公共利益的行为,可以提起公益诉讼
	2022年《妇女权益保障法》第77条	侵害妇女合法权益,导致社会公共利益受损的,检察机关可以发出检察建议;针对农村妇女集体经济组织成员权益受损、平等就业权益受损、相关单位未采取合理措施预防和制止性骚扰、人格受损等情形,可以依法提起公益诉讼
司法解释	最高人民法院和最高人民检察院的审判委员会、检察委员会分别通过,联合公布的《关于检察公益诉讼案件适用法律若干问题的解释》	明确了检察院办理公益诉讼案件、法院审理公益诉讼案件的原则、检察机关的身份、诉前检察建议履职期限、审判程序(包括管辖、起诉、立案、审理程序)、判决类型等
	《人民检察院检察建议工作规定》	规定了符合法律规定公益诉讼条件时,检察机关提出公益诉讼检察建议的程序和要求
	《人民检察院公益诉讼办案规则》	第三章规定了行政公益诉讼立案与调查、检察建议制发、提起诉讼的实体和程序规范
试点决定	中央深改组(全面深化改革领导小组)第12次会议审议通过《检察机关提起公益诉讼试点方案》	在确定授权试点地区和期限的基础上,规定了行政公益诉讼试点案件范围、诉讼参加人身份定位、诉前程序和提起诉讼的条件、时限和基本要求
	全国人民代表大会常务委员会通过《关于授权最高人民检察院在部分地区开展公益诉讼试点工作的决定》	规定了试点的行政执法领域、地区、试点工作基本原则和试点期限,并对最高人民检察院作试点工作中期报告提出要求

续表

权力来源类型	文本来源	主要内容
全会文件	2014 年 10 月,党的十八届四中全会《决定》	提出对行政违法行为、涉及公民人身、财产权益的行政强制措施进行监督,探索检察机关提起公益诉讼制度,被称为三项行政检察改革
	2019 年 10 月,党的十九届四中全会《决定》	提出拓展公益诉讼范围
	2022 年 10 月,党的二十大报告	完善公益诉讼制度
中共中央、国务院文件	中共中央、国务院《关于推进安全生产领域改革发展的意见》	第 16 项提出,研究建立安全生产民事和行政公益诉讼制度
	国务院《关于完善进出口商品质量安全风险预警和快速反应监管体系切实保护消费者权益的意见》	第 15 项提出,加强危害人民身体健康、财产、环境安全等重点领域涉及进出口商品质量安全问题的公益诉讼工作
	中共中央办公厅、国务院办公厅《关于统筹推进自然资源资产产权制度改革的指导意见》	第 12 项提出,全面落实公益诉讼和生态环境损害赔偿诉讼等法律制度
	中共中央、国务院《关于深化改革加强食品安全工作的意见》	第 14 项提出,完善食品安全领域的民事、行政公益诉讼,并强调了民事、行政公益与普通民事、行政诉讼的衔接问题
	《中央生态环境保护督察工作规定》	第 24 条规定,需要提起公益诉讼的,移送检察机关等有权机关依法处理

续表

权力来源类型	文本来源	主要内容
中共中央、国务院文件	中共中央印发《法治中国建设规划（2020—2025年）》	第17项提出，“完善民事、行政检察监督和检察公益诉讼案件办理机制”“拓展公益诉讼案件范围”“完善公益诉讼法律制度”“探索建立民事公益诉讼惩罚性赔偿制度”
	党中央印发《中共中央关于加强新时代检察机关法律监督工作的意见》	第11条提出，积极稳妥推进公益诉讼检察。该条内容共166字

从表1-1可知，根据政策、法律文件的性质和效力，行政公益诉讼的权力来源包括直接权力来源和间接权力来源。

1. 直接权力来源方面。试点期间，检察机关开展行政公益诉讼的直接权力来源即全国人民代表大会常务委员会根据中央全面深化改革领导小组第12次会议审议通过的《检察机关提起公益诉讼试点方案》作出的《关于授权最高人民检察院在部分地区开展公益诉讼试点工作的决定》（以下简称《试点决定》），在试点期间，《试点决定》成为检察机关开展行政公益诉讼检察活动，制发诉前检察建议和提起诉讼时的直接援引依据。试点结束正式入法后，行政公益诉讼的直接依据除了《行政诉讼法》，另有《英雄烈士保护法》《未成年人保护法》《安全生产法》等8部单行法（《反垄断法》只授权检察院提起民事公益诉讼）的9个条款规定外，还包括最高人民法院和最高人民检察院联合公布的《关于检察公益诉讼案件适用法律若干问题的解释》（以下简称《检察公益诉讼司法解释》）和最高人民检察院检察委员会审议通过的《人民检察院检察建议工作规定》《人民检察院公益诉讼办案规则》。需要说明的是，最高人民检察院于2015年12月出台的《人民检察院提起公益诉讼试点工作实施办法》是检察公益诉讼从无到有，从政策到法律文件的一份重要文本，对检察公益诉讼制度进行了全景式描绘，自该文件出台至最高人民检察院2021

年7月印发《人民检察院公益诉讼办案规则》的几年时间里，一直是地方检察机关开展公益诉讼检察活动的重要规范依据。

2. 间接权力来源方面。涉及行政公益诉讼的党的重大文件、中共中央及国务院发布的重要文件等，虽不能在法律文书中直接援引，但对于行政公益诉讼这一法律依据本就不足的新生领域而言，起到了很大的推动和助力作用，且从条款数量上看后者占据的比重远超正式法律规定。这里需要说明两点。一是党的十八届四中全会提出的三项有关行政权制约和监督的改革措施，一段时间内成为检察机关加强行政检察监督、开展行政公益诉讼最重要的政策依据，但《人民检察院组织法》修改时并未授权检察机关对行政违法行为的普遍监督权，所以除了行政公益诉讼外，另外两项行政检察改革目前没有继续推进。但是，行政公益诉讼入法后已经部分吸纳了党的十八届四中全会提出的行政违法行为监督内容，只是监督范围有所限缩。最高人民法院和最高人民检察院联合发布的《检察公益诉讼司法解释》第21条第2款〔1〕规定了对行政违法行为造成公共利益损害继续扩大等紧急情况的，可启动要求行政机关15日回复的程序，已"间接将包括行政强制措施在内的所有可能造成公益损害继续扩大的行政违法行为纳入检察监督范围"，〔2〕因此，也可以认为其已经部分吸纳了行政强制措施检察监督改革的内容。二是中共中央、国务院一直对公益诉讼持积极态度，不仅在党的十九届四中全会《决定》中提出"拓展公益诉讼范围"，在安全生产、进出口商品质量安全、自然资源资产产权制度改革、食品安全、生态环保督察等领域出台的重要文件、《法治中国建设规划（2020—2025年）》、《中共中央关于加强新时代检察机关法律监督工作的意见》中都提到了公益诉讼，党的二十大报告进一步强调要完善公益诉讼制度，显示出中央对公益诉讼制度在推进国家治理层面作用的重视。由于行政公益诉讼法律文本依据极其有限，虽然这

〔1〕 根据该条款的规定，行政机关收到诉前检察建议书之日起2个月内履行职责并作出书面回复。如遇国家或者社会公共利益损害持续扩大等紧急情形的，书面回复期限为15日。

〔2〕 刘艺：《中国特色行政检察监督制度的嬗变与重构》，载《人民检察》2018年第2期。

些重要文件中的条款无法直接在检察建议书或公益诉讼起诉书中援引，但已成为检察机关探索拓展案件范围，与不同执法领域的行政机关开展磋商和诉前建议督促整改过程中的重要政策依据。

(二)主体要素

行政公益诉讼的主体，是指行使行政公益诉讼职能的组织和组织内部具体承担这项工作职责的个体。主体是行政公益诉讼的基本要素之一，具有以下主要特征。

1. 主体身份上的唯一性。检察机关目前是行政公益诉讼领域唯一的起诉主体，也是诉前程序阶段针对法律授权领域的行政违法情形提出监督意见的唯一主体。面对检察机关成为现行法唯一授权的行政公益诉讼提起主体的情况，有观点认为，检察行政公益诉讼不应成为唯一的行政公益诉讼模式，可以授权社会公益组织，甚至公民个人行使行政公益诉讼的起诉权，与检察行政公益诉讼共同发挥作用。[1] 如果我们把国家机关和公职人员应当受到监督的行为分为犯罪、违法和违纪三个层次，在很长一段时间里，作为中间层次的违法问题缺乏拥有明确监督权的主体。在国家监督制度体系中，对于行政机关执法活动中违法行为的监督一直是一个模糊问题，似乎人民代表大会、纪律检查委员会、监察委员会、行政机关的上级机关、检察院都有权监督，但监督范围和界限不明，在具体问题上又都无法有效行使监督职能。建立行政公益诉讼制度，实质上是找一个适格的主体，以维护公共利益为切入点，通过司法介入行政管理过程的方式，弥补原有监督制度体系中司法方式缺位的弊端，试图通过有效的司法监督提高行政机关依法行政水平。当前，我国社会公益组织发展还不完善，如果将行政公益诉讼提起主体扩大到社团组织和公民个人，在缺乏有效激励约束机制的情况下，很可能会造成随意起诉甚至滥诉的情况，既会浪费司法资源，也会影响正常的行政秩序

---

〔1〕 参见沈岿：《检察机关在行政公益诉讼中的请求权和政治责任》，载《中国法律评论》2017 年第 5 期；应松年：《行政公益诉讼试点亟待解决的几个问题》，载《人民论坛》2015 年第 24 期。

和社会秩序。而且,检察机关作为唯一的起诉主体,也不会影响社会组织、公民个人、企事业单位等行使对行政机关的监督权。社会组织、公民个人、企事业单位甚至新闻媒体,如果发现行政机关的执法活动涉嫌违法,存在严重损害国家或社会公共利益的情形,都有权立即向检察机关提出检举和控告。对于检察机关是否依法及时启动行政公益诉讼程序,以及办理行政公益诉讼案件的整个过程,也可以通过最广泛的人民监督、公民参与、舆论监督等途径开展监督。

2. 内部机构职能上的互补性。根据检察机关内部机构间的职能分工,由公益诉讼检察部门直接行使行政公益诉讼职能,但行政检察部门对行政执法行为也拥有间接监督职能,与行政公益诉讼职能存在一定交叉。2019 年,全国四级检察机关完成了从上到下的内设机构改革后,检察机关内部形成了刑事检察、民事检察、行政检察、公益诉讼检察这"四大检察"并行的格局,行政检察、公益诉讼检察分属不同部门行使。从机构职能看,检察机关行政检察的监督对象仅是法院行政审判和行政执行活动,间接构成对行政行为的监督,但各地检察机关纷纷开展了行政检察监督关口前移的探索。一方面,探索行政检察与调解、仲裁、行政裁决、行政复议的衔接协调,建立多元化的行政纠纷解决机制;另一方面,根据《人民检察院检察建议工作规定》,检察机关针对办理各类案件中发现的涉及行政机关执法违法、不规范等普遍性问题或制度缺陷、管理隐患问题,提出社会治理类检察建议。显然,上述多元化方式解决行政纠纷机制和制发社会治理类检察建议的形式虽然不属于公益诉讼检察部门的职责,但同样是立足检察机关法律监督职能,以维护客观法律秩序为目标,对行政执法违法或不规范情形开展的监督,在监督效果上与公益诉讼检察部门的工作形成互补。

3. 个体职责边界上的相对复杂性。从具体承担公益诉讼办案工作的人员看,本轮司法体制改革落实检察官员额制后,检察官的主体地位更加突出,检察官在办理行政公益诉讼案件中应具备与其岗位或职务相应的职权和职责。但检察机关内部领导体制、管理体制与法院不同,检察权相较于审判权,其运行过程更为独特和复杂。坚持“双重领导”下的检察一体是检察制度的重要特征,不可否认,检察一体原则与司法责任制下的突出检察官主体地位在客观上会存在冲突。从行政公益诉讼司法实践来看,基层检察院检察官或检察官办案组在整个办案过程中需要就案件涉及的实体性和程序性事项多次向部门负责人、分管检察长、检察长请示汇报,拟提出检察建议的重大疑难案件或拟向法院提起行政公益诉讼的案件,需要经本院检察委员会审议后逐级向上级检察机关报批。目前,要全面落实承办检察官或检察官办案组、部门负责人、检察长、检察委员会、上级检察院等不同办案主体在办理行政公益诉讼案件中个体层面的责任制还尚需时日,但在检察工作一体化原则下突出检察官的主体地位,科学规范厘定上级对下级办案行为监督的范围、形式、内容、程序,厘清不同主体的司法责任认定和追究界限必将是下一步司法责任制配套机制改革的重点。

(三)运行要素

行政公益诉讼的运行要素,是指检察机关行使行政公益诉讼职能时必须遵循或履行的法定步骤、时限和方式,是实现行政公益诉讼制度目标的必要条件。行政公益诉讼的运行要素主要具有以下几个方面的特征。

1. 法定步骤上的两阶段性。从法定步骤看,行政公益诉讼分为两个阶段:发现行政机关违法履职或不作为导致两益受损的,必须先行提出检察建议,旨在发挥行政机关履职的自主性和能动性,有效节约司法资源;穷尽所有措施,在行政机关规定期限内没有积极履职、公益仍处于受侵害状态的情况下,检察机关才会决定提起行政公益诉讼。行政公益诉讼是为弥补司法监督手段介入行政管理过程的主体缺位,调整我国行政诉讼“抑客扬主”[1]倾向的制度创举,但从其两阶段程序的功能划分看,更加注重的是诉前检察建议的效果。如果行政机关采纳了检察建议的意见,积极履职并使受损害的公益得到修复,就达到了“双赢多赢共赢”,不再提起行政公

〔1〕 刘艺:《构建行政公益诉讼的客观诉讼机制》,载《法学研究》2018 年第 3 期。

益诉讼,从这一角度看,也可以认为提起公益诉讼是作为检察建议的保障性、辅助性程序而存在。检察机关启动监督的标准是行政执法行为的适法性,具体判断标准为行政机关违法履职或不作为导致两益受损。

2. 监督方式以提出检察建议为主。从监督方式看,行政公益诉讼以检察建议纠正违法行政执法行为为主,以提起诉讼,要求行政机关承担公法责任方式为辅。在党的十八届四中全会《决定》出台前的行政执法监督探索阶段,检察机关就主要采用督促履职检察建议书、督促履职意见书等形式,意在通过督促、建议等方式促使行政机关自行启动纠错程序。在行政公益诉讼制度正式确立后,诉前检察建议程序就成为向法院提起行政公益诉讼必经的前置程序,不允许检察机关直接向法院提起行政公益诉讼。检察机关必须先行向存在履行职责违法或不作为情形的行政执法机关提出建议整改和纠正违法行政行为的检察建议,只有该行政执法机关未及时全面履职,受损害的公益未得到修复的,才能启动诉讼程序,主要就是为了突出行政机关履行职责的自主性和能动性,有效节约司法资源。检察机关内部也更加注重诉前检察建议的效果,如果行政机关采纳了检察建议的意见,积极履职并使受损害的公益得到修复,就达到了"双赢多赢共赢",不再启动行政公益诉讼起诉程序,从这一点看,行政公益诉讼的启动程序是作为提出诉前检察建议的辅助性、保障性方式而存在的。

从行政公益诉讼的产生发展过程看,检察机关最初是以提起民事诉讼的方式监督和纠正行政机关违法履职行为的。根据最高人民检察院的确认,最早的检察公益诉讼案例是河南省方城县人民检察院于 1997 年办理的以民事起诉方式挽回国有资产流失的案件。[1] 此后,各地检察机关办理了一批检察机关以原告身份提起民事诉讼,避免因国有资产流

〔1〕 方城县人民检察院发现,县工商局独树工商所擅自将隶属本所的一处房屋及其土地使用权通过签署买卖合同低价出售给了某个体工商户。为追回流失的国有资产,方城县人民检察院作为原告,以该院两名工作人员为委托代理人,分别以县工商局和这名个体工商户为第一、第二被告,提起了请求法院确认合同无效的民事诉讼。检察院诉讼请求获得法院判决支持,挽回了国有资产的流失。参见最高人民检察院民事行政检察厅编:《检察机关提起公益诉讼实践与探索》,中国检察出版社 2017 年版,第 33 ~ 34 页。

失造成国家利益损害的案件。这些案件虽然适用的是民事诉讼程序,但从检察机关的实质诉讼目的看都是以确认合同无效或撤销合同的方式纠正行政机关造成国有资产不当流失的违法履职行为,可以认为是检察机关在行政公益诉讼领域的有益探索。

3. 具体时限主要适用普通行政诉讼的相关规定。因《行政诉讼法》针对行政公益诉讼的起诉期限问题并未作出特别规定,在司法实践中多数检察院和法院都赞同适用《行政诉讼法》规定的6个月起诉期限,即从行政机关回复诉前检察建议之日或回复期满之日起6个月。关于检察机关向行政机关提出诉前检察建议的期限,根据《检察公益诉讼司法解释》规定一般应为2个月(出现国家和社会公益损害持续扩大等紧急情形下的回复期限是15日),即接收诉前检察建议的行政机关必须在收到之日起2个月内书面回复履行职责的情况。行政机关对检察建议内容有异议的,司法实践中一般会预留10~15天的异议期,允许行政机关提出意见。考虑很多整改工作需要职责相关的职能部门之间相互协调配合,一些生态环境资源损害的恢复也需要较长的时间,行政机关的整改行为未必在2个月内起到作用,检察机关也遵循并尊重行政事务工作规程的客观规律,尽可能避免对2个月内履职不能的案件径行提起诉讼。

(四)对象要素

行政公益诉讼的对象,是指检察机关履行行政公益诉讼检察职责所指向的客体。因行政公益诉讼是检察机关法律监督职责在行政执法监督领域的具体表现形式,笔者认为,行政公益诉讼的监督对象应当聚焦于“行政主体的公共行政事务监管活动”。行政公益诉讼的对象要素主要具有以下几个方面的特征。

1. 执行性。执行性,即指“公共行政行为本身乃执行法律规定,不创设普遍约束力”。[1] 无论是从《行政诉讼法》对普通私益诉讼和公益诉

---

[1] 秦前红:《两种“法律监督”的概念分野与行政检察监督之归位》,载《东方法学》2018年第1期。

讼案件受案范围的规定看,还是从检察院组织法的职权规定看,检察机关的监督对象都是行政机关依据法律授权履行公共行政管理职责的行为,即行政主体执行法律有关公共行政事务监管、保护公共利益职责规定的行为,突出的是“执行性”特征。行政机关为履行公共行政管理职责而制定具有普遍约束力的规范性文件的行为,即抽象行政行为,不属于行政公益诉讼的监督对象。

2. 仅指行政主体的违法行为。行政公益诉讼的监督对象是行政主体的违法行为,不包括行政相对人实施的违法行为。检察机关对行政主体违法行为的监督,是基于自身法律监督职责的外部监督,不触及行政主体与行政相对人之间的行政管理关系。因此,检察机关对行政主体违法行为的监督并不影响行政行为的公定力、确定力、拘束力和执行力,旨在以检察监督来弥补被动、保守、以私益保护为主的行政复议、行政诉讼之不足,并不影响行政相对人依法寻求法律救济。

3. 监督范围具有一定开放性。从监督范围看,行政公益诉讼的监督射程还存在应然和实然的区别。在实然性上,首先,在目前的公益诉讼制度框架下,检察机关监督的行政违法行为或者不作为必须是造成了国家利益和社会公共利益损害的行为;其次,必须是在现行法律明确规定或允许探索的行政执法领域内,行政主体履职违法或不作为导致国家利益或社会公共利益损害行为的监督。现行法或相关规范性文件允许的领域目前包括《行政诉讼法》规定的四个领域和英雄烈士保护、未成年人保护、安全生产、个人信息保护等行政执法领域,但其监督范围将随着国家治理实际需要和检察监督能力的提高适当拓展。

在应然性上,学术界普遍对检察公益诉讼范围的“等”字理解持积极态度。具有检察背景的学者认为,试点期间对案件范围有所限制的理由主要还是因为检察公益诉讼“具有一定的特殊性和复杂性”,[1]因此,在

---

〔1〕 徐全兵:《检察机关提起公益诉讼有关问题》,载《国家检察官学院学报》2016 年第 3 期。

这项工作开展初期以稳妥审慎为主,不提倡拓展案件范围,主要还是以行政违法问题突出、影响百姓切身利益的法定领域作为重点。但随着党的十九届四中全会提出“拓展公益诉讼范围”,实务部门也趋向于“等”外解释。因此,行政公益诉讼监督范围具有开放式发展空间,作为监督对象的行政执法方式应当包括许可、给付、奖励、征收、征用、检查、巡查、查验、勘验、行政处罚、即时强制、查封、扣押、其他强制执行措施、协议等。

(五)保障要素

行政公益诉讼的保障要素,是指保障检察机关行政公益诉讼职能有效运行的各种物质和非物质资源。

1. 保障行政公益诉讼有效运行的物质资源是指检察机关在开展行政公益诉讼活动过程中的耗费和支出,主要包括:(1)各级检察院为构建、拓展这项工作提出规划、请示而进行的前期信息收集、调研论证的支出;(2)培训各级检察机关工作人员的培训支出;(3)机关办公办案保障费用,包括案卷材料打印复印、电话传真、外出调查办案车辆保障、技术设备保障、对涉及案件的专门性问题委托鉴定需垫付的鉴定费等;(4)工作人员的劳动费用,包括工资津贴、保险、福利等各种支出;(5)系统内外请示汇报、协调联络所耗费的各种资源。

2. 行政公益诉讼保障要素中的非物质性资源主要指一些加强外部支持,谋求行政机关、审判机关之间更好协作配合的一些制度机制。2017 年以来,最高人民检察院先后与国土资源部共同制定了《关于加强协作推进行政公益诉讼促进法治国土建设的意见》(高检会〔2017〕4 号)、与生态环境部等九部委联合出台了《关于在检察公益诉讼中加强协作配合依法打好污染防治攻坚战的意见》(高检会〔2019〕1 号)、与国务院食品安全办等十部门共同制定了《关于在检察公益诉讼中加强协作配合依法保障食品药品安全的意见》(高检发〔2020〕11 号)、与中央军委政法委员会联合发布了《关于加强军地检察机关公益诉讼协作工作的意见》(高检发〔2020〕8 号)等规范性文件。有超过 25 个省(区、市)的人民代表大会常务委员会出台了支持检察机关开展公益诉讼工作的规范性文件，对本辖区检察公益诉讼中检察机关、行政机关和审判机关的职责和办案程序进行了细化，一些地方的决定还在检察机关监督案件范围、调查收集核实证据的方式手段、财政资金支持与监察机关的工作衔接等内容上进行了一定拓展。国家利益和社会公共利益的保护，需要多元主体共同参与，需要执法、司法力量的协同配合，需要构建在党委领导下，由政府部门主导、司法机关保障，企业、社团组织及社会公众共同参与的现代治理体系。在中央层面，最高人民检察院牵头各部委机关联合制定规范性文件；在地方层面，各级检察机关推动本级人民代表大会常务委员会出台相应的地方立法文件，有助于推动承担公共事务管理重点领域监管职能的执法机关与公安机关、检察机关、审判机关之间的信息共享、案情通报、案件移送工作，保障各方充分发挥职能优势，创新协作方式，丰富协作内容，共享相关的有形和无形资源，凝聚公益保护和治理合力。

行政公益诉讼是由组成它的五项要素相互联系、相互支持、相互作用并与外界发生有机联系的功能状态与组织状态。通过对五项组成要素的分析，笔者将行政公益诉讼界定为：检察机关立足专门法律监督职能定位，依照法律授权的范围、法定程序和方式围绕行政主体履行公共行政监管职责是否合法，是否有损于国家和社会公共利益开展的特定检察活动。需要明确的是，具体的活动方式目前主要是针对相应的行政执法机关提出诉前检察建议和向法院提起行政公益诉讼，对于监督对象的范围，不能仅限于法定的公共行政管理领域，未来仍有继续拓展的可能。

二、公益保护最大化与效率最大化

行政公益诉讼属于整个公共利益保护制度结构中的一项制度安排，制度目标自然是谋求公益保护最大化，但担负公益保护第一层级职责的国家机关当属行政机关。现代社会运行过程离不开承担着公共规范制定、公共管理、公共服务职能的行政机关，从治理公益损害角度嵌入国家权力运行制约监督体系的行政公益诉讼能否在保障行政机关公共事务管理自主性的前提下形成科学合理有效的监督，能否有利于整体社会公益水平的提升,能否有助于经济社会总体发展是衡量这项制度改革成效的关键。要判断行政公益诉讼作为一项公益保护法律制度或一个公益保护司法行为是否良好的标准与这一制度和行为能否或是否实现了公益保护的最大化,是否提升了总体社会福利水平紧密相关。“最大化保护公共利益”这一相对道德直觉式的表达,容易使人陷入一种情绪化、直觉性误读,在缺少全面客观的测度和衡量标准的情况下,主观地认为行政公益诉讼的制度设计及其运行一定能够实现其制度初衷。笔者认为,对这一制度运行效果作出判断前至少要冷静思考和分析以下四个问题:第一,保护公共利益的法律制度初衷除了维护社会公平正义外是否还包括提升效率的考量;第二,现行的法律制度是否为行政机关和司法机关指引了正确的公共利益保护方向;第三,制度设计和实施是否要考虑公益保护的总体社会成本;第四,现行的法律制度及其运行过程是公正且合乎效率的吗?下面,围绕上述四个问题,通过对两件真实案例中体现出的行政公益诉讼办案效果和效率的矛盾进行重新梳理,对公益保护最大化的制度目标与提升效率之间的关系作以分析和阐释。

(一)信息背后的信息

在查找资料过程中,2018 年内蒙古检察机关发布的公益诉讼十大典型案例之一——包头市达尔罕茂明安联合旗(以下简称达茂旗)满都拉大气污染案[1]因“大气污染”“中央环保督察”等关键词引起了笔者的注意。该案基本事实:2018 年 5 月,达茂旗人民检察院发现,口岸物流园区内的满都拉港务商贸有限公司(以下简称满都拉公司)在未经过环保部门的验收、缺乏相应环保设施的情况下,露天存储装卸了大量从蒙古国过境运输的粉状煤,对周边草原环境和大气造成严重污染,因当地常年风大,造成周边 20 公里弥漫在黑色粉尘污染中,此问题已被列入中央环保督察组“回头看”反馈的整改问题内容。2018 年 6 月,达茂旗人民检

〔1〕《内蒙古检察机关公益诉讼十大典型案例公布》,载内蒙古自治区人民检察院官网 2018 年 9 月 30 日,http://www.nm.jcy.gov.cn/xwzx/qnyw/201809/t20180930_2373815.shtml。

察院向达茂旗环保局发出诉前检察建议，建议该局对环境污染及时、全面、依法履行监管职责。达茂旗环保局采纳检察建议，责令满都拉公司立即停产，督促其加快环保设施施工进度。另外，检察建议也引起达茂旗旗委、旗政府的高度重视，投入专项资金改善该区域的环保设施，建造了三座符合环保标准的仓储大棚，以外运或清理入库的方式处理了全部露天堆放的煤炭，口岸物流园区及其周边遭受的煤粉尘污染问题得以解决。

近年来，中央环保督察中屡屡发现地方生态环境污染重大违法问题，中央自上而下的督察、问责机制的力度和效果是以往地方政府只通过自查自纠的执法机制远不可及的。如此涉边境、涉外的大气污染问题治理不仅需要投入大量资金，还需环保职能部门外其他职能部门的共同协作，仅靠检察机关的监督似乎很难做到。于是，笔者根据案例表述中的些许线索，输入"中央环保督察组""回头看""问题整改""满都拉口岸粉尘污染"等关键词找到了达茂旗人民政府网站、包头市人民政府网站中与本案相关的信息，发现了隐藏在旗委、旗政府、环保局、口岸管理局、纪委监委等不同部门针对这一大气污染治理问题开展的一系列工作线索背后存在的一些问题。

1. 梳理时间线索发现的问题

表 1-2 同一时间段内不同机关的工作线索

时间	检察机关工作情况	政府及其职能部门工作情况
2018 年 5 月前	—	根据包头市人民政府网站公示，[①]针对满都拉口岸物流园区煤粉尘污染问题，2018 年 1 月 16 日，达茂旗环保局致函旗口岸管理局，要求该局尽快完成物流园区建设项目并完善环保手续。4 月 25 日，由达茂旗环保局约谈了满都拉公司法人，要求该公司加快完成在建储煤大棚，在未取得环保验收手续情况下不得投入使用

续表

时间	检察机关工作情况	政府及其职能部门工作情况
2018年5月	达茂旗人民检察院发现满都拉公司将蒙古国过境运输来的大量粉状煤露天存储装卸，对周边草原环境和大气污染造成严重污染。此问题已被列入中央环保督察组“回头看”反馈整改问题内容	—
2018年6月1～14日	6月14日，达茂旗人民检察院向旗环保局发出诉前检察建议，建议该局针对满都拉公司造成的环境污染及时、全面、依法履行监管职责	根据达茂旗人民政府网站“政府大事记”[②]记载，6月1日，旗委副书记、旗长张永文主持召开旗政府专题会议，部署中央环保督察“回头看”、大气污染防治法执法检查迎检工作
		6月5日，旗环保局将情况上报旗纪委监委，请求督促旗口岸管理局加快储煤大棚等环保设施建设项目进度
		6月6日，达茂旗纪委监委约谈了口岸管理部门主要负责人，责令于6月底完成2号储煤大棚建设任务，切实做好煤粉尘污染防治工作
		6月11日，旗委副书记、旗长张永文主持召开落实中央、自治区环保督察反馈问题整改工作会议
		6月12日，旗委副书记、旗长张永文，副旗长杨阳赴满都拉口岸现场督办环保举报问题整改情况，主持召开落实中央、自治区环保督察反馈问题整改工作会议
		6月13日，旗委副书记、旗长张永文，副旗长杨阳、孟和巴特尔赴满都拉口岸现场督办环保举报问题整改情况

续表

时间	检察机关工作情况	政府及其职能部门工作情况
		6 月 14 日,旗委副书记、旗长张永文赴满都拉口岸现场督办环保举报问题整改情况
		6 月 14 日,包头市人民政府网站发布的“中央第二环境保护督察组交办第二批群众举报环境问题调查处理情况公示”表示:2 座封闭式环保型仓储大棚已完成钢结构搭设,正在实施彩钢封顶工程,计划 6 月底完成 2 号大棚建设并通过验收投入使用,8 月底前完成 3 号大棚验收并投入使用
2018 年 6 月 14 日以后	检察机关的案例发布稿称,检察建议发出后,引起旗委、旗政府的高度重视,投入 1 亿元专项资金,全面改善环保设施。截至 2018 年 9 月底,建造完成了三座环保功能完备的仓储大棚,以外运或清理入库的方式处理了园区内露天堆放的所有煤炭,园区和周边的煤粉尘污染问题得到彻底解决	根据达茂旗人民政府网站 2018 年 6 月“政府大事记”记载:6 月 15 日、17 日、19 日、21 日、23 日、25 日,该旗旗长、副旗长通过召开工作推进会,现场督办、实地督导等方式,强力推进环保问题整改

注:①《中央第二环境保护督察组交办第二批群众举报环境问题调查处理情况公示》,载包头市人民政府官网 2018 年 6 月 14 日,https://www.baotou.gov.cn/info/4513/171005.htm。

②《政府大事记》,载达茂旗人民政府官网 2018 年 7 月 31 日,http://www.dmlhq.gov.cn/c/2018-07-31/1204420.html。

表 1-2 主要以检察院发现案件线索和向环保部门发出检察建议为两个时间节点,将检察院、政府(包括环保、口岸管理职能部门)围绕煤粉尘污染开展的工作向前后延展,逐一列出,试图找出尽量清晰的时间轴。虽然通过政府网站检索得到的关于本案的信息有限且零碎,无法完全获

取包括前因后果、治理过程在内的全部信息，但也能够勾勒出一个粗线条的全景图，供研究分析所用。

从案件线索发现时间看，早在检察院于 2018 年 5 月发现满都拉口岸物流园区煤粉尘污染线索之前，这一问题已进入环保部门视野。2018 年 1 月 16 日，达茂旗环保局致函旗口岸管理局，要求尽快完成建设项目环保手续，4 月 25 日，约谈了满都拉公司法人，当时这一问题已被列入中央环保督察组“回头看”反馈的整改问题内容。案例报道未提及检察院立案时间，但检察机关发现线索后经过初步核实才能立案，所以可以肯定的是在检察院立案前，该污染事件已经被环保职能部门及上级主管部门发现并着手整治工作。

在 2018 年 6 月 14 日达茂旗人民检察院向旗环保局发出履职检察建议之前，旗委、旗政府已经组织环保、口岸管理等职能部门进行了包括召开专题会议作出部署、现场督办、实地督导等一系列密集的调查、整改、治理工作。其间，达茂旗纪委监委约谈了口岸管理部门主要负责人，截至 6 月 14 日，2 座封闭式环保型仓储大棚已完成钢结构搭设，正在实施彩钢封顶工程。

检察机关的案例报道没有交代达茂旗人民检察院自 2018 年 6 月 14 日发出检察建议至粉尘污染彻底解决的 9 月之间，督促被建议单位旗环保局治理污染方面所作的工作。从政府公示信息看，口岸物流园区的粉尘污染治理、环境整治工作一直在紧锣密鼓地进行，2018 年 6 月底完成 2 号大棚建设并通过验收投入使用，8 月底前完成 3 号大棚验收并投入使用，和案例报道中提到的截至 2018 年 9 月底，建成占地面积 6 万平方米的三座环保功能完备的仓储大棚，以外运或清理入库的方式处理了园区内露天堆放煤炭的治理结果基本吻合。

2.“办案效果”与效率的疑问

司法办案要达到政治效果、社会效果、法律效果相统一的价值目标，检察机关办理行政公益诉讼案件的目标也自是如此。有关办案社会效果的衡量，经常受到法律规范以外的情景性因素的影响，如维护社会稳定因素的考量等，“与政府关系、党的领导、群众情绪、经济发展等因素”[1]直接相关。从中央环保督察中找线索，从人民群众反映强烈的问题中找线索是最高人民检察院方面拓展行政公益诉讼案件线索来源时一直倡导，也是地方检察机关比较推崇的工作方法，地方检察机关办理的生态环保、自然资源保护领域公益诉讼案件直接来源于中央环保督察的案例比比皆是。从这个意义上说，将满都拉口岸煤粉尘污染案作为样本进行分析有代表性与涵盖性。在追求三个效果相统一的过程中，检察机关又提出“双赢多赢共赢”[2]的公益诉讼办案目标。显然，检察机关的办案目标直接指向的是“办案效果”。从行政机关的立场，自上而下的环保督察、多部门协同的环境治理、纪委监委机关的介入等，也都旨在通过强化履职达到彻底治理污染，恢复草原生态环境，保障牧民合法权益的效果。从案例报道的办案过程和办案效果[3]看，似乎检察机关和行政机关的工作都达到了预期效果，实现了“双赢多赢共赢”。可是，通过对该案发展过程关键时间点的分析，影影绰绰地感觉到，在一再强调“办案效果”的过程中，似乎忽略了更为重要的“效率”问题。

(1)大气污染问题因涉及面广、专业性强、难以测量，此类案件属于生态环境领域“硬骨头”，本案发生地在边境地区，涉及职能部门多、影响范围大，这样一个“烫手山芋”，如果没有中央环保督察先行启动，检察机关恐怕不会选择介入。在检察机关和行政机关共同介入公益保护领域后，效果是否真的达到了 1 +1 大于等于 2 呢？如果 1 +1 仍然等于 1，效

---

[1] 汪庆华：《政治中的司法：中国行政诉讼的法律社会学考察》，清华大学出版社 2011 年版，第 37 页。

[2] 公益诉讼工作中树立“双赢多赢共赢”的监督理念，是时任最高人民检察院检察长张军在 2018 年 7 月召开的大检察官研讨班上明确提出的，认为检察机关和行政机关在行政公益诉讼中本质上的法定职责一致，工作目标和追求效果一致，行政公益诉讼工作是为了与政府方面协作解决由于行政执法机关职能有限，很难推进和落实公益保护的现实难题，这是“双赢多赢共赢”的基础。参见庄永廉：《在新起点上推进新时代检察工作创新发展——大检察官研讨班述要》，载《人民检察》2018 年第 15 期。

[3] 在案例报道中，该案被认为对检察机关服务污染防治攻坚战，促进草原丝绸之路建设，维护广大人民群众的切身利益具有积极作用。

果恐怕难以说是“双赢多赢共赢”。

(2)在本案中,检察机关向环保局发出检察建议之前,政府及环保、口岸管理职能部门已经启动整改治理工作。在6月14日检察建议发出的同时,包头市人民政府网站发出的公示已经显示“两座封闭式环保型仓储大棚已完成钢结构搭设,正在实施彩钢封顶工程”,且已经形成工作进度表,这说明按照中央环保督察要求,地方政府及职能部门的整改工作已经取得初步成效,且形成了明确预期。这时,检察机关的介入一定要有正当性理由,否则很容易陷入重复工作缺乏实质意义,徒增工作量,浪费司法资源的困境。

(二)公共行政管理与检察公益监督权的边界疑问

在国家公权力结构体系中,行政机关的行政管理权属于直面公共事务管理的第一层级,而检察机关的监督权作为敦促行政管理权合法行使的后续保障,明显处于权力结构体系的第二层级。国家机构之间需要明确的分工,不同的机构之间需要划定科学的权力边界。行政管理的专业性、快捷性特点使然,行政机关在公共事务管理和公共利益保护中较之检察机关更具有优势。检察监督在公益监督领域应该突出其时效性、便捷性、灵活性、直接性、非对抗性及激励带动性等优势。因此,即便行政公益诉讼制度的初衷是解决近年来人民群众反映强烈的,影响经济社会可持续发展的,公益受到严重损害的问题,制度设计者也并未允许检察机关直接干预行政管理过程,而是着重于通过检察机关的敦促,促使行政机关自行启动自查和自我纠错的程序。所以,理论界和检察机关自身都认可检察机关面对行政机关的首次判断权和自主管理权应当适度尊让。但是,如何在行政机关的公共管理职权和检察机关的监督职权之间划出一个合理边界,使双方的职权边界保持在适当的程度,使检察机关的监督依法合规,不至于侵犯行政机关的行政权,也能给检察机关自身找到一个能够充分施展才华的舞台,是当前实践中频繁出现而不得解的问题。下面以吉林省德惠市人民检察院诉德惠市朝阳乡人民政府不履行环保监督管理职责案[1]为例作一管窥。

1. 基本案情梳理

2017年4月,德惠市人民检察院因发现松花江河道内堆放了大量垃圾,向管理该河道的朝阳乡人民政府制发了诉前检察建议书,提出朝阳乡人民政府未依法履行对河道的统筹监管职责,未做防渗漏、防扬散及无害化处理的垃圾对周边环境造成污染,建议朝阳乡人民政府立即处置违法堆放的6051.5立方米垃圾。收到诉前检察建议书后,朝阳乡人民政府极为重视,及时作了回复,称已经就治理河道内垃圾堆放问题制定了整治方案。德惠市人民检察院于2017年6月5日、6月9日、6月17日、6月23日连续四次查看了现场,发现虽然河道垃圾场有铲车在对垃圾进行推土掩埋,但仍有少量垃圾没有处理,显然朝阳乡人民政府未采取有效措施彻底治理垃圾场,未及时整改违法行政行为,公共利益受损害仍处于持续状态。

2017年6月26日,德惠市人民检察院向该市人民法院提起了行政公益诉讼,提出了两项诉讼请求,分别是确认朝阳乡人民政府未履行松花江河道垃圾问题监督管理职责违法;朝阳乡人民政府依法履行河道垃圾问题监督管理职责,立即采取措施治理垃圾场,恢复被破坏的周边生态环境。2017年12月26日,德惠市人民法院裁定驳回德惠市人民检察院的起诉,理由是朝阳乡人民政府并非该案适格的被告。德惠市人民检察院不服法院裁定,上诉至长春市中级人民法院。长春市中级人民法院二审认为,朝阳乡人民政府不具有制止、处罚破坏生态环境违法行为的职责,其并非松花江河道垃圾问题具有监督管理职责的责任主体,朝阳乡人民政府是否具有履行清理河道垃圾的职责不属于《行政诉讼法》调整范围。长春市中级人民法院于2018年4月20日作出(2018)吉01行终49号裁定驳回上诉,维持原裁定。吉林省人民检察院于2018年6月25日

[1] 吉林省德惠市人民检察院诉德惠市朝阳乡人民政府不履行环保监督管理职责公益诉讼一案再审行政裁定书,(2018)吉行再21号。

向吉林省高级人民法院提出抗诉。吉林省高级人民法院作出(2018)吉行再21号行政裁定,认为对乡级人民政府环境保护“监督管理职责”作出限缩解释,忽略了环境保护的特殊性,裁定撤销一审、二审裁定,指令德惠市人民法院重新审理。

2. 行政管理的“公益”和检察监督的“公益”

该案主要争议点有二:一是在行政公益诉讼中,对“行政机关的监督管理职责”如何理解;二是生态环境违法行为负有监督管理的责任主体如何确定。两个争议点带来的分歧其实都围绕着一个问题展开,即行政机关管理社会公共事务维护公共利益的行政职责范围和行政公益诉讼监督规制的范围是否重合?

根据二审法院的判决理由,行政机关运用公共权力使用公共资金,组织职能部门治理生态环境问题的职责,不属于行政机关在《行政诉讼法》第25条第4款规定的四个行政执法领域监督管理职责,也就是说,不属于行政公益诉讼针对的监督范围。二审法院认为,《行政诉讼法》所指的行政机关监督管理职责是指行政机关根据法律、法规、规章的明确授权,应当由其行使的监督管理职责。行政机关对生态环境问题的监督管理职责包括两个方面:一是运用公共权力使用公共资金,组织职能部门治理生态环境问题;二是运用公共权力对相对人造成生态环境破坏、污染等违法行为进行行政处理。判决书还举例说明,治理雾霾、处理垃圾、清理“小广告”等就属于第一类,行政机关针对企业违法排放污染物造成大气污染问题进行制止,依法处理随意倾倒垃圾的违法行为,采取措施治理张贴“小广告”的违法行为等就属于第二类。

行政机关作为具有社会公共事务管理权的国家行政管理机关,同时,亦有保障行政相对人合法权益和维护公共利益的行政职责,对于应当履行行政职责而不履行的行政行为,上级行政机关、司法机关及社会舆论应根据其不履行行政职责的不同情形进行监督和规制。但是,由于司法机关与上级机关的职能和作用并不完全相同,司法机关并非对所有的行政行为都有权进行监督和规制,即使检察机关提起的行政公益诉讼亦不应例外。根据二审法院的判决理由，检察机关提起的行政公益诉讼，也应当适用《行政诉讼法》有关受案范围的规定，对于行政机关在社会公共事务管理过程中如何使用公共资金，对造成环境污染的企业具体采取哪些行政处理措施，如何建设垃圾场、如何处置无序堆放随意倾倒的垃圾等属于具体的行政管理职责，根据现行法不属于《行政诉讼法》的调整范围。能够纳入行政诉讼受案范围的行政行为，只限于行政机关运用公共权力对造成生态环境损害的违法行为进行行政处理的范围内。也就是说，法院方面认为，行政公益诉讼受案范围和《行政诉讼法》规定的普通行政诉讼受案范围一致，其所指向的行政机关应当依法履行的监督管理职责指的是行政机关对造成公共利益损害的违法行政相对人进行行政处理的职责，以对辖区内垃圾随意堆放造成环境污染为由，要求确认乡政府未履行监督管理职责违法，不属于行政公益诉讼受案范围。

关于朝阳乡人民政府是否本案适格被告问题也与行政公益诉讼的监督规制范围直接相关。德惠市人民法院一审裁定朝阳乡人民政府不是该案适格被告的具体理由是，垃圾堆放场所位于朝阳乡区域松花江河堤内，垃圾属于朝阳乡区域的生活垃圾，朝阳乡人民政府对垃圾处置只具有管理职责，应当由行政主管部门行使直接的监督管理职责。而二审裁定对生态环境违法行为负有监督管理的责任主体问题继续阐释，认为法律对环境保护方面的违法行为授权进行监督检查和处罚的主体是县级以上人民政府的环境保护行政主管部门，对乡镇政府的职责却没有具体规定，只是宏观规定了乡镇政府负责本辖区内的环境保护工作。乡镇政府这项管理职责的落实情况应当由上级政府按照相关文件规定进行评价，不受《行政诉讼法》调整。从检察机关对该案提出抗诉的情况看，显然并不认同法院一审、二审裁定理由，认为本案符合起诉条件，朝阳乡人民政府是本案适格被告。

对于本案的争议点和分歧暂不提出结论性意见，但从本案诉讼过程及法院裁定理由可以看出，在行政公益诉讼的监督范围和行政机关对公共事务监督管理范围的关系上，检察机关和行政机关、审判机关并未形成一致意见,检察机关在实践操作时似乎更倾向于监督的全部覆盖,而行政机关和审判机关更倾向于公益在管理和监督领域的适当界分。按照行政权与司法权的限界理论,司法权允许干预行政权的限界就在于行政机关的裁量行为上,司法权的审查对象是行政机关超越裁量权限界的行为及滥用裁量权的行为,此为一般原则。[1] 检察机关只是特定领域行政违法行为的法律监督机关,即便是维护公共利益这一占据绝对道德制高点的制度目标,也不能成为越俎代庖直接行使行政执法机关职能的理由。检察权必须秉持其固有的监督属性,与行政执法机关之间保持适度的限界。

(1)现行的任何一项法律制度都没有提出要不惜一切成本保护公共利益的原则。既然我们没有承诺不惜一切成本地保护,在考虑保护成本和收益问题上就要考虑在我们当前的经济社会发展水平下,行政机关和司法机关的资源配置情况和承受力。行政机关直接监管,司法监督后位救济的方法尽管是实现有效目的的有效方法,但二者并不总是彼此相容的,在同一案件中不同机关有不同的立场,需要完成来自各自上级机关的工作指示,很难找到被任何一方同时接受的行事规则。

(2)可供选择办法的可行性取决于我们希望追求的法律制度目标,我们的选择反映了当下的经济社会发展目标以及解决问题时所能够承受的成本,因为我们无法做到不惜一切成本将已经受损的公共利益全部恢复如前。所以,对于一项公益保护方案适当与否的检验,必须科学考量这一方案确立的规则及其运行所需要的成本和能够获取的收益,并与其他可供选择的制度成本与收益相比较。要学会追问,这样做是否必须,投入这些是否值得。

(3)回归到行政权与司法权在公益保护职能上的限界问题。生态破坏、环境污染、食品药品质量等重大公益问题涉及面广、原因复杂,彻底的治理和修复需要专业机关长期坚持,还需要采取科学有效的方式方

---

〔1〕 池田実『憲法』(嵯峨野書院,2016 年)352 頁。

法。而检察机关长期专注于司法办案,并不擅长解决公共事务管理领域的具体问题。因行政机关执法不及时,措施不合法、不合理造成公益损害的,检察机关应当及时督促和提醒,要求行政机关及时纠正违法行为,遵行法定监督管理权责。检察机关应当始终立足于公益保护的救济补充地位,当发现公益受到损害时,不应越位直接冲向公共事务管理的第一线,直接触及行政机关的具体执法权,而是应当深入分析产生公益问题的原因,提出合理的整改建议。检察机关的行政公益诉讼要获得行政机关、社会公众、媒体舆论的认可、响应和支持,避免引起行政机关的反感、媒体的指责与非议,必须把握分寸、进退得当,给自己划定一个合法、合理的监督边界才是明智的选择。

(三)行政公益诉讼中的公平与效率

1. 行政公益诉讼客观法秩序维护功能与维护国家和社会公共利益价值目标从根本上讲并无二致。行政公益诉讼虽然在我国原有的主观诉讼特征的行政诉讼程序中通过嵌入方式进行了客观化改造,建立起行政公益诉讼制度框架,但这一制度改造的初衷及目标并不在于诉讼程序的变革,而是要丰富对行政权司法监督的方式和途径,为检察机关立足国家法律监督机关这一职能定位,介入、提醒、督促行政执法机关提高公共事务管理和公共利益维护水平"制造一种适当的时空场域"。[1] 行政诉讼在类型上可分为主观诉讼和客观诉讼。客观诉讼制度,是指以客观法秩序维护为目标,无关乎国民权利利益的救济,以确保行政作用的适法性为目的创设的行政诉讼制度。客观诉讼制度与主观诉讼制度的区别就在于是否以国民权利利益的救济为目的。[2] 建立检察机关提起行政公益诉讼制度,就是为了以往弥补公共利益司法保护中的主体缺位,在检察机关、社团组织、社会公众等具有可能性的主体中找到最为适合的一个,以司法权适当触及行政权的行使过程,提高行政机关在重点公

---

〔1〕 高家伟:《检察行政公益诉讼的理论基础》,载《国家检察官学院学报》2017 年第 2 期。

〔2〕 高橋滋『行政法』(弘文堂,2018 年)309 頁。

共事务管理领域依法行政的水平。检察机关被赋予提起行政公益诉讼的职能后,弥补了以往因为救济主体缺位造成损害国家和公共利益的违法行政行为脱离司法监管的社会治理漏洞,规范了可约束、能约束的权力,使检察制度在监督行政执法行为,保障国家和公共利益方面的制度效益得以进一步发挥,检察治理在推进国家治理体系和治理能力现代化进程中的作用也更加凸显。基于检察机关的法律监督机关定位和机构分立相互制衡原理,赋予其行政执法监督权存在必要性,基于其专业性和司法机关属性,其监督也具有可行性。无论是针对违法的行政执法行为或不作为问题提出诉前检察建议,还是后续向法院提起行政公益诉讼,都属于检察机关履行法律监督职权的一种方式或手段,是法律监督的应有之义。因此,维护国家法律统一正确实施与维护国家和社会公共利益的价值目标从根本上讲并无二致。

2. 行政公益诉讼是对行政机关保护和实现公共利益行为合法性的特殊监督。从国家承担的社会秩序维护、人民权利保障职能出发,所有国家机构的设置和运行目标都是保护和实现国家和社会公共利益,但行政机关处于保护和实现国家和社会公共利益的第一层级,是最直接的责任承担者。也就是说,行政机关承担保护和实现国家、社会公共利益的首要职责,是国家和社会公共利益的首要代表,由于其没有履行好维护公益的职能,由检察机关启动督促行政机关纠正违法行为的程序,监督其履行好法定职责。行政公益诉讼是司法机关督促行政机关依法行政与维护公共利益的有机结合,而在诉前程序和诉讼程序中具体表现为司法机关对行政行为适法性及其与公共利益损害程度之间进行审查判断的有机结合。

检察机关对行政机关的监督,是基于公益保护的法律监督职责的外部监督。实质上,对行政行为适法性进行审查判断的内容中就包含着对公共利益受损害原因进行的审查判断。检察机关通过审查依法认定作为被监督主体的行政机关因未尽到充分有效的管理保护义务造成了国家和公共利益损害,且损害的严重程度已经达到启动监督程序的标准时,也就意味着,行政机关的行政行为违法程度已经达到了必须接受司法机关审查,并承担公法责任的标准。因此,行政公益诉讼是从救济国家和公共利益损害的角度审查行政行为适法性的一种监督行政制度安排,其监督的对象是行政主体的违法行为,不包括行政相对人的违法行为。启动监督是对相关行政行为依据法律进行的合法性推断,是为了督促行政机关依法履行国家和社会公共利益管理、维护职责,促使行政机关启动自查自纠程序。行政公益诉讼的启动并不会影响涉案行政行为的公定力、确定力、拘束力及执行力,其外部性、主动性、全面性能弥补被动、保守、以私益保护为主的行政复议与行政诉讼之不足,但不影响相对人依法寻求法律救济。

综上,从机构职能属性和制度初衷看,无论是行政机关的公共管理还是检察机关的公益诉讼监督,最大限度地维护和保障公共利益都是它们的不二选择,但从规则设定和实施机制看,立法机关和司法机关似乎并未从最大化公益保护、提高总体社会福利的角度对两机关的履职顺位、职能边界、司法介入的效果及具体分歧争议问题进行过考量。本节探讨的两个案例涉及的行政机关与检察机关的履职顺位、监督启动时机、行政机关管理公共事务的范围和司法机关监督公益领域的范围边际等问题,都直接指向了行政公益诉讼的效果和效率问题。如果不及时解决这些实践中一直悬而未决的问题,类似案件还会出现,甚至可能随着宣传效应影响面不断扩大。

当然,检察机关根据中央环保督察线索发出检察建议,监督乡政府积极开展环保治理,都旨在启动监督,督促政府职能部门依法及时履行环保监督管理职责,可能更多地出于维护社会公平正义的考量。的确,维护公平正义是一种可以得到辩解的道德原则,但是,维护公平正义就可以无视效率吗?包括法律资源在内的所有资源的使用必须受到限制,因为所有资源的使用都需要社会承担成本。一切立法、司法资源的配置都是为了排除任何人以任何不恰当方式使用某些稀缺资源,提供一种把资源利用到最有价值地方的方法。如果行政机关使用公共资源不公的行为导致了公益的不当损害,为及时挽回破坏资源使用的效率影响,检察机关有必要启动校正程序,但校正程序的启动时机、方式手段也要符合资源有效利用的原则。如果公益司法保护不考虑这些情况,其震慑效果就必然有所削弱,公平正义不能等同于无效率,维护公平正义也并不允许无效率。那么,最大限度地保护公共利益的伦理基础,到底是维护和保障社会公平正义,还是在于追求社会福利最大化的效率呢?

三、公平与效率的共识基础

如果问法律制度的首要目标是什么,绝大多数人可能都会选择公平正义作为首要答案。对于个体来说,一项法律制度是否公平正义的评判标准可能就在于其是否符合大众的公平感和正义感,但对于如何才能满足大众的公平正义需要其实是很难确定的。如果说某一法律制度在有效减少公共利益保护成本的同时无法保证公平,这项法律制度一定不会得到赞同,也无法得到投票通过。但如果反过来说,某一法律制度被认为是公正的但会形成公益保护成本的叠加,造成社会整体资源的浪费,会不会还坚持选择这一制度呢?实际上,这两种提问的预设前提都是公平与效率不能相容,认为一项法律制度选择了公平就要排斥对效率的追求,反之亦然。如果有一种办法既能够满足人们对正义的追求,还能以恰当的方式最大限度减少公益保护成本,一定能够得到最多数人的赞同。这说明,公平与效率作为法的价值目标,同时追求、同时实现是符合最大多数人愿景的选择。公平与效率之间,不应当存在非此即彼绝不可兼得的冲突,但简单地归纳为两者同时兼顾的理论在实践中往往很难完整体现,因为“同时兼顾”有时很难指导行为人的具体行动。下面,笔者通过对罗尔斯有关公平正义与分配效率的阐述和波斯纳提出的财富最大化原则与正义理论伦理基础观的梳理,进一步分析当下行政公益诉讼制度实施中对公平与效率应如何考量和选择。

(一)罗尔斯的两个正义原则对正义与效率的阐述

研究公平、正义、效率的伦理和政治基础绝不能绕开约翰·罗尔斯的《正义论》。《正义论》被誉为西方20世纪最重要的道德和政治哲学著作，该书所研究的社会正义问题涉及伦理学、政治学、法学、社会学、经济学等广泛的领域，该书对公平正义、自由平等、差别原则、分配效率等问题的研究，都试图达到全面而平衡的倾向，为其所处的美国民主社会寻求一种适当的道德基础。罗尔斯从社会中最少受益者的角度衡量公平正义问题，通过理论上的层层深化与递进提出了著名的两个正义原则。罗尔斯将社会的基本结构确定为正义的主题，认为这是“社会主要制度分配基本权利和义务，决定由社会合作产生的利益之划分的方式”。[1]对正义的两个原则，罗尔斯作了层层递进的渐进式陈述。在首次陈述中，正义的第一个原则是指，每个人对与其他人所拥有的最广泛的平等基本自由体系相容的类似自由体系都应有一种平等的权利。第二个原则是指，社会和经济的不平等应这样安排，使它们被合理地期望适合于每一个人的利益，并且依系于地位和职务向所有人开放。[2] 作为适用于社会基本结构的正义原则，上述两个原则指向的都是通过对权利和义务的分配达到对社会和经济利益合理调整的目的。第一个原则先指出，每个公民都享有平等的基本自由，其中包括人身自由、财产自由、政治上的自由等。随后，第二个原则指出，如果社会和经济不平等是不可避免的差别设计，那么在收入和财富的分配上要弥补这种不平等，要合乎每个人的利益，要做到基本的自由和机会的平等。从两个原则的关系看，第一个原则是第二个原则的前提和基础，第二个原则是第一个原则的补充。罗尔斯在这里做了两层假设，最初的安排最好的假设是，所有的社会资源得以在社会成员间平等地分配，每个公民都享有无差别的权利和义务，收入和财富分配也做到绝对平等。但是，基本的权利自由和经济社会利益之间必然存在区分，如果在一个社会制度设计中不得不使一部

〔1〕［美］约翰·罗尔斯：《正义论》（修订版），何怀宏、何包钢、廖申白译，中国社会科学出版社2009年版，第6页。

〔2〕参见［美］约翰·罗尔斯：《正义论》（修订版），何怀宏、何包钢、廖申白译，中国社会科学出版社2009年版，第47页。

分人放弃某些权利和自由,必须使他们从社会经济利益中得到足够的补偿,即所有人的状况都能够得到改善。

罗尔斯在第二层次分析中提出,第一个原则所讲到的平等和基本自由,是指由社会基本制度规范确立的权利义务体系,要求社会基本制度规范要平等适用于每个公民。即使第二个原则允许部分差别对待,但是,基本自由和社会经济利益之间是不允许交换的,即某些基本自由绝对排除交换。进一步阐释后认为,社会和经济利益的平等并不只是结果平等或绝对平等,其要求的是给予所有人平等开放的机会,允许所有人有能力并愿意去争取,从而达到符合正义原则的分配结果。这种分配结果指的是,如果社会基本结构允许某些不平等的存在,那么每个人都要从中获利,即每个人的状况都能得到改善。可见,第一个原则更倾向于社会公正的阐释,第二个原则更强调社会效率问题。此处的效率问题和制度经济学中的帕累托最佳原则有着内在契合性。帕累托最佳原则要求,一种制度的改变如果能使一部分人状况变好的同时不使其他人状况变坏,这种制度改进就属于有效率的,符合帕累托最佳的。从社会基本结构中的权利义务来看,如果改变制度规范,修订每个人的权利义务分配方案后部分人的收益能够得到提高且另一部分人的收益不会因此降低,这种制度改变也是有效率的。当然,这种制度安排的改变不能违反平等、基本自由及平等开放的机会平等原则,改变的只能是个体间收入和财富的分配,以及主导制度安排和分配方案的人调整不同个体之间协作的方式。在平等、基本自由、机会平等获得保证的前提下,还可以适当调整权利义务分配方案,并适当影响最终的收益结果。如果某种社会基本结构的制度安排带来的再分配方式,不存在继续调整的可能,即权利义务分配方式已经不存在提高部分人的收益且又不降低另一部分人收益的调整余地,这种制度安排就是有效率的。每一种社会基本结构的安排都意味着作出一种制度选择,在符合效率原则的同时还是公正的制度才符合正义观念的选择。美国法学家博登海默认为很难对正义给出一个全面的定义,因为正义有着一张“普罗透斯似的脸”,变幻无常,随时可能呈现不同形状并具有极不相同的面貌，但他仍然认为，正义的目标就是在满足个人的合理需要和主张的同时促进生产进步和提高社会内聚性的程度。[1] 显然，博登海默对正义目标的理解也是包含着同时满足个人和社会对提高经济效率的要求的。罗尔斯的正义观是超越单纯的效率考量的正义观，在一些单纯符合效率原则的制度安排下受损失的一部分人必须以某种方式得到补偿。[2] 在讨论机会平等和结果平等时不可避免会涉及差别原则，在罗尔斯这里，差别原则和效率原则是相容的，并不是每个人都总能从两个正义原则中获益，这两个原则实际上表达的是通过给予部分利益以特别的重视来体现出社会基本结构体系对这部分利益的重视。差别原则要求对某些不合理的不平等给予补偿，因为社会必须对那部分天赋较低，出生时即处于相对不利社会地位的人们给予更多关注，因为天赋和出身的不平等是不应该的，社会应该给予补偿。但差别原则不等同于补偿原则，它并不要求扫平所有社会竞争的障碍。比如，如果一项工作由天赋较高的人从事更容易达到目标，那么这部分教育资源可以倾向于天赋较高者，但对天赋较低者就要提供帮助，社会基本结构安排必须使这部分人得到补偿利益。[3]

（二）公平正义与效率的共识基础

法经济学之所以从其产生之初就一直受到传统法学、政治学和伦理哲学领域的抨击，主要反对理由就是法经济学以效率替代了公平正义，违背了传统的伦理规范，是不道德的、功利主义的。但波斯纳坚持认为，经济学提倡的财富最大化原则并不与罗尔斯提出的正义理论相矛盾，二者在伦理基础上是相同的，甚至认为财富最大化原则可以成为融贯社会

---

〔1〕 参见［美］E. 博登海默：《法理学：法律哲学与法律方法》（修订版），邓正来译，中国政法大学出版社2004年版，第261页。

〔2〕 参见［美］约翰·罗尔斯：《正义论》（修订版），何怀宏、何包钢、廖申白译，中国社会科学出版社2009年版，第51～56页。

〔3〕 参见［美］约翰·罗尔斯：《正义论》（修订版），何怀宏、何包钢、廖申白译，中国社会科学出版社2009年版，第75～78页。

各个领域的伦理和政治基础。[1] 波斯纳在其《正义/司法的经济学》一书的第一版序言中曾说，自己大致是在约翰·罗尔斯的意义上适用“正义”一词的，同样认可“正义”的首要主题是社会的基本结构，是一些主要社会制度分配基本权利和义务并确定分割社会合作之获利的方式。[2] 波斯纳一直不认同法经济学的反对者们称法经济学是一种功利主义的评价，他认为经济效率是一个伦理的也是科学的概念，对功利主义想当然的批评，如工具主义、道德上的可怕等，属于理论认识的误区。波斯纳认为“财富最大化”的经济学规范较之于功利主义更具有优势，理由就是其为伦理学理论提供了更加坚实的基础，并且认为功利主义既可以被认为是个人道德的理论，也可以被确认为是一种社会正义的理论。好人的标准，不仅是追求自己的幸福总量最大化，还要努力追求其他人的幸福总量最大化，好社会的标准就是努力追求全社会幸福总量的最大化。当个人的偏好得到最大化满足时，其个人幸福或效用总量也就达到了最大化。当然，幸福和财富不能等同，人们也不能仅仅定义为财富最大化者。但财富与效用正相关，尽管不是完美的相关。在自愿的市场交易环境下，个人追求财富最大化本身是对人的自由选择意愿的尊重，同时为分配和校正正义提供了道德基础。从财富最大化的视角来看，法律的基本功能在于改变行为激励，法律必须理性，必须对同样的情况同样对待，否则对人的行为就会形成相反的激励。[3] 在从伦理概念角度对财富最大化进行阐释的基础上，波斯纳对经济学上帕累托效率标准的伦理基础进行了进一步分析。帕累托效率，是指一种资源配置方式的适用，如果至少有一人的境况得到了改善，且没有人因为此而境况变得更糟，就是实现了帕累托效率。波斯纳提出，境况是否改善体现为一项新的政策对全

---

〔1〕 参见苏力：《思想的组织形式——正义/司法的经济学译序》，载［美］理查德·A.波斯纳：《正义/司法的经济学》，苏力译，中国政法大学出版社2002年版，第2～3页。

〔2〕 参见［美］理查德·A.波斯纳：《正义/司法的经济学第一版序言》，载［美］理查德·A.波斯纳：《正义/司法的经济学》，苏力译，中国政法大学出版社2002年版。

〔3〕 参见［美］理查德·A.波斯纳：《正义/司法的经济学第一版序言》，载［美］理查德·A.波斯纳：《正义/司法的经济学》，苏力译，中国政法大学出版社2002年版，第47～76页。

部效用的影响。但是效用本身不可能作直接测度，所以证明一种资源配置改变是帕累托最优的唯一方法就是在现实中受这一交易影响的每个人都同意这一交易。[1] 也就是说，如果所有人都同意资源配置方式的改变，就可以判断这种资源配置方式达到了帕累托最优，这一切的前提必须是每个人都是理性的利益追求最大化者的假定。当然，经济学家在进行资源配置效率判断时往往采用卡尔多－希克斯标准及潜在的帕累托标准，原因主要在于分析上的便利。只要一种新的资源配置方式增加的价值足够大，即便有人因此受到了损失，增加的那部分价值完全可以使受损者得到补偿。而政府在作出决策时是否会考虑受损者的利益，将最终增加的财富部分转换为受损者的补偿，就涉及政治伦理问题。

波斯纳认为，罗尔斯的正义论和法经济学坚持的"财富最大化"原则在"初始位置"上是相同的，都是以比较类似的方式来建立效用最大化的共识基础，同意为财富最大化的社会制度提供了伦理的正当化。[2] 因为一项涉及范围广泛、影响力大的财富最大化政策，如果在分配效果上对受损者不作出实际赔偿是难以得到社会全体成员的认同和广泛同意的。增加整个社会的财富，但不能让社会中的一部分人受损，如果不得不使部分人利益受到损害，政府必须出台相应的补偿规则并使之落实，才能够使新的政策得到所有社会成员的广泛同意。从这个意义上说，以经济效率、财富最大化作为制度公正与否的判断标准，就调和了公平、正义、自由、平等这些传统法学中提出的伦理原则，公平正义与效率在伦理意义上有了共识基础，二者殊途同归。波斯纳对财富最大化伦理基础的分析，为我们打开了一扇重新理解公平正义和效率价值追求之间关系的思维之窗，不再把传统法学坚持的公平正义原则与法经济学的效率原则截然对立，追求财富最大化，追求效率不再成为判断法律制度是否公正是

---

〔1〕 参见[美]理查德·A. 波斯纳：《正义/司法的经济学第一版序言》，载[美]理查德·A. 波斯纳：《正义/司法的经济学》，苏力译，中国政法大学出版社2002年版，第87~90页。

〔2〕 参见[美]理查德·A. 波斯纳：《正义/司法的经济学第一版序言》，载[美]理查德·A. 波斯纳：《正义/司法的经济学》，苏力译，中国政法大学出版社2002年版，第100页。

否良善的影响因素。

(三)行政公益诉讼要满足公平与效率的公共需要

自国家产生之日起,人类社会就始终存在公平和效率两个层次的公共需要,人类社会发展的最终目标是满足人的需要。公共行政与生俱来就内含公平与效率两方面的价值,二者缺一不可,且这两个价值是就公共行政的最终意义上而言的。[1] 在行政管理活动中,始终存在追求公正与效率之间的价值矛盾、判断与取舍。比如,促进依法行政水平与提高行政效率之间就存在一定矛盾。行政管理事项涉及公共事务管理领域的各种决策,必须把握时机作出选择和判断,工作程序繁杂、决策犹豫不决都会贻误时机,既影响行政相对人的合法权益,也影响维护国家和社会公共利益的效果,赋予行政法理论中的行政优益原则就是基于这一考虑。与此同时,行政权是现代行政国家最为庞大的一项权力,必须对其进行有效约束,否则就可能导致行政权滥用,不仅行政相对人的合法权益得不到保障,还会对国家和社会公益造成不可挽回的损失。司法机关的司法活动也同样需要对公正与效率这一对的价值矛盾进行判断与取舍。司法机关的办案过程和结果也属于特殊的公共决策产生过程,即无论是检察机关的办案过程和最终决定,还是法院的审理过程和裁判结果,都涉及公平与效率关系的衡量。公平不仅指向人类行为及产生于人类行为的制度造成的结果的善,还指向人类行为本身或者制度创制过程、程序本身的善。正因如此,以监督行政机关依法行使公共行政权,及时校正偏离轨道的公共行政权,保障受损害的公共利益及时得以修复为己任的行政公益诉讼必须富有效率性,不能叠床架屋、拖拖拉拉,久争不决。检验一项法律制度最为合理的标准就是其实施能否促进最广大人民的最大幸福,而从最大化幸福观念中演绎出的公平感、获得感、满足感直接来源于整体社会效率和社会福利水平的增长惠及最广大人民这个

---

〔1〕 参见赵永建:《政府结构变革研究——公共行政价值的视角》,武汉大学2011年博士学位论文,第26~27页。

前提。效率是公平的客观基础和必要前提，没有效率或低效率，影响社会整体福利的增长，就很难实现应有的公平正义。公平是效率在最广大人民群众中获得的良好效果和效应，只有行政机关依法行政水平不断提升，公共事务管理能力和效果不断提高，生存发展环境不断改善，政府职能部门与人民群众之间才会更加协调和谐，人民群众才会有更多的公平感、获得感、幸福感，才会有力地促进整个社会经济持续高速发展。行政公益诉讼应当充分利用法经济学的这个优势，通过科学的分析和测度，认真衡量如何通过公益保护执法资源和司法资源的重新配置来获取足够大的社会福利增值，不仅要实现每个个体的幸福总量最大化，还要实现全社会幸福总量的最大化。

第二节　法经济学原理应用于行政公益诉讼的必要性

一、对主体的行为作出预测、解释和客观评价

围绕监督行政机关及其工作人员依法履行公共管理职责，充分维护国家和社会公共利益的国家治理目标，行政公益诉讼涉及多个主体间的多重法律关系。主体方面，除检察机关外还包括行政机关及相对人、审判机关、监察机关、有关社会组织及公众；法律关系方面，存在行政机关与违法行政相对人之间的行政管理和处理关系、检察机关调查行政执法违法中与行政机关之间的调查与被调查关系，检察机关向行政机关提出纠正违法检察建议过程中的监督与被监督关系、行政机关因未及时依法履职造成重大公益损害，而与受损害的广大社会公众之间的关系、检察机关提起行政公益诉讼后与法院、行政机关之间的关系以及因监督行政机关而与监察机关的监督之间产生的关系等。但无论所涉主体和法律关系多么复杂，行政公益诉讼法律制度所追求的目标，一定是在现实可能的条件下，社会效率得到保证，社会公平也得以完全实现，各方主体都

能够实现利益最大化,任何一方都对制度实施效果感到满意,不愿意再对现状进行改变。这一目标状态就如同经济学中市场均衡描绘的那种状态,但传统的法学理论并未明确提出过这样的一种理想状态,也无法提供对这种理想状态的科学衡量标准,也就难以说明公共利益保护法律制度所要追求的明确目标及其衡量标准。

法学和经济学在研究主题和价值上有相当的共通性,法经济学就是"运用现代经济学的基本原理和实证分析方法分析、检验法律的形成、结构、运作过程、绩效及未来发展"[1]的学科。微观经济学作为研究如何将有限的资源在不同的目标之间进行合理配置的学科,为法经济学提供了最基本的分析方法。法律是以国家强制力为后盾的行为规范,如果把法律责任比作微观经济学的价格,并假设人们对归责的反应和对价格的反应相同,人们通过减少消费对较高价格作出反应,同样,人们对法律责任承担归责的反应也是从事更少的会被归责的行为。既然经济学的预测功能也可用来评估法律对重要社会价值产生的影响,[2]微观经济学的价格函数就可以提供一种行为理论,用来预测法律规则对人们行为的影响。

制度经济学建立在行为经济学基础之上。行为经济学者认为大脑的两个特点决定人们行为与决策的范围,一是有限的信息处理能力,二是大脑的各个模块——大脑的不同组成部分具有某种独立地影响人类行为的能力。大脑并不是一个单一的整体,且不一定是内部一致的,而描述大脑工作方式的变量与步骤的有效模型会为制度影响与变迁分析奠定基础。[3] 比如,在面对节食控制体重和吃第二份冰激凌的选择时,人们会选择真实的自我还是受到某种约束的问题上,行为经济学者认为,如果有外部制度鼓励和促使,分管计划的大脑会战胜分管行动的大

〔1〕 冯玉军:《法经济学范式》,清华大学出版社2009年版,第14页。

〔2〕 参见[美]罗伯特·考特、托马斯·尤伦:《法和经济学》,史晋川、董雪兵等译,格致出版社、上海三联书店、上海人民出版社2012年版,第3~4页。

〔3〕 参见[美]阿兰·斯密德:《制度与行为经济学》,刘璨、吴水荣译,中国人民大学出版社2004年版,第33~34页。

脑，使人作出逆向选择。这也能够解释人们作为个人进行行动时会选择做这件事，但在集体选择时会为另一件事投票的原因。[1] 新制度经济学超越传统新古典经济学对人类行为的理性假设，提出有限理性行为假定。诺思认为，因人的行为会受到行为动机和环境辨识程度的影响，财富与意识形态、利他主义、对自身的行为标准之间的交换关系体现出的是斜率为负的函数，即一个人表达其自身价值观及利益的价格与其行为选择的影响力之间是反比关系。制度能够从根本上改变个人的支付价格，使思想、意识形态、教条等在个人选择中扮演重要角色，而交易结构的制度化也会降低人们信息辨识带来的结果不确定性。[2] 美国新制度经济学派的另一著名代表人物威廉姆森则提出了人类理性的三个层次，分别为强理性、中等理性和弱理性。威廉姆森认为，对理性区分层次的原因在于虽然人们在经济活动中都具有追求理性的愿望，但能达到的程度是有限的。由于人的有限理性，必须通过契约防止人类行为产生不利后果，但也基于理性程度的有限性，契约的调整效果也是有限的，由此得出结论就是，事后治理在弥补契约的有限性上具有重要作用。[3] 新古典经济学强调的是预期收益最大化的强理性，即人类行为可以达到强理性，但新制度经济学强调基于人的有限认识能力，只能是中等理性，即有限理性。

经济学的分析对象就是人的理性行为，寻求最有效率的方式方法达到利益最大化的目的就属于理性行为。波斯纳认为，经济学是一门关于我们这个世界的理性选择的科学，因为这个世界上的资源相对于人类欲望是有限的。[4] 人恰恰就是理性的功利最大化者，因此，人类社会所有

---

〔1〕 参见[美]阿兰·斯密德：《制度与行为经济学》，刘璨、吴水荣译，中国人民大学出版社2004年版，第39～40页。

〔2〕 参见[美]道格拉斯·C.诺思：《制度、制度变迁与经济绩效》，杭行译，格致出版社、上海三联书店、上海人民出版社2014年版，第22～26页。

〔3〕 参见王洪涛：《威廉姆森交易费用理论述评》，载《经济经纬》2004年第4期。

〔4〕 参见[美]理查德·A.波斯纳：《法律的经济分析》（第7版）（中文第2版），蒋兆康译，法律出版社2012年版，第3～4页。

理性的事物都具备采用经济学的分析方法来进行分析和检验的可能。法律制度的出台和实施都是人类理性的产物,因此,经济学是用来研究法律制度实施过程中所有人行为的合适工具。行政官员、检察官、法官履行公共事务管理、公益诉讼案件办理、审理职责是理性行为,应作出理性选择,违法行为人、社会公众要以理性方式对待行政机关、司法机关的执法司法行为,对自身行为作出理性判断和选择。运用经济学分析方法对法律制度实施过程进行分析的前提是所有参与者都是理性的人,都具有追求自身利益最大化的倾向。这些参与者在作出行为决策时都会对自身可能付出的成本和能够获得的收益进行对比和选择,在进行认真量化对比之后,都会选择支出最少、收益最大的那个方案,也就是对自己而言效率最高的那个方案。一个国家法律制度的制定和实施过程,不仅是形成一系列行为规则体系并适用于社会生活的过程,也是当下社会各个群体进行理性选择、取舍和判断的过程,因此,这一活动过程完全可以运用经济学分析方法进行量化和测算。法经济学将经济学概念和原理作为解释一个社会及所有生活参与者对法律制度反应、选择行为的基本范畴。波斯纳认为,"法律制度中的很多原则和制度最好被理解和解释为促进资源有效配置的努力",[1]所以,在行政公益诉讼领域,所有参与主体都应作出以最少的成本支出来获取最大收益的理性行为选择,这样才能用最少的公共资源消耗达到公益保护最大化的预期目标,而因此节省下的公共资源就可以用于经济社会发展的其他领域,从而增加总体社会福利。而法经济学分析通过对行政公益诉讼法律制度运行过程的成本收益及效率分析,能够就主体的行为选择造成的制度实施结果作出客观评价。

相对而言,以新制度经济学为基础发展起来的法经济学更注重对人类行为的事前分析,更注重政策、法律及其他一些可变因素对人类未来

[1] [美]理查德·A. 波斯纳:《法律的经济分析》(第7版)(中文第2版),蒋兆康译,法律出版社2012年版,第31页。

行为的可能刺激。因为，对于法经济学家而言，“过去只是一种‘沉没了的’成本，他们将法律看成一种影响未来行为的预测系统，从而进行事前研究”[1]。事后研究是基于合理的大多数样本，而不考虑正常理性行为外的随机变异。如果总是沉溺于沉没成本现象，会在问题出现后为弥补损失而损失更多。也就是说，法经济学不赞同对已发生事件或行为进行过多的讨论，而是基于对人类行为的非理性假定，倡导研究如何对人类行为进行预期刺激，引导人类行为或事件向事前预期的方向发展。而法经济学家之所以进行事前研究，原因也在于他们更看重法律对人类未来行为的激励影响。波斯纳提出，人们并不总是作出理性的选择，但这并不能否定理性选择理论。经济学关注的是解释和预测人们行为的总体趋势，而不是每一个人的具体行为；所进行的预测是基于合理的大多数样本，而不考虑正常理性行为外的随机变异。[2]

综上，我们可以运用镜像思维——假设其他人与我们具有同样的价值、目标和推理过程，可以预测检察公益诉讼各方主体的行为并进行判断，进而对行为选择造成的制度实施结果进行客观评价。

二、以有效配置公益保护资源作为制度改革的目标

党的十九届四中全会对坚持和完善中国特色社会主义制度，推进国家治理体系和治理能力现代化作出系统部署。根据党的十九届四中全会《决定》、党的十九届五中全会《中共中央关于制定国民经济和社会发展第十四个五年规划和二〇三五年远景目标的建议》的要求，司法机关在基本完成员额制改革、司法责任制改革后，需要继续深化相关司法体制配套改革，继续加强对司法活动的监督，完善检察制度、审判制度和监察制度。2019 年，检察机关在深化国家机构改革和司法体制配套改革、

[1] [美]理查德·A. 波斯纳：《法律的经济分析》（第 7 版）（中文第 2 版），蒋兆康译，法律出版社 2012 年版，第 48 页。

[2] 参见[美]理查德·A. 波斯纳：《法律的经济分析》（第 7 版）（中文第 2 版），蒋兆康译，法律出版社 2012 年版，第 22 页。

原职务犯罪立案侦查等职能转隶到各级监委等大背景下，对其内设机构进行了系统性、重构性改革，建立了刑事、民事、行政、公益诉讼“四大检察”“十大业务”的检察监督新格局。无论是在客观环境还是在主观意识上，检察机关通过新一轮检察改革，融入国家治理体系和治理能力现代化推进过程，实现从专项监督向全面监督的实质性转变的意愿都非常强烈。从宏观层面看，检察公益诉讼作为一项公益保护制度改革的中国式方案，也可以理解为检察机关为促进国家治理体系和治理能力、法治体系和法治建设能力现代化过程中在公益司法保护领域所做的努力。所以，这项制度改革的效率，应当是评价其效果优劣的基本要素之一，这项法律制度对主体的权利义务责任界定的科学、明晰、完备程度与制度实施的效率成正比，法律制度越科学、越明晰、越完备，制度实施的效率也就越高，对主体的行为就会形成更有效的激励。因此，不同的法律制度规则和实施机制，就意味着不同的公益保护资源配置方式，就会带来不同的执法和司法效率。

作为法经济学理论基石的科斯定理，就是运用交易成本理论来解释为什么在交易成本实际存在的情况下，最适当的法律制度就是能使交易成本影响最小化的法律制度。关于交易成本，将交易引入制度经济学范畴的早期制度经济学家康芒斯，将交易定义为人类活动的基本单位。[1] 在康芒斯看来，交易的实质是权利在人与人之间的转让，但并没有将它与资源配置联系起来。科斯在 1937 年发表的《企业的性质》一文中，将交易费用解释为“利用价格机制的成本”，[2] 后在《社会成本问题》一文中具体阐述了交易费用思想。科斯提出，在市场交易成本为零的情况下，法律对合法权利的界定和安排对资源配置无任何影响，但市场交易成本为零的假定显然是不现实的。在存在市场交易成本的情况下，合法

〔1〕 参见沈满洪、张兵兵：《交易费用理论综述》，载《浙江大学学报（人文社会科学版）》2013 年第 2 期。

〔2〕 ［美］罗纳德·H. 科斯：《企业、市场与法律》，盛洪、陈郁译校，格致出版社、上海三联书店、上海人民出版社 2014 年版，第 32 页。

权利的初始界定(这里指所有权)将对经济制度运行效率产生影响。[1]至此,交易费用成为西方新制度经济学的核心范畴。科斯从资源配置效率的角度来认识交易本身的内涵。在科斯看来,交易具有稀缺性,也是可计量的,交易的成本和收益都可以进行计量测算和比较,因而可以运用新古典经济学方法进行分析并纳入正统经济学的分析框架。科斯在其《社会成本问题的注释》中进一步讲述,在零交易费用体制中,法律无论对有害效应的责任如何规定,资源配置保持不变。在正交易费用的情况下,法律在决定资源如何利用方面起着极为重要的作用。[2] 产权与经济选择之间存在系统关系,成文法条款、法庭裁判及一些与财富配置利用有关的非正式惯例和习俗都会对资源配置和使用产生影响。一个社会的产权制度与其社会经济绩效密切相关,不同的产权制度会造成经济绩效上的巨大差异,产权制度的形式要与社会资源的性质相匹配,有了与资源性质匹配的产权制度,才能有效配置并使用资源,随之获得理想的经济绩效。这也是为什么资源禀赋类似的社会之间,会产生巨大的经济绩效差异的根本原因。法律制度中的规则设计以及围绕规则实施产生的运行机制就被理解为是为了促进资源有效配置的努力。归纳科斯以来整个法经济学理论,其基本前提是将人类社会所有的法律活动,包括立法机关、行政机关、司法机关、公众的立法、执法、司法、守法、违法等活动都看作分配稀缺资源的手段,因此,一系列经济学原理都可分析和指导这些法律活动,而所有的法律活动都要以有效配置和使用社会资源,实现效率最大化为目标。

可以认为,作为一种公益司法保护制度改革,行政公益诉讼就是用效率更高的司法保护制度弥补我国之前公益保护领域监督主体缺位的不足,即生产一种更有效的公益保护制度的过程,是正视之前的制度供

---

〔1〕 参见[美]罗纳德·H. 科斯:《企业、市场与法律》,盛洪、陈郁译校,格致出版社、上海三联书店、上海人民出版社 2014 年版,第 91 ~92 页。

〔2〕 参见[美]罗纳德·H. 科斯:《企业、市场与法律》,盛洪、陈郁译校,格致出版社、上海三联书店、上海人民出版社 2014 年版,第 134 ~140 页。

源配置、提升效率等方面。制度经济学除了国家机关认可的正式制度外,还非常重视得到各种主体自发自愿服从并共同承认的非正式制度的作用。法经济学研究的一个特点是承认法律本身的非自足性,关注动态的法律,从宏观和微观层面研究法律如何实施、为什么这样实施。从宏观研究法律制度如何促进经济增长,研究如何达到制度均衡;从微观研究如何设计行为规则才能使主体利益最大化,实现不同主体间的利益均衡,从而实现更大的社会效率等。因此,法经济学原理为我们理性选择和优化行政公益诉讼制度及其实施过程提供了可能。

法经济学分析方法可以认为是一个用经济概念替换法学概念的方法,很多经济学概念和模型对解释任何一项立法、司法制度都是有用的,法经济学中的一些基本概念和原理,如效率、成本收益、效用、均衡、边际理论等,同样可以运用在理解、分析和解释法律行为方面,因为无论是立法机关、行政执法机关还是司法机关都需要通过测算其所需支出的成本、预期获得的收益来作出最有效率的行为决策。行政公益诉讼制度面临着将稀缺的公益保护制度资源在不同主体之间进行分配的问题,供给与需求、成本收益、公共选择、制度变迁等原理就是公益保护市场中配置稀缺资源的指挥棒。要使公共事务管理、公共利益保护资源得到最佳利用,公益保护法律制度能发挥作用的地方就在于可以通过科学创制权利义务设置规则和执法、司法实施规则,促进稀缺资源和最佳使用者之间的结合,为这个结合创造良好的实施环境。

综上,在公共事务管理、保护和监督场域,各方主体都已经分别具备了一定的资源使用条件和原始资本,当前的研究目的就是寻找一种规则,构建一种机制来推动有限的资源向使用水平最高者手中流动和集中,从检察机关、行政机关、行政相对人、审判机关、监察机关、社会组织、公众等相关主体中找到最有效率的使用主体,将每一种不同属性的资源分配给最适当的使用主体,使所有的资源能够得到最佳利用,从而最大化社会福利水平。

第三节　法经济学原理对行政公益诉讼的启示

法经济学以假设一个法律市场的存在为前提,法经济学分析大厦就是法律市场在假定前提下,将供给需求分析、成本收益分析、边际分析等经济学原理和方法综合运用于立法、执法、司法制度过程中建构起来的。波斯纳在其著名的《法理学问题》中提出了一个“法经济学研究方法工具箱”的说法,指可运用于法律制度研究的经济学方法很多,以经济学为主的多个学科为其提供了丰富的研究进路与方法论。本节主要论述,在行政公益诉讼场域,有哪些法经济学分析工具能够应用其中?相关的原理和方法对行政公益诉讼制度规范及其实施过程具有哪些启示?

一、相关的分析工具

(一)基本理论假设

1.有限理性假设

对社会生活中所有主体的行为按照个人行为逻辑进行判断是经济分析方法遵循的逻辑基础,对法律行为进行经济分析的理论前提就是理性(经济)人假设。经济学之父亚当·斯密在《国富论》一书中首次涉及“经济人”概念,他在阐述分工原理时指出,每个人从事经济活动并不是出于爱或恩惠,而是为他们自己的利益,他说,“我们所需要的食物不是出自屠宰业者、酿酒业者、面包业者的恩惠,而仅仅是出自他们自己的利益的顾虑”。[1] 利己是经济人的根本特性,在一只“看不见的手”即市场价格机制的指导下,所有人都是对自身利益的最佳判断者,个人在追求自身利益最大化的同时,虽然没有促进社会利益的想法,但在市场秩序

〔1〕［英］亚当·斯密《国富论》(上),郭大力、王亚楠译,译林出版社 2011 年版,第 10 页。

下个人在各自追求自身利益的同时往往更能有效促进社会利益。[1] 按照斯密的经济人假设和分析,好的法律制度能够充分激励行为人创造财富,从而提升整个社会财富的增长。按照理性行为假设对法律行为进行分析,所有人对自己在法律关系中的权利、义务和责任都是完全清楚的,会对自己的法律行为带来的后果作出精准的判断,从而作出准确的行为选择。但是,人的完全理性假设与现实明显相悖,科斯、诺思及加里·贝克尔等西方经济学家从现实的人出发,重新解释了理性人,在对理性人概念修补、抛弃、部分保留的基础上提出了有限理性假设。威廉姆森就提出过人类理性的三个层次,而要达到完全理性是不可能的。人类理性有限的主要原因在于信息获取能力和程度的有限性,人类能够获取的信息总是不完整的、有限的,而在交易中双方彼此掌握信息的能力和程度也是不对称的。同时,人类行为的机会主义倾向和人类损人利已的本性也会对人的行为选择和信息传播效率造成影响,因此,造成了市场交易活动越发复杂。[2] 国家通过法律制度安排使人们预判自身法律行为后果,指引人们按照符合社会经济发展需求的方向作出行为选择。但是,法律规则本身也是人类选择的结果,疏漏和错误在所难免。以行政公益诉讼为例,在设计制度规范时对其实际实施中能否真正实现公共利益保护的最大化是无法预知的。如果在实施中发现了法律规则的不足、漏洞或瑕疵,就需要立法和司法手段加以弥补。

2. 稀缺性假设

稀缺性,是指与人类不断增加的各方面需求相比,社会能够满足人类需求的各方面资源是稀缺的,资源的稀缺性不仅指物质资源,如生态环境、自然资源的稀缺,法律制度、政治制度、经济制度也同样具有稀缺属性。经济学为解决相对于人类的无限需求而发生的利益冲突,即社会资源的稀缺性问题,往往会利用产权规则。产权是财产权(财产所有权)

---

〔1〕 参见[英]亚当·斯密《国富论》(下),郭大力、王亚楠译,译林出版社 2011 年版,第 24 页。

〔2〕 参见徐文燕:《交易费用理论综合分析》,载《黑龙江财专学报》1998 年第 6 期。

或财产权利的总称,思拉恩·埃格特森将产权定义为“个人使用资源的权利”,[1]柯武刚和史漫飞将产权定义为“个人和组织的一组受保护的权利”,“产权决定着财产运用上的责任和受益”。[2] 产权就是给予个人自由处置资源的权利,从而为竞争性市场提供了基础。产权拥有者的经济决策会受到两种因素的影响:一是由所有权内容所赋予的自由处置权,二是竞争性市场。产权是一个权利束,在完全所有权条件下,市场交易中的财产价值取决于交易中产权被转移的束。如果由于政府政策因素改变了产权的内容,对于交易双方而言,资产的价值自然也会发生变化,而资产价值的改变也随之会带来人的行为决策的改变。[3] 这样一来,产权安排就对资源配置、人类行为的收益产生影响。在人类社会漫长的发展历程中,可利用资源的稀缺始终是限制人类行为选择的最为重要的因素。清新的空气、清洁的水源、广袤的草原、茂密的森林、丰富的矿产,是人类始终希冀和追求的。但这些资源并非取之不竭,如果不通过适当的产权规则对人们获取资源的竞争条件和方式作出具体的规定,对人们随意获取资源的行为进行约束和限制,将面临资源被毁坏殆尽的严重后果。产权制度就是以特定的和可以预期的方式来影响资源配置和使用,产权制度的变迁必然会影响人们的行为方式。

根据不同资源的特点,通过对社会所有成员的权力义务责任界定将资源进行配置是有效利用资源的前提。资源的有效利用是一个社会发挥有限资源潜力的重要途径,但资源的有效利用并不能自动实现,建构合理的法律制度是提升资源利用效率的前提条件。法律制度本身也是一种稀缺资源,一项法律制度的实施需要耗费相当的社会成本,而其实

---

〔1〕 [冰]思拉恩·埃格特森:《新制度经济学》,吴经邦等译,商务印书馆 1996 年版,第 35 页。

〔2〕 [德]柯武刚、史漫飞:《制度经济学:经济秩序与公共政策》,韩朝华译,商务印书馆 2000 年版,第 212 页。

〔3〕 参见[美]埃里克·弗鲁伯顿、[德]鲁道夫·芮切特:《新制度经济学:一个交易费用分析范式》,姜建强、罗长远译,格致出版社、上海三联书店、上海人民出版社 2015 年版,第 53 页。

施能否达到预期效果还取决于赖以存在的经济社会基础环境和条件。也就是说,法律资源的有效配置取决于以资源利用为目标的法律关系主体与资源禀赋之间的契合度,如果主体与被利用资源之间的契合度高,能够实现主体与对象之间的有机结合,有限的资源就能发挥出最大的效用。因此,合理而有效的法律制度应当是,赋予所有法律关系主体具有最佳使用资源的机会和能力,根据不同社会资源的禀赋特征设定恰当的资源使用程序。法律制度确立和实施的成本、稀缺的权利资源的有效配置需求决定了必须慎重选择制度规范,对已有的法律制度规范必须在科学评价的基础上进行优化设计。

3. 最大化行为假设

最大化行为假设,是指消费者追求效用最大化、厂商期望利润最大化、政府部门希望财政收入最大化等。在微观经济学上,消费者选择行为的目标是在一定的约束条件下追求自身的最大效用。效用是指对商品满足人的欲望的能力评价,或者说,效用是指消费者在消费商品时所感受到的满足程度。[1] 效用首先是消费者的主观心理评价,是消费者在一定的预算约束下,根据商品满足自己欲望的程度作出的最优选择,或者说是消费者作出的自认为适合自己目标的“好”的选择。[2] 当代西方经济学家大多使用无差异曲线分析方法来分析消费者的选择怎样达到效用最大化问题,因为效用大小无法具体度量,效用之间的比较更适合通过顺序或等级来表示,比如,在早餐吃面包牛奶还是油条豆浆的效用选择上,人们很难说出哪种早餐的效用比另一种大多少,一般更偏好回答是宁愿选择哪一种早餐,或者哪一种早餐排第一、哪一种排第二。

如果把法律实施类比作市场,把法律制度类比作一种价格体系,行为人对法律制度的认可、接受、适用的过程就如同消费者在市场机制下

---

〔1〕 参见高鸿业主编:《西方经济学》(微观部分·第7版),中国人民大学出版社2018年版,第57页。

〔2〕 参见[美]罗伯特·考特、托马斯·尤伦:《法和经济学》,史晋川、董雪兵等译,格致出版社、上海三联书店、上海人民出版社2012年版,第13页。

的行为选择。行为人选择遵守或违反某一项法律规范，或者选择此规范而非彼规范，就如同在市场上购买商品一样，会自动地进行成本收益比较来作出使自己效用最大化的决策。法律制度在社会控制中的作用就如同市场机制下的价格体系，通过对社会资源的配置实现对社会主体行为的最佳控制。所以，只要我们承认，行为人在法律制度约束下的行为选择与他们在市场机制下的行为选择具有相似性，那么法律所指向的资源配置也就有实现最佳配置的可能，也就有通过法律制度的改进来提升社会经济效率，促进整个社会经济增长的可能。下面借助行为人选择法律制度效用最大化无差异曲线图（见图 1－1）来说明行为主体选择适用法律制度的过程。

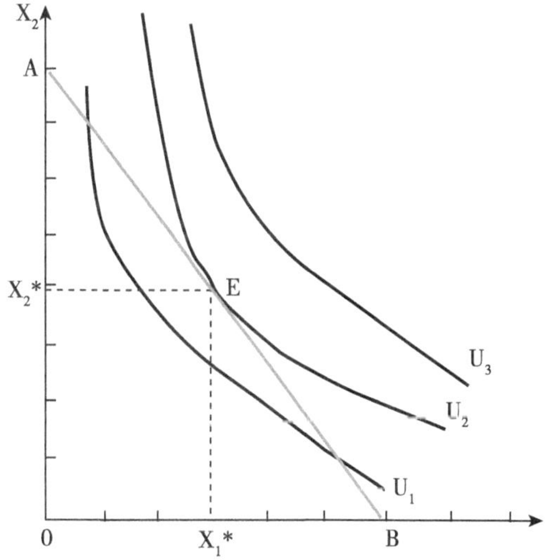

图 1－1　行为人选择法律制度效用最大化

假定有两种法律制度供行为人选择适用，图 1－1 中的横轴和数轴分别表示第一种制度 X_1 和第二种制度 X_2，行为人可能偏好制度 X_1，也可能偏好制度 X_2，也可能对二者并无优劣之分。两种制度适用的量可以无限细分，获取无数组合点，用曲线将点连接在一起，就获得了平滑的无差异曲线，曲线 U_1、U_2、U_3 分别代表两种制度在不同的组合情况下效用相等的无差异曲线。无差异曲线表示了行为人对不同制度组合的偏好，但行为人在进行制度选择时要受到成本支出的约束。在行为人的成本承受力和制度成本给定的条件下，行为人能够承受的两种制度各种组合获得的预算线即为图中的线段AB。图1－1中的预算线AB与无差异曲线U_2相切于E点，这个切点就是行为人在给定的成本约束下能够获得最大效用的制度均衡点，均衡点E处对应的就是行为人对两种制度的最优选择组合，也是行为人实现效用最大化的均衡条件。

当然，效用最大化并不是说任何一个行为人的每一种制度选择和行为决策都实现了效用最大化的目标，而是说对行为人选择法律制度的行为可运用效用最大化的观点加以分析和预测。

（二）以交易费用理论为基础的科斯定理

在科斯的努力下，交易费用成为新制度经济学的核心范畴，可以说，没有交易费用理论就没有新制度经济学。在新古典经济学看来，完全竞争世界里交易费用为零，斯密所称“看不见的手”就能够使资源配置达到帕累托最优，也就是说，在交易费用为零的情况下，制度、产权、法律、规则可有可无。交易费用理论从人的有限理性出发，分析了交易费用存在的根源，提出了一个不同于新古典经济学研究模式的新范式。系统的交易费用思想最早源于科斯的《社会成本问题》一文，科斯指出，必须知道一项市场交易的成立对谁有利，谁会希望交易成立，希望通过什么样的交易方式实现什么样的交易愿望，最为重要的是，要使契约得以缔结并严格履行，需要“讨价还价的谈判缔结契约，督促契约条款的严格履行等等”。[1] 科斯在《企业的性质》中列举了企业利用价格机制的成本，包括所有发现相关价格的工作（指获取信息的成本）、谈判和签约的费用、使契约成本最小化的设计成本、契约条款不完全的成本、市场交易的成本、

---

〔1〕［美］罗纳德·H.科斯：《企业、市场与法律》，盛洪、陈郁译校，格致出版社、上海三联书店、上海人民出版社2014年版，第91页。

其他因市场的不确定性产生的费用等。[1] 交易费用是分析经济社会问题的约束条件，要正确理解经济行为和制度安排，绝不能忽视了交易费用。肯尼斯·阿罗将交易费用定义为“经济制度的运行费用”，[2] 张五常教授将交易费用直接归结为制度成本，认为“包括信息成本、谈判成本、界定和控制产权的成本、监督成本和制度结构变化的成本”。[3] 弗鲁伯顿认为，交易费用包括动用资源建立、维护、使用、改变制度和组织等方面所涉及的所有费用。[4] 制度经济学认为，法律意义上的和转移意义上的交易分别反映了资源转移和经济交易两种交易类型，二者相互交织。制度经济学关注的目标绝不仅限于经济交易，还包括其他的社会行为，其中最为重要的就是对形成和维持经济交易所需的制度结构必不可少的社会行为。经济交易是特殊的社会交易，政治交易也是需要研究的重要对象，政治交易过程涉及政治家、官僚、利益集团之间的利益博弈和交换过程。必须释放并考察这些不同利益集团在实施公共权威时所展开的讨价还价和有计划的活动，还要考察官僚们以司法决策和管理行为的形式对其日常政治权威的实施过程。建立、维持和改变一个体制中的正式和非正式政治组织、保障政治运行需要的费用、搜寻信息的费用、制定决策的费用、发号施令的费用以及监督官员指令是否得以执行的费用，这些也可以认为是政治型交易费用。[5] 在公共管理、公共教育等领域，法律实施的成本除了与法律有关的政府支出，还包括由于自由交易

---

〔1〕 参见[美]罗纳德·H.科斯：《企业、市场与法律》，盛洪、陈郁译校，格致出版社、上海三联书店、上海人民出版社 2014 年版，第 32～33 页。

〔2〕 [美]埃里克·弗鲁伯顿、[德]鲁道夫·芮切特：《新制度经济学：一个交易费用分析范式》，姜建强、罗长远译，格致出版社、上海三联书店、上海人民出版社 2015 年版，第 31 页。

〔3〕 张五常：《经济解释：张五常经济论文选》，易宪容、张卫东译，商务印书馆 2000 年版，第 407 页。

〔4〕 参见[美]埃里克·弗鲁伯顿、[德]鲁道夫·芮切特：《新制度经济学：一个交易费用分析范式》，姜建强、罗长远译，格致出版社、上海三联书店、上海人民出版社 2015 年版，第 30 页。

〔5〕 参见[美]埃里克·弗鲁伯顿、[德]鲁道夫·芮切特：《新制度经济学：一个交易费用分析范式》，姜建强、罗长远译，格致出版社、上海三联书店、上海人民出版社 2015 年版，第 32～33 页。

程度低导致的资源损失，以及由于法律不完备造成的寻租活动。无论是经济交易还是政治交易场合，过高的交易费用都会阻碍交易的进行，从而对经济发展造成影响。生产技术和组织技术对一国的经济发展同等重要，有效率的制度政策可以为建立或重新建立一个更为有效的市场经济降低交易费用，或者减少有关劳动或资本需求的制度上的障碍。因此，如果一项法律制度的实施带来的是交易费用的增加，即便制定出台的过程没有任何直接成本，也会实际上降低社会总生产率水平。此外，交易费用的高低还和交易双方之间的相互信任程度有关。如果一个社会中社会成员间的相互信任是主流，对交易的监督执行费用就会相应降低，产权也会得到尊重，社会冲突也会得到更加公平的解决。这样一来，法律制度与社会道德、相互信任等一些因素有机结合，共同促进社会经济的生产率。〔1〕

科斯认为，因为交易成本的存在，外部性无法通过价格机制得到配置，以控制企业污染问题为例，当交易成本为零时，企业和居民将通过交易把最优空气污染量限制到什么程度？当交易成本大于零时，最优空气污染量又是多少？对这些问题的思考，构成了《社会成本问题》的核心内容。对于科斯定理，实际上，科斯本人从未归纳过，是乔治·斯蒂格勒根据《社会成本问题》一文中的一系列案例归纳总结的（该书翻译为高斯定理）。〔2〕 科斯定理 1 是指，当交易费用为零时，无论产权初始界定情况如何，只要在自由交易状态下，权利的最终配置或总体社会福利不会受到影响。也就是说，在交易费用为零的世界里，通过自由市场机制就可以有效解决成本外部性问题，与法律制度对资源的初始配置无关。科斯定理 1 只是其理论的逻辑出发点。科斯定理 2 是对定理 1 的逻辑演进，是指在交易费用为正的情况下，对权利的初始配置就会影响权利的最终

〔1〕 参见［美］埃里克·弗鲁伯顿、［德］鲁道夫·芮切特：《新制度经济学：一个交易费用分析范式》，姜建强、罗长远译，格致出版社、上海三联书店、上海人民出版社 2015 年版，第 36～45 页。

〔2〕 参见［美］乔治·斯蒂格勒：《价格理论》，施仁译，北京经济学院出版社 1990 年版，第 125 页。

配置,也可能影响总体社会福利。[1] 如果交易存在成本,资源的最终配置会受到法律对交易权利初始界定的影响,在科斯看来,任何一种权利安排都需要交易费用,问题的实质在于选择一种费用较低的权利安排方式配置资源达到节省交易费用的目的。科斯定理3则是在定理1和定理2的基础上提出了解决方案,认为当存在交易成本时,通过明确分配已界定权利所实现的福利改善可能优于通过交易实现的福利改善。[2] 当交易费用大于零时,产权的清晰界定将有助于降低人们在交易过程中的成本,提高经济效率并改善社会福利。

科斯定理揭示出制度与交易成本、经济效率之间的关系,为法律制度改进提供了指导。在交易成本很高的现实世界中,法律制度的选择对社会资源的有效配置至关重要,不同的法律制度选择对应着不同的制度运行成本,决定着不同的经济运行质量与水平。法律制度所具有的不同的运行成本与社会经济效率之间成反比关系。既然法律实施如同市场环境一样具备资源配置的功能,那么立法、执法和司法的经济目标就是尽最大可能降低成本,提高社会效率,增加社会总体福利水平。但降低成本往往无法自动实现,在现实世界中,高昂的立法、执法和司法成本往往成为效率提升的障碍,必须通过改进法律制度,优化运行机制来降低成本,尽量减少各种产生和增加成本的因素,这将为立法者、执法者和司法者提供重要的行动指导。作为理性的行为人,能够比较不同的制度之间为实现同样的目标而付出的成本多少,能够准确选择既定收益下的最小化制度运行成本。

(三)供求分析理论

法经济学分析根植于微观经济学,供给和需求分析是微观经济学各个部分的重要分析工具。竞争市场中的供给与需求是两个基本概念,通

---

[1] 参见[美]约瑟夫·费尔德:《科斯定理1-2-3》,李政军译,载《经济社会体制比较》2002年第5期。

[2] 参见[美]约瑟夫·费尔德:《科斯定理1-2-3》,李政军译,载《经济社会体制比较》2002年第5期。

过消费者和厂商之间供求关系的相互作用形成了市场价格。供给、需求和价格具有影响每一个经济个体决策行为的作用,原因就是供给和需求作为价格机制运行的重要力量,能够影响社会资源配置的过程和结果。供给与需求分析理论是分析一系列法律问题的有效工具,法律供给是指国家提供的所有立法、执法、司法等公共品的服务,法律需求则是指社会公众对立法、执法、司法等法律资源的主观要求和客观承受能力,法律价格可以理解为社会公众因接受、使用法律资源而增加的支出或减少的收益。在市场经济中,商品价格变化是影响商品需求和供给的重要因素,同理,在法律供求市场中,法律价格也是影响法律制度供给和需求的重要因素。法律制度供给和需求之间如果出现不均衡,如供不应求,由于社会对法律资源的需求迫切存在,国家的法律供给程度也要随之提高直至实现均衡。出现供大于求的情况也属于不均衡状态,法律制度供给就需要进行优化调整实现均衡。但社会对法律资源的需求不是主观判断的产物,需求必须建立在社会现实条件下所能够承担的支付能力之上。

具体到行政公益诉讼的制度供给和需求上,建立行政公益诉讼制度的原因在于,近年来,我国生态资源、环境保护、食品药品管理、国有财产管理等行政执法领域因行政机关违法执法或不作为造成公益受侵害的问题较为严重,产生了公益保护的制度需求。因为私益诉讼要求起诉的主体必须与其主张的权益具有直接利害关系,一般公民、法人和其他组织无法提起公益诉讼,导致违法行政行为缺乏有效司法监督,公益受损的案件无法通过诉讼手段加以解决。我国建立行政公益诉讼制度的初衷,就在于弥补司法机关无法介入涉及公共利益的行政执法过程的制度漏洞,选择了检察机关作为适格主体,对涉公共利益的重点行政执法领域进行监督,提升依法行政的水平。应当说,行政公益诉讼制度的出现,满足了社会加强公益保护、提高行政机关依法行政水平的制度需求。但是,从整个国家的制度供给看,具有监督、纠正行政执法机关违法行为或者不作为,挽回或弥补国家利益、社会公共利益损失功能的制度不只有行政公益诉讼。行政机关位于公共事务管理的第一层级,监察机关的监督、行政机关上下级之间的管理和监督、行政诉讼等制度，都能从直接或间接层面起到类似的功能，它们之间涉及一系列制度机制的协调问题。因此，行政公益诉讼制度供给，要充分考虑国家、社会及公众对公益保护制度资源的主观要求和客观承受能力。要在国家、社会及公众能够承受的成本支出限度内，充分发挥行政公益诉讼促进行政机关、法院、检察机关等多元主体协同履职、合作治理的效能。不能因为行政公益诉讼这一制度的加入，使其他公益保护主体产生抵触心理，加重国家、社会和公众负担的制度成本。只有找到关联制度之间的契合点，才能使行政公益诉讼制度优势得到充分的彰显。

（四）成本收益及边际分析理论

供给与需求分析理论是法律成本收益分析的基础。立法机关的立法活动、行政机关的执法活动、司法机关的司法活动、社会公众依照法律行动都需要耗费相应的成本，具体包括“立法、司法、执法、守法各法治环节中，当事人为实现权利、履行义务和承担责任所耗费的人力、物力、财力和时间资源”[1]。良好的法律制度必须对法律关系主体的权利义务、职责、责任、法律程序等作出科学合理的安排，以避免不必要的支出，提高社会整体效率。所以，无论是立法机关、执法机关还是司法机关，都要对其行为的成本和收益进行仔细权衡，作出理性判断和选择。在法经济学分析中还会经常遇到效益这一概念。法律效益即指法律收益和法律成本之差。法律效益并不仅局限于经济效益，还包括政治效益、社会效益、伦理效益等，但政治效益、社会效益、伦理效益等难以量化分析。[2]

边际概念是微观经济学中很重要的一个基本概念，边际量的概念是表示“一单位的自变量的变化量所引起的因变量的变化量”。[3] 边际概念可以运用于法律制度成本和收益的分析，用来表示随着法律制度条文

〔1〕冯玉军：《法经济学范式》，清华大学出版社2009年版，第236页。

〔2〕参见冯玉军：《法经济学范式》，清华大学出版社2009年版，第251～252页。

〔3〕高鸿业主编：《西方经济学》（微观部分·第7版），中国人民大学出版社2018年版，第57页。

数量增加及实施规模的扩大,社会为此支出的成本与收益量发生变化的情况。法律制度的边际成本规律,是指法律制度立法条文数量及实施规模每增加一个单位,社会因此获得的制度收益也会相应增加,在法律制度供给量未达到社会对法律制度需求的最高点之前,法律制度的边际成本将呈递减趋势。如果社会对法律制度的需求已达到饱和状态,法律制度立法条文数量及实施规模每增加一个单位,将不会再增加相应的制度效益,且过量的制度供给会造成规则之间的冲突矛盾,法律制度边际成本就呈递增趋势。同时,法律制度供给与边际效用之间呈递减趋势。经济学中的边际效用递减规律同样适用于法律制度效益的分析。一般来说,一项法律制度在实施之初,如果条文内容符合社会现实需求,科学性、可操作性较强,与其他已有的制度规范之间能够相互支持和互补,能够获得较高的制度效益,但法律制度效益不会一直呈上升状态,随着法律制度持续实施,制度的边际收益达到与制度边际成本相切的点之后,法律制度效益就会开始进入下降状态。如果法律制度规范出台之初就与已有的制度规范存在冲突矛盾,或者本身就存在不科学、不合理的问题,也没有在实施过程中及时调整,法律制度实施时间越长,边际成本递增和边际收益递减问题就会越严重,最终不得不进行法律制度改革。

在法律市场中,所有参与主体作为理性行为人都会追求自身利益的最大化。同理,在行政公益诉讼场域,我们也不能否认检察机关、行政机关、法院等参与主体在追求公共利益最大化这一共同目标的同时,也都会追求各自的小集团利益,而办案检察官、法官、行政机关工作人员也会不可避免地考虑其个体利益。根据成本及边际分析原理,当行政机关行政执法行为或检察机关公益诉讼行为的边际收益大于边际成本时,他们作为理性行为人就会继续前进,不断加大成本投入,扩大行为所涉范围,当意识到其行为的边际收益小于边际成本时,行政机关或检察机关就需要及时减少或控制这种执法行为或办案行为,降低投入,缩小范围,直到边际收益等于边际成本,才能达到执法或司法保护效益最大化的均衡状态。

(五)博弈论方法

博弈论在20世纪50年代由美国著名数学家冯·诺伊曼和经济学家奥·摩根斯坦引入经济学,是主要研究策略性环境下策略性决策和策略性行动的路径、方法的科学。这里所称的策略性环境是指,"每个人进行的决策和采取的行动都会对其他人产生显著的影响。每个人都要根据其他人的可能反应来决定自己的决策和行动"。[1] 博弈论发展史上曾经起到重要作用的著名的囚徒困境模型可以说明在策略性环境中每个人根据他人的可能反应进行决策和采取行动的过程。例如,甲和乙曾一起抢过银行,后来在一起偷汽车时被抓了,警察把他们隔离起来进行关押,并分开进行审问。警察向他们每个人分别提出以下交易:现在,你偷了汽车,我们可以关你1年,但是,如果你承认你和你的同伙前不久抢了银行,而你的同伙却拒不承认,那么,我们就把你放了,而你的同伙则要被关10年;反之,如果你拒不承认,而你的同伙招供了,那么你的同伙就可以获得自由,而你则要被关10年。不过,如果你和你的同伙都承认了前不久抢银行的事情,那么就把你们两人都关8年。在这种情况下,甲和乙都有坦白或抵赖两个可能的策略,但经过考虑二人都会选择坦白,最终两人各被判8年,因为坦白是一个占优策略,不管其他人行为如何,这样的策略对决策人是最优的。在上述囚徒困境的博弈中,对参与人来说结果并不是最优的,但从社会角度看是有利的。

博弈论中还有一个重复博弈概念,即博弈是有限次数还是无限次数对结果非常重要。如果像甲乙之间进行的有限次数博弈,每一次博弈都选择坦白将是最终结果,但在进行无限次数博弈情况下,双方都有动机选择合作,因为在无限次博弈中,最优策略是一报还一报,因为如果乙在上一轮选择合作,那么甲在这一轮也选择合作,反之亦然。也就是说,如果存在无限次重复博弈,双方的最优策略就是一报还一报,最终结果是

[1] 高鸿业主编:《西方经济学》(微观部分·第7版),中国人民大学出版社2018年版,第291页。

双方会选择合作。作为一种分析方法和数学工具,博弈论对理解和分析行政公益诉讼涉及的不同层次法律关系中不同主体的行为选择提供了有力工具。比如,行政机关与检察机关在行政公益诉讼的整个过程中就体现为一种重复博弈。行政公益诉讼制度为检察机关与行政机关之间建立了长期的博弈,而且随着监督范围的持续拓展,行政机关越来越多的公共执法行为要接受检察机关的监督,行政机关与检察机关双方都被锁定在一段固定关系中,且未来有无数再次相遇的可能。行政机关在作出行政执法决定时,会考虑作出的决定如果不当将在后期受到检察机关的监督纠正。如果检察机关向行政机关提出了诉前检察建议,行政机关也必将考虑其对检察建议的态度和反应将影响检察机关后续是否会提起行政公益诉讼。因此,行政机关与检察机关双方后端博弈的刚性可以改善双方前端博弈的质量。也就是说,在行政机关与检察机关的长期博弈中,双方会有无数个再次相遇的机会,如果行政机关在某一轮博弈中不采取合作策略那么在下一轮博弈中双方相遇时就会使自身处于不利境地。根据双方的重复博弈特点,行政公益诉讼制度设计就应当考虑如何加强检察监督的规范化和威慑力来触动行政机关的执法行为策略,通过完善博弈的信息和激励结构,促使行政机关与检察机关准确选择、相应调整自己的行为策略,始终对彼此采取合作型的回应。

(六)公共选择理论

公共选择理论的分析方法主要来源于经济学,是以政治市场为分析对象,以追求效用最大化的经济人行为假设来解释政府和官僚行为,通过对政治博弈过程的分析寻求避免或抑制政治失败的政治博弈规则。公共选择理论的研究领域涉及国家理论、投票规则和投票者行为,政治冷漠、党派政治、互助赞成票、官僚选择、政策分析和管制。[1] 塔洛克认为,公共决策过程是产生公共产品的程序,这个程序涉及的选民、法官、

---

〔1〕 参见[美]尼古拉斯·麦考罗、斯蒂文·G.曼德姆:《经济学与法律:从波斯纳到后现代主义》,吴晓露、潘晓松、朱慧译,法律出版社2005年版,第110页。

立法者或公务员,在考虑公共决策时都会考虑将自身投入的私人成本尽量降低,从社会角度看一定达不到最优。[1] 布坎南和塔洛克认为,政治市场需要配置社会的稀缺资源,在政治均衡中也存在外部效应,所以通过集体组织的行为可以保证资源配置实现帕累托效率。[2] 政治市场的均衡取决于政治家、选民以及利益集团之间的相互博弈行为。如果交易成本太高就会阻碍一项公共政策的达成。这些政治家、选民以及利益集团在政治市场中的地位相当于经济市场中的交易商,哪一方在交易中具有优势,与其在政治交易中的成本直接相关。政治交易成本较低的那一方就会具有类似经济市场交易的优势,政治交易成本较高者就会处于劣势。在公共选择学派看来,立法、政治选举、执法和司法活动都属于政治市场参与者之间的博弈行为。政治家、选民、利益集团这些参与者在立法和政治选举中的博弈结果决定了立法内容和选举结果,行政机关与相对人之间的行政管理与被管理也属于博弈行为,诉讼活动中的双方当事人之间也存在博弈,同时,法官在审理案件过程中和诉讼双方之间也存在博弈。公共选择理论弥补了法经济学对国家、政府或法院等公共权力机构分析的不足,强调运用经济学方法研究政治交易市场中的主体行为。在政治交易市场中,政府、司法机关等国家公权力机构都属于博弈关系的一方,所有参与者的行为总是与一定的利益联系在一起,他们的行为会产生一定的交易成本,并有可能引发市场失灵,因此,必须从经济学的角度对他们的行为进行分析。

公共选择理论有关立法机关的政治决策过程、制定法出台过程、官僚决策原则和过程、寻求增进效率的制度改进方案等方面的分析思路,为我们寻求适当的法律制度实施机制拓展了思路。具体到行政公益诉讼中,行政机关、检察院、法院等公权力机关在相应的法律关系中都可以

---

〔1〕 参见[美]戈登·塔洛克:《公共选择》,柏克、郑景胜译,商务印书馆 2015 年版,第 494~495 页。

〔2〕 参见[美]戈登·塔洛克:《公共选择》,柏克、郑景胜译,商务印书馆 2015 年版,第 441 页。

被看作博弈的一方,他们的行为决策不可避免会与自身所处的小集团利益联系在一起。从检察机关的角度看,一项公益保护司法决策的过程就是产生一个公共产品的程序,检察机关这个组织及检察官个人在考虑作出司法决策时都会考虑将自身投入的小集团成本、私人成本尽可能降到最低,但这种只从小集团利益或个人利益角度的考量可能会造成整个社会成本的增加和制度效益的减少。所以,对这项制度的设计要从整个社会成本的支出和制度效益之比的角度进行考虑。此外,行政公益诉讼的制度设计要促进所有公益保护执法机关和司法机关、社会公众的合作,就要充分考虑公共选择理论提出的政治市场中的博弈原理。行政公益诉讼场域的均衡取决于所有参与主体分别作为小利益集团在彼此间产生的相互博弈行为。如果他们之间任何一方参与合作的成本太高,就会阻碍合作决策的达成。公共选择理论为我们研究如何降低行政公益诉讼决策产生过程中的交易成本,促进这些公共权力机构之间更积极、更有效的合作提供了方法和思路。

(七)以实现均衡为目标的制度变迁理论

制度经济学认为,制度是决定长期经济绩效的根本因素,在社会中具有更为基础性的作用。[1] 诺思在其著作《经济史上的结构和变革》中提出,制度能够存续和发展的根源在于其能够降低交易费用,“国家作为第三方,通过发展一套非个人的法律实施可以降低交易费用”。[2] 一套制度规则必须要有办法来识别那些违反规则的行为,能识别和衡量出违反规则的主体和其违反规则的程度,且衡量成本在给定技术状况下必须低于收益,否则就没有必要制定规则。国家通过制定有效的界定、保护和实施财产权利的基本规则,保障产权结构的有序竞争与合作,因此,国家权力对有效产权安排和经济发展来说是一个必要条件。与此同时,国

[1] 参见[美]道格拉斯·C.诺思:《制度、制度变迁与经济绩效》,杭行译,格致出版社、上海三联书店、上海人民出版社 2014 年版,第 127 页。

[2] [美]道格拉斯·C.诺思:《经济史上的结构和变革》,厉以平译,商务印书馆 1992 年版,第 44 页。

家权力通过介入产权安排和产权交易，会对个人的财产权利构成限制和侵害，也有可能导致无效的产权安排和经济的衰落，这就是著名的"诺思悖论"。[1] 所以，一个社会制度设计好坏直接与经济效率相关。

经济学中的均衡概念来源于物理学，指的是物体由于所受各方向外力正好相互抵消而处于的一种静止状态。在经济学中，均衡状态是指社会经济体系在移动的条件下相互作用的有关变量相对静止，在这个状态中每一个市场主体的经济行为都达到了边际成本等于边际收益的水平，因而每一个市场主体对交易的结果处于满意的一种状态。任何对均衡状态的偏离都会导致其边际成本与边际收益的不对等，因此，所有的参与人作为理性行为人都不愿意离开这种状态。而制度均衡就是所有人都对既定制度安排感到满意，需求都能得到满足，"因而无意也无力改变现行制度"[2]的状态。也就是说，对于现存制度安排的任何改变都不能增加任何个人或团体的收益。在现实中，由于不同利益主体和不同社会群体都有各自不同的利益追求，不同利益主体和不同社会群体对制度的需求也不尽相同，有时甚至完全对立。要实现制度均衡需要满足不同的利益诉求，这在现实世界中是很困难的，因此现实世界经常会处在制度不均衡的状态。制度非均衡就是指制度供给现状无法满足不同社会群体的制度需求，社会群体意欲对现状进行改变又因能力或条件不足而未改变的状态，这时，就产生了制度变迁的需求。一个社会处于制度非均衡的状态并不一定能够通过制度改革形成新的制度安排。一个社会的制度改革要经过不同利益主体之间较为长期的相互博弈，最终能否实现制度变迁还需要多种因素的共同作用。诺思对制度均衡状态的描述是"在各方的谈判力量以及一系列构成整个经济交换的契约性谈判给定的

---

〔1〕 参见卢现祥、朱巧玲主编：《新制度经济学》（第2版），北京大学出版社2012年版，第293页。

〔2〕 张曙光：《论制度均衡和制度变革》，载盛洪主编：《现代制度经济学》（第2版·下卷），中国发展出版社2009年版，第258页。

情况下,任何一方都不可能通过投入资源来重构合约而获益”。[1] 也就是说,如果制度达到了均衡状态,所有参与者在社会现实条件下不会再有改变现状的意图,因为任何一点改变对任何一个人来说都不会有利可图。当然,制度达到了均衡状态并不意味着所有人都对制度规则和本身的现状感到满意,只是这些参与者在当下的客观条件下如果意图改变的话需要付出的成本与收益相比过高,并不划算。诺思从相对价格变化和偏好改变的角度进一步描述了制度变迁的过程。他认为,无论是在政治市场还是在经济市场,相对价格的变化会使交易一方或双方认识到,改变之前的合约能够使一方或双方的处境得到改善。而双方之间的合约受制于制度规则的科层制结构之中,除非违反现行的制度规则,否则只能通过建立一套新的制度规则替代旧的制度规则。也就是说,相对价格或偏好的改变已经使交易主体产生了改变现有制度规则的意图,长此以往,旧的制度规则或被弃之不用,或不被实施,逐渐被新的制度规则替代。[2]

诺思制度变迁理论中的制度规则包括正式规则和非正式规则。他认为,正式规则固然重要,但其在社会生活中只是形塑人们互动关系选择约束的很小一部分,非正式约束却普遍存在,出于降低成本等因素,非正式约束往往成为解决复杂交换问题的可能方式,同时,正式制度也可能修改、修正或替代非正式约束。[3] 非正式约束包括声誉、获得普遍接受的行为标准、惯例等。

法律制度作为一种公共产品,在调整社会主体的利益关系时存在制度供给不足和制度供给过剩的问题,无论是制度供给不足还是制度供给过剩都是一种制度非均衡状态。而法律制度所要追求的目标,也

〔1〕 [美]道格拉斯·C.诺思:《制度、制度变迁与经济绩效》,杭行译,格致出版社、上海三联书店、上海人民出版社2014年版,第102页。

〔2〕 参见[美]道格拉斯·C.诺思:《制度、制度变迁与经济绩效》,杭行译,格致出版社、上海三联书店、上海人民出版社2014年版,第102页。

〔3〕 参见[美]道格拉斯·C.诺思:《制度、制度变迁与经济绩效》,杭行译,格致出版社、上海三联书店、上海人民出版社2014年版,第43~56页。

应当是要实现如同市场均衡所代表的这种美好的均衡状态。在这种状态下，每一个行为主体的行为都达到了边际收益等于边际成本的水平，都实现了自我利益最大化，社会公平也得以完全实现，整个社会福利水平提高到了最优水平。为达到这种均衡状态，需要正式规则和非正式规则的复杂组合和综合实施，使法律制度实现符合帕累托标准的制度变迁。

二、对行政公益诉讼的启示

（一）对行政公益诉讼主体的行为进行解释、预测和判断

法经济学对人类行为的三大基本假设及博弈论、公共选择理论等分析工具，对研究和分析法律行为具有传统法学研究方法所不具有的优势，为分析行政公益诉讼所有参与主体可能的行动方案，对主体行为进行准确解释、预测和判断提供了可能。

首先，行政公益诉讼过程是相关的行为主体作为理性行为人相互作用的过程。行政机关、检察机关、审判机关、案涉具体行政行为的行政相对人、社会公众等所有参与行政公益诉讼的主体都是理性行为人，都有意识趋利避害，通过成本收益的边际分析，根据自身的处境、职责、能够采取的方式手段和可能承担的责任进行最优化选择。在设定合理的法律规则和权利义务的前提下，如果法律关系中的所有行为主体都能够获取所处环境和其他主体的完备信息或趋于完备的信息，通过正常的逻辑推理和测算就能够实现利益最大化。但是，由于获取信息的代价高昂，在预期成本和收益不确定的情况下，行为主体愿意并能够获取的只是部分有限信息，所以作出错误决策也是不可避免的，有时也宁愿保持“理性的无知”。因为要在各种可选方案中作出准确选择、作出合理的决策需要获取足够的信息，所需资源和时间十分稀缺和昂贵，在获取新知识，搜寻新信息之前不可能了解其预期成本和收益，所以知识搜寻成本就被视为一种“沉淀成本”。在信息有限的情况下，人们的决策往往受到经验和

个人喜好的引导。[1] 正因为行为主体的有限理性和制度运行成本的存在,需要行政公益诉讼制度预先设定一套行为规则,来减少人类由于认识偏差和信息不畅导致的风险不确定性。

其次,行政公益诉讼所有参与主体除了共同追求的公共利益外,每个行为主体作为个体还存在个体利益和小集团利益,冲突的利益在不同的法律规则下会导致不同的行为以及结果。协调不同主体之间的利益冲突也是法经济学分析的重要功能之一。博弈论、公共选择理论可以帮助我们通过对参与主体的个体行为及相互间对策行为的分析,对不同法律规则约束下行为人的行为模式和行为人之间的行为互动路径作出判断。在行政机关及行政相对人、检察机关、审判机关、社会公众之间存在多重法律关系,每个参与主体作为最大化利益的决策主体,在决定采取行动时都会衡量需具备的条件、对方在法律行动中可以采取的所有可能的行动、在什么情况下能够选择什么样的行动等,每个行为主体都会在充分考量的基础上作出选择。在认可不同主体之间存在利益冲突的前提下,借助博弈论、公共选择理论分析工具,可以对公益诉讼参与主体的行为模式进行判断,测算所有主体的最优策略或行动的组合,找到不同利益冲突的调和点,找到任何一方都不愿意再改变,任何改变至少将使其中一个当事人的利益受到损失或判断要受到损失的均衡点。

(二)科学评价和判断行政公益诉讼制度实施效果及其改进方向

首先,帕累托效率标准可以成为评价行政公益诉讼制度实施效果的科学指引。帕累托效率这一概念以 19 世纪末 20 世纪初意大利经济学家帕累托命名。法经济学在说明帕累托效率时,往往采用契约作为例证,契约要经过要约和承诺得以缔结并实际履行,只有这样,缔约双方的状态才能比缔约前变好,这个就可称为帕累托改进。如果契约无法得到

---

〔1〕 参见[德]柯武刚、史漫飞:《制度经济学:经济秩序与公共政策》,韩朝华译,商务印书馆 2000 年版,第 64~65 页。

履行,支付的欠款不得不返还,一方的状态不可避免会变差。[1] 经济学意义上的效率即指帕累托效率,这种效率状态就是指一个社会的资源配置无论作任何改变都不可能同时使一部分人受益而其余的人不受损,也就是说,当经济运行已达到效率状态时,要想改善一部分人的处境必须以另一部分人处境恶化为代价,这样的帕累托最优状态标准简称帕累托标准。[2] 经济学上的帕累托效率标准可以运用于检察公益诉讼制度的阐释和分析。如果这一制度实施后,对公益保护资源配置状态作任何改变都不可能使部分人的状况变好而又不使任何人的状况变坏,就认为其达到了帕累托最优状态,也就意味着不存在继续改进的必要性和可行性。反之,如果检察公益诉讼制度实施后不满足帕累托最优状态,就意味着这一法律制度就是缺乏效率的。从个体的角度看,每个参与主体权衡边际成本和收益来作出选择和决策,达到帕累托效率状态,从整体社会角度来看,边际社会收益(Marginal Social Benefit,MSB)等于边际社会成本(Marginal Social Cost,MSC)时,检察公益诉讼制度运行就达到最佳效率水平和最优状态,这时的公益保护资源配置是高效率的,当执法和司法资源配置达到这种状态时整个社会福利就是最高的。精确的法律效果评估要尽量做到精准衡量法律制度最终将要达到的预期目标的成功度,法经济学为评估行政公益诉讼规则的效果、预测制度发展方向提供了一系列可供预测和经验证明的分析工具。

其次,公益保护资源配置的帕累托改进应当成为行政公益诉讼制度改进的方向。帕累托改进是从帕累托最优状态引申出的概念,一项法律制度改革后的资源配置状态属于以帕累托标准衡量为好的状态改变,被称为帕累托改进。作为主流法经济学派的代表人物,波斯纳法官的核心观点"如果市场交易成本过高而抑制交易,那么,权利应赋予那些最珍视

---

〔1〕 鈴村興太朗『厚生経済学と経済政策論の対話—福祉と権利、競争と規制、制度の設計と選択』(東京大学出版会,2018 年)91 ~92 頁。

〔2〕 参见高鸿业主编:《西方经济学》(微观部分·第 7 版),中国人民大学出版社 2018 年版,第 257 页。

它们的人”,[1]就生发于其在司法判决中通过优化资源配置状态促进社会经济效率的考量。当存在交易成本和合作需求时,法律应当通过重现市场促进效率的实现,但对法律决策的形成和法律规则的效率进行评价时,波斯纳并不主张采用帕累托最优标准,而是提出应该采用卡尔多-希克斯标准。他认为,不应要求在新的资源配置状态下无一人利益受损,只要新的资源配置状态下获得的价值比之前多,而增加的这部分价值又大于利益受损者受损的部分,数额足以补偿受损者的损失,就属于资源配置状态的改进,这样的改进标准就是卡尔多-希克斯标准。卡尔多-希克斯标准实质上是一种对帕累托标准的改变形式,是一种潜在的帕累托最优。从法律制度改革的评价标准说,一项法律制度改革会导致特定领域内的资源配置发生变化,因为现实社会中任何一种资源配置条件下都不能保证所有人受益无一人因此受损,因此,只要受益的那部分人增加的利益多于受损的那部分人减少的利益,社会财富从总体看就是增加的,这项法律制度改革就认为是有效率的。卡尔多-希克斯标准体现的是一种可能的补偿性原则,因制度改革获益的那部分人并非真的会补偿受损者,只要理论上表明法律制度改革能够增加总体社会福利即可。当然,如果推进这项制度改革的同时还能辅之以其他配套规则,让受损者的损失获得实际的补偿,实质上也就实现了帕累托改进。

波斯纳提出的运用卡尔多-希克斯标准衡量一项政策或法律是否改进社会福利,对潜在的可能性补偿支付的认可理论对现代社会公益保护法律制度选择具有重要启示。如果一项公益保护法律制度改革能使大部分社会成员受益,即便小部分成员并未明显受益或有部分受损,只要因此增加的整体社会收益足以补偿受损者,提升了总体社会福利,就表明这项制度改革是具有效率的。

(三)以提升社会总体福利为目标有效配置公益保护执法和司法资源

波斯纳主张,在一个资源稀缺的世界里,浪费资源是不可能获得正

[1] [美]理查德·A. 波斯纳:《法律的经济分析》(第7版)(中文第2版),蒋兆康译,法律出版社2012年版,第52页。

当评价的。一项法律制度改革要获得正当性评价,必须具备经济合理性。在我国现行公益保护法律制度体系中,行政公益诉讼是以公益司法监督的定位出现的,是为弥补救济主体缺位而嵌入原有的公益保护制度体系的一项制度探索。供求分析方法、成本收益分析方法、供求曲线相结合而形成均衡价格原理将提供重要分析工具,可以分析在履职程序、职责内容、制度目标上与行政公益诉讼具备关联性的相关制度之间的关系,行政公益诉讼对整个公益保护法律制度实施效果的影响,制度实际后果与理想的制度均衡状态之间存在什么样的差距,为实现理想的均衡状态,需要对现行制度规则做出什么样的调整与改进等。公益保护法律产品最有效率的供应量是增加这部新法而耗费的价值,即增加新法的边际成本与社会对公益保护的边际需求替代率相等。所以,行政公益诉讼弥补公共利益救济主体缺位的优势并不当然意味着其能够提升社会公益保护的效率,而是要客观分析该制度实施的效果是否实际优化了相应的资源配置。根据法律制度供给和需求规律,公益保护关联制度之间存在部分替代关系,当同一问题的解决存在两种有替代关系的制度选择时,就应当考虑相较于公益保护现实需求,目前的制度供给是否过剩,或者当前的制度是否过于集中在部分问题的解决上,而对其他更为重要的问题却有所忽略。我们应分析制度运行成本的大小、对多种制度进行成本收益的比较,比较制度之间为了实现同样的目标而付出的交易成本的多少,找到解决问题最具效率的那个制度。制度供给有效率意味着制度能够提高社会资源配置效率和促进经济增长,相关联的制度之间不存在无效重合,能够形成有效补充和替代,这样的制度规则和实施机制才能实现公益保护的制度均衡。

法律不仅要关注个体对法律规则的反应,更要关注在法律关系中行为主体之间的相互反应,需要从他们之间相互反应的过程分析判断各方行为主体可能的策略和可能提供的行为指引,找到符合效率目标的法律规则。作为理性行为人,在同时存在多种可能的行动方案时,都会基于自身能力偏好或客观条件,对比各种行动方案需要支出的成本和预期收益,选择对自己最有利的方案,从而实现自身利益的最大化。这个方案或者是既定收益下的最小成本方案,或者是既定成本下的最大收益方案。以法经济学主张的效率判断为出发点,应将合理配置公益保护执法和司法资源作为制度改进的目标,通过对法律规则及其实施效果进行判断、评估,对其发展进行预测,寻求总体社会福利最大化的方案。

第二章　行政公益诉讼诉前程序的法经济学分析

20世纪后半叶，一些普通法国家开始大力推行各类非诉讼程序纠纷解决方式以分流司法机关日益增加的诉讼负担。至20世纪末，非诉讼程序纠纷解决方式和传统的司法程序方式逐渐出现了相互融合的趋势，普通法国家开始重视对非诉讼程序的司法化改造，加强了非诉讼程序的规范化和司法程序保障，而一些原来并不重视非诉讼程序纠纷解决方式的国家，如德国、意大利，在推进本国司法改革的过程中也逐渐认可并重视起利用非诉讼程序解决各类纠纷。[1] 非诉讼程序纠纷解决方式能够克服传统诉讼的弊端和问题，能够更及时、更经济、更平和地解决纠纷，缓和司法资源供求失衡带来的矛盾。行政公益诉讼诉前程序的设置顺应了本轮司法改革中检察机关职能转化的客观需要，凸显出检察环节实质解决行政争议，最大可能节约司法资源的初衷，显示出明显的法

〔1〕 参见范愉：《浅谈当代“非诉讼纠纷解决”的发展及其趋势》，载《比较法研究》2003年第4期。

经济学意涵。本章通过分析诉前程序中的成本收益和行为主体间的博弈机理,重点探讨如何在诉前程序阶段实现效用最大化问题,同时,探讨通过诉前程序与生态环境损害赔偿磋商程序的衔接,实现生态环境保护效用的最大化问题。

第一节 行政公益诉讼诉前程序的成本收益问题

早在党的十八届四中全会提出建立检察公益诉讼制度之前,就已有学者提出在行政公益诉讼程序中设置前置程序的观点,[1]在检察公益诉讼开始授权试点时,这样的程序设计被最高权力机关采纳,将诉前程序规定为行政公益诉讼的必经程序。应当说,尊重行政自制、降低诉讼成本、节约司法资源是设置行政公益诉讼诉前程序的首要理由。检察机关在获取行政机关履职违法或不作为线索并经调查核实后,先行向相关行政机关发出检察建议,通过检察建议促使行政机关对行政决定重新进行审慎考量,如被建议的行政机关不按时回复、不依法对违法行为人作出处理,检察机关再作出提起行政公益诉讼的决定。本节拟对诉前程序体现出的法经济学原理进行阐释,并运用成本收益分析方法对实际案例体现出的法经济学问题作出进一步分析。

一、诉前程序设置的法经济学意涵

(一)弥补行政命令控制的公益保护实践局限

如果行政命令控制体系在一个国家的任一角落都能发挥作用,这个

---

〔1〕 如胡卫列认为,检察机关提起行政公诉是抗衡行政违法的最后手段,耗时较长、成本高昂,非确有必要不应发动。建立诉讼前置程序,能够节约司法资源,体现对行政自制的尊重,有利于促进社会和谐。参见胡卫列:《论行政公益诉讼制度的建构》,载《行政法学研究》2012年第2期。田凯认为,设置前置程序能够使部分社会矛盾通过行政机关的自我纠错行为得到高效解决,有利于降低诉讼成本,节约司法资源,充分发挥行政机关自主性和能动性。参见田凯:《行政公诉制度的前置程序》,载《人民检察》2011年第9期。

国家就需要有庞大的政府、强力执行部门以及政府对经济和生产的控制。以生态环境资源监管执法领域为例，一些地方官员对生态环境违法活动进行地方保护成为国家强化执法的障碍，近年来，中央环保督察屡次曝出地方环境污染大案已说明这一点。政府自然具有保护国家和社会公共利益的使命感，但出于小集团利益或个人利益，一些地方政府在财政收入、地区经济驱动下也可能会出现处理生态资源毁坏、环境污染问题的积极性不高，甚至消极懈怠的情况。虽然自然资源归国家所有，生态环境资源保护是政府职责，但不可能所有公共事务都由中央政府亲力亲为，地方各级政府及其组成部门是公共事务管理的代理人。因为实际的执法威胁极其有限，污染者和公地悲剧故事里的牧民有着一样的算盘，不惜以破坏其自身环境的方式扩大自己的利益。对一个理性行为人来说，选择守法还是违法，最为重要的影响因素就是行为人自己因此支出的成本和可能获取的收益。如果违法行为被行政执法机关发现并被处罚的可能性大，且行政处罚措施较为严厉，违法成本就相对较高。相反，如果在现实中有大量违法行为被置于处罚范围之外，即使被处罚，违法者利益受损程度也低于其预期收益，法律就会丧失威慑力，因为违法成本低于预期收益。作为行政执法依据的法律和行政法规，由于立法本身的局限性和滞后性，很难做到规则设计和现实社会生活完全适应，将任何违法行为成本都控制在违法预期收益以上。而且，无论进行多么完满的设计，任何行政命令控制都存在实践上的局限，虽然我国的社会治理体系中强制和监督是控制力很强大的因素，但政府政策控制体系的规定及其实施在纵向上和横向上都非常突出地存在不一致的特征。

一般认为，创设一整套私有产权和公共管制制度在一定程度上能改善公地问题的悲剧因素。公地悲剧概念的思想渊源来自生物学家加勒特·哈丁于1968年发表在《科学》杂志上的著名论文《公地悲剧》。[1]“公地悲剧是由于生态环境资源的所有权不明确，因而人人都可以使用，

〔1〕 See Hardin G. ,*The Tragedy of the Commons*,Science 162 (13), 1968, pp. 1243 - 1248.

从而造成资源枯竭”,[1]美国学者丹尼尔·H.科尔则认为资源变成了共同共有物,任何人都可以自由获取,所以应该称为“自由获取的悲剧”。所有人自由获取自然资源的体制会对环境保护带来消极效用,因为私人所有者利用环境产品的方式和程度都是根据自身利益最大化作出的行为决策。每个人都被锁进一个强迫自己无限制地使用资源的陷阱当中,而这个世界的资源是有限的,人人都会争先恐后地在公地上“理性”地追求利益最大化。对此,哈丁提出了将资源私有化和加强管制两种解决方案,他认为私有化可以将资源使用的成本内部化,而强化对资源所有者行为的内外部管制可以增加资源使用的成本,以防止资源的过度使用。[2] 但是,环境资源管制效果虽然与采用哪种财产权体制密切相关,可私有财产权在环境保护中也并非最优的所有权体制。科尔认为,哈丁“公地悲剧”的前提假定,即理性的人不会有意过度开发他所有的资源是值得怀疑的。大量实例表明,资源使用者完全有可能基于其理性选择毁灭而不是保护资源。私人财产的所有者在作出决定时考虑的是私人收益最大化,而不是社会收益最大化。[3] 私有财产权制度存在内在的缺陷:首先,在因私有财产权受损而提起妨害之诉的诉讼成本常常会大于实际的损害,导致许多权利人会放弃诉讼;其次,即便是在一种侵犯使用权和收益权的行为是显而易见的情况下,最终还是由法院来决定何种救济是合适的,其中包括不给予救济。科尔认为,在这个次优的世界里,没有任何一种体制对于每一种资源,在任何制度、技术和生态条件下都能成为最优的解决方案。[4] 因此,行政命令控制体系在公共利益保护中的局限性不可避免,我们能做的就是,通过对各种公共资源管理和控制制

---

〔1〕 戚建刚、乌兰:《克服政治公地悲剧:祁连山生态问题的行政法思考》,载《福建行政学院学报》2018年第4期。

〔2〕 See Hardin G. ,*The Tragedy of the Commons*,Science 162 (13), 1968, pp. 1244 – 1245.

〔3〕 参见[美]丹尼尔·H.科尔:《污染与财产权:环境保护的所有权制度比较研究》,严厚福、王社坤译,北京大学出版社2009年版,第17~18页。

〔4〕 参见[美]丹尼尔·H.科尔:《污染与财产权:环境保护的所有权制度比较研究》,严厚福、王社坤译,北京大学出版社2009年版,第18页。

度进行比较分析，找到最适合本国实际，管理和保护成本相对低而保护效果更好的问题解决方法。

行政公益诉讼适用于政府无法或难以进行规制的领域，这是政治体系中制止危害公共秩序违法行为的一种终极表达。近年来，随着我国社会经济高速发展，国有财产流失、生态环境污染、资源破坏等问题突出。以生态环境资源保护领域为例，生态破坏、环境污染给一个国家带来潜在而高昂的成本，生产力随着环境的恶化而下降。而且，生态环境一旦遭到破坏，修复生态和治理污染需要投入大量的人力、物力进行长时间的持续治理，这些成本就和污染物一样成为生态环境治理中挥之不去的梦魇。例如，一个蓄水层被污染，由于土壤纳污能力的饱和以及许多有毒化学物品降解时间的限制，污染会持续几十年。诉前程序设置的意义就在于，及时发现危害公共利益的行为，及时提醒负有监管职责的行政机关采取措施纠正违法失职行为，及时防止危害公共利益的行为造成更大的损失，尽量支出更少的成本达到弥补行政命令控制局限性的目的。

（二）对剩余立法和执法权进行监管的需要

法律不可能准确无误地预判并规定所有可能造成损害的行为，这种滞后和不完备性是出现“剩余立法权和执法权”的根源。因为法律规范滞后、不完备，如果不具体阐明法律的含义，或者在不违背法律原则的前提下继续细化实施规范，就无法适应现实需要。剩余立法权和执法权的分配取决于三项因素，分别是“现行法律不完备的性质和程度、对预期可能造成损害的行为进行标准化的能力和成本及行为可能造成的损害和外部性的程度”。[1] 法院是中立裁判者，法院行使剩余立法权和执法权的活动具有事后和被动特征，仅在起诉之后才能行使其立法权及执法权，即在事后才能执行法律。与此相反，行政执法机关是主动的立法者和执法者，公共秩序造成破坏的违法行为会产生极大的公共利益损害，

〔1〕 汤欣：《私人诉讼与证券执法》，载《清华法学》2007 年第 3 期。

具有严重的负外部性，行政机关必须享有持续立法权和主动执法权。行政执法机关可以进行事前立法并快速变更规则，可以控制市场准入，监督各种发行和交易活动，开展调查、制止损害行为，可以对违法者进行行政制裁。现代社会行政管理中不断扩大的行政自由裁量权受到质疑和批评的原因就在于，受管制利益和受保护利益在行政决定过程中受到特殊眷顾，导致行政决策体现出持续的有利于这些利益的政策偏向，使人们不得不怀疑行政机关保护公共利益的能力，认为行政决定过程中的利益代表不平衡。[1] 利益代表不平衡的问题导致政府监管者执行不力或陷入被动。虽然政府机关从中央到地方是根据统一立法权和授权形成的自上而下的体系，但地方政府在特定的时间和空间往往又有其独立于立法的、自身特有的社会管理和经济发展目标。当剩余立法权和执法权上嫁接了相对独立的地方政策目标后，相较于立法执法的统一性，地方政府可能更加倾向于其政策实施过程的灵活性。

显然，通过立法的预先控制无法消除剩余立法和执法权的威胁，因为无法"在对特定结果不作进一步正式指引的情况下，运用一般标准对行为的范畴进行准确无误的预先控制"。[2] 此外，科学合理的违法行为规制不仅要将违法行为成本内部化，还要起到威慑其他任何违法行为发生的作用。但是，行政机关因其行政命令本身的实施局限和剩余立法权和执法权存在自我膨胀可能，单独依靠行政监管强制行为人将违法行为人的行为成本内部化并不完整，独立于行政监管体系的诉前检察建议对于促使成本内部化的作用就显得极为必要。诉前检察建议程序是通过检察机关的外力督促提升行政执法效益的监督模式，是"融合外部监督与自我纠错的复合型模式"。[3] 检察机关向法院提起行政公益诉讼，法院审理普通行

---

〔1〕 参见［美］理查德·B. 斯图尔特：《美国行政法的重构》，沈岿译，商务印书馆 2011 年版，第 69～72 页。

〔2〕 ［英］H. L. A. 哈特：《法律的概念》（第 2 版），许家馨、李冠宜译，法律出版社 2011 年版，第 123 页。

〔3〕 沈开举、邢昕：《检察机关提起行政公益诉讼诉前程序实证研究》，载《行政法学研究》2017 年第 5 期。

政诉讼案件或公益诉讼案件都是在事后即损害发生之后执行法律。诉前程序的设置使检察机关在公益存在受侵害危险或正在受到侵害时就能够介入行政执法过程，更有利于高效快捷地解决问题，能够通过排除干扰因素，提升行政执行力，实现损害公共利益的违法行为成本内部化。

（三）避免产生诉讼成本

对于诉前程序和诉讼程序所需的成本，没有办法作出非常精确的计算，因为办理案件所需的成本，会受到案件类型、认定事实难度、证据复杂程度、承办人专业水平等多种因素影响，不可能整齐划一，且诉前程序成本主要是检察机关和行政机关的管理成本支出，诉讼程序成本则是既包括检察机关和行政机关参与诉讼的成本，也包括法院的审判成本。但无论是检察机关、行政机关的成本支出，还是法院的成本支出，都属于社会为公益保护方面承担的支出，所以这里对诉讼程序成本作一简单估算。目前，根据2018年通过实施的《人民陪审员法》，审理一审行政公益诉讼案件，需要法官、人民陪审员组成7人合议庭。在公益诉讼审判实践中，法院方面通常由3位法官、4位人民陪审员、1名书记员和1位法警参加；检察院方面，通常由1位分管公益诉讼业务的副检察长、1位承办检察官、1位检察官助理参加；行政机关方面，通常会有1位机关负责人、1位工作人员、1位律师（或法律顾问）参加。此外，公益诉讼案件通常还有证人（包括专家证人）、鉴定机构鉴定人等参加。几方面加在一起，通常会有近20人参加行政公益诉讼案件审理过程，人力成本非常之高。一件事实认定、法律适用难度适中的行政公益诉讼案件开庭审理至少需要0.5天，为确保庭审程序顺畅，开庭前法院召集作为公益诉讼起诉人（检察机关）、被告（行政机关）召开庭前会议一般需要0.5～1天，合议庭庭后合议、起草判决书、送达等按照最少1天计算。综上，不算为庭审调查核实证据、分析研判、起草起诉书、答辩状、庭审预案、辩论意见等工作耗费的时间，检察机关和行政机关工作人员在一件开庭审理的行政公益诉讼起诉案件庭审上就需要1.5天，法院工作人员至少2.5天。根据国家统计局官网发布的2019年城镇非私营单位就业人员年平均工资水平,西部地区 2019 年城镇非私营单位就业人员年平均工资为 81,954 元(城镇非私营单位包括机关事业单位,虽不能完全等同于公务员工资,但这是最为相近的数据基准)[1],年休息日为 104 天,因此,日平均工资 = 年平均工资 ÷ (365 天 - 104 天),西部地区行政事业单位职工日平均工资为 314 元。行政机关以两人参加开庭审理计算,工资成本是 314 ×2 ×1.5 =942 元,加上西部地区目前行政诉讼案件律师代理费最少标准约 1 万元(不同地区有所差别),行政机关作为被告参加行政公益诉讼案件开庭审理的直接人力成本支出为 10,942 元。法、检两院实行工资制度改革后,一般员额法官或检察官、司法辅助人员和司法行政人员的工资收入要比当地政法系统外公务员分别高 25% ~45%、15% ~25%。为简化计算,对所有参加案件开庭审理的法、检两院工作人员的工资收入都以一般公务员工资 +25% 计算,西部地区法检工作人员日平均工资为 81,954 元 ×125% ÷(365 天 - 104 天) =392.5 元。参加开庭审理的检察机关工作人员人力成本支出为 392.5 ×3 ×1.5 =1766.25 元。参加开庭审理的法院工作人员人力成本支出为 392.5 ×5 ×2.5 = 4906.25元。根据 2018 年颁布实施的《人民陪审员法》第 30 条,人民法院依照实际工作日给付人民陪审员参加审判活动的补助,并给付人民陪审员支出的交通、就餐等费用。关于人民陪审员的参审补助,目前尚未出台全国统一的标准或细则,在司法实践中人民陪审员的交通就餐等费用一般按照当地差旅费标准给付。西部地区人民陪审员参加基层法院开庭审理并参加合议庭合议通常需要一个工作日,不同地区法院一个案件给付补助 100 ~300 元不等。取中间值按照一案 200 元计算,4 位陪审员参审一案补助总额为 800 元。综上,按照西部地区 2019 年城镇非私营单位就业人员年平均工资为基准,取法检机关参加审判活动人员工资和陪审员补助的平均数,1 件行政公益诉讼开庭审理案件直接人力成本是

---

〔1〕 参见《2019 年城镇非私营单位就业人员年平均工资 90501 元》,载国家统计局官网 2020 年 5 月 15 日,http://www.stats.gov.cn/tjsj/zxfb/202005/t20200515_1745764.html。

10,942 元 + 1766.25 元 + 4906.25 元 + 800 元 = 18,414.5 元。但这不是提起诉讼的全部社会总成本，因为并没有包括检察机关、行政机关、法院为准备审判而花去的时间、人力、行政管理成本、机会成本、办公设备损耗、房屋隐形损耗、取证成本、支付的鉴定费用、专家证人费用、律师差旅费等。

即便公益诉讼只需一审就终结了诉讼程序，判决行政机关依法履职，受损的公益也顺利得以修复，不经过上诉、抗诉、申请执行等程序，未产生其他程序成本，但在社会效益方面，经过诉讼获得的效益仍只相当于有效的诉前程序获得的效益。所以，除非确有必要，从诉前程序选择进入诉讼都非明智之举。

二、诉前程序运行实践中的成本收益问题

（一）启动诉前程序应开展必要性论证

综合前文所述，在行政公益诉讼中设置诉前程序，具有有效控制公共事务领域行政命令，有效监管剩余立法和执法权，节约诉讼成本的作用，但需要明确的是，诉前程序也需要投入一定的国家司法资源，不能认为只要适用了诉前检察建议的方式，就一定在成本收益比上取得了正向效益。检察机关启动诉前程序，至少要经过立案［新领域案件各省（区、市）要求立案也要层报省级院审批］、调查核实、专业鉴定或请专业人员出具意见、起草审批检察建议文书、送达（根据现在新的业务办理要求，检察建议提倡召开专门仪式公开听证）。可见，检察机关在整个诉前程序过程也需要花费大量人力、物力、财力，节省成本只是相较于提起诉讼而言的。当前，一些诉前程序案例表明，检察机关决定启动诉前程序之前有必要开展严谨的必要性论证，否则容易造成诉前检察建议泛滥，成本收益不成正比，浪费国家司法资源的问题。

据民主与法制网报道，上海市徐汇区人民检察院办理了一起反食品

浪费的公益诉讼案件。[1] 徐汇区人民检察院2021年11月进行"公益诉讼守护美好生活"专项监督活动时接到消费者反映,辖区内的某餐馆在食品经营活动中未采取有效措施防止食品浪费。检察院立即启动立案调查程序,赴某餐馆现场调查取证。该餐馆是一家知名餐饮连锁店铺,在全国范围内皆设分店。菜品以"味好"且"量大"著称,检察官到达餐馆后发现,店内醒目位置并未张贴或摆放反食品浪费标识,服务人员未充分尽到提示说明义务,菜单显示,店内只有两种菜品有大小份区分,其余菜品均只有一种规格。在网络点评平台上,存在"两个人只点了三个菜也剩了很多没吃完""分量太大实在吃不完,觉得浪费了好可惜……"之类的消费者评价,有堂食顾客向检察官反映菜量过大,存在浪费。徐汇区人民检察院认为,该餐馆没有践行节约适度、绿色低碳的经营模式,造成了食品浪费,损害了社会公共利益,向有关监管单位制发公益诉讼诉前检察建议,要求依法查处涉事餐饮公司违法行为,并排查本辖区餐饮行业浪费食品的情况,开展反食品浪费宣传教育。检察建议书的援引依据即《反食品浪费法》,认为餐饮服务者应当根据该法建立健全食品管理制度,通过主动提醒和引导消费者按需适量点餐,提供小份餐,防止食品浪费。相关单位在收到检察建议书后立即按照检察建议要求责令涉案餐饮公司进行整改,在店堂内醒目位置张贴或摆放反食品浪费标识,要求服务人员尽到说明引导消费者按需点餐的提示义务,并推进小份或半份菜品的供应。同时,相关单位加强了对辖区内餐饮行业浪费食品情况的排查整治宣传教育工作。

看完这个案件报道后,笔者存在以下几点疑问。第一,网络点评平台上的消费者点评能否作为检察机关办理公益诉讼案件的证据?消费者在餐馆堂食后在网络平台的评语,是否是其本人的真实意思表达?检察官在浏览评语后是否与本人进行过核实?点评人是否在该餐馆真实

[1] 参见《检察公益诉讼助餐馆从"浪费大户"到"光盘先锋"》,载民主与法制网2022年2月11日,http://www.mzyfz.com/cms/pufazhuanlan/pufazhuanti/pufashijian/html/1177/2022-02-11/content-1554355.html。

消费过？因为不排除存在消费者随意点评或者同行恶意点评等情况。即便是真实意思表达，在网络平台点评的消费者和一段时期内所有该店消费者的比例是多少？评价内容有无代表性？第二，如何认定服务人员在消费者点餐时未尽到充分提示说明义务？应询问服务人员还是消费者？从询问笔录能否充分认定无尽到充分提示说明义务的事实？服务人员在消费者点餐时提示菜量大少点餐是否属于餐馆的法定义务？第三，检察机关向有关监管单位制发公益诉讼诉前检察建议要求依法查处涉事餐饮公司的违法行为，是指餐馆未张贴或摆放反食品浪费标识，以及服务人员未充分尽到提示说明义务的行为？结合《反食品浪费法》第7条和第28条第1款的内容，餐饮服务经营者应主动对消费者进行防止食品浪费提示提醒，否则，市场监督管理部门或者履行该职能的部门应对其责令改正，给予警告。检察机关应当是据此认定政府职能部门具有监管餐馆主动对消费者进行防止食品浪费提示提醒义务的职责。但是，根据《反食品浪费法》第7条，餐饮服务经营者对消费者进行防止食品浪费提示措施可以是在殿堂内醒目位置张贴或摆放反食品浪费标识，也可以是由服务人员提示说明，只要求尽到提示说明义务即可，并非要求两种措施都必须采取。从消费者的评价内容看，也并无服务人员没有提示说明菜量大少点餐的抱怨，至于"两个人只点了三个菜也剩了很多没吃完"是一种普遍现象还是个体现象，剩下菜是否就达到食品浪费的程度是无法判定的，毕竟，任何法律也不可能对两个人吃几个菜才不属于浪费制定出明确标准。《宪法》规定的"国家厉行节约，反对浪费"应当属于倡导性规范，国家对餐饮经营者和消费者防止食品浪费的期待和鼓励更多的是通过宣传教育方式实现。向行政机关制发诉前检察建议的条件应当是，行政相对人必须具有法定义务且存在充分证据证明其没有履行法定义务，行政机关具有对该违法行为监管的法定职责，具有可行的法定监管措施，违法行为是否整改到位存在衡量标准。

内蒙古自治区人民检察院发布的2021年度全区生态环境保护检察公益诉讼典型案例中，有一件某旗人民检察院办理的督促整治外来物种刺萼龙葵行政公益诉讼案。[1] 综合发布稿内容，该旗境内的刺萼龙葵通过道路运输和河流传入后在农田、草场、林地、荒滩荒地及公路两侧生长蔓延。刺萼龙葵繁殖传播速度快，严重抑制其他植物生长，破坏生物多样性，破坏草原生态环境，误食可引起严重的肠炎和出血，果实可致牲畜死亡，对农业生态和畜牧业发展具有高度危害性。某旗人民检察院 2020 年 11 月立案后于 11 月 20 日召开公开听证会，会后，向 9 家行政单位公开宣告送达检察建议。向某旗人民政府做专题汇报，2021 年 3 月，某旗人民政府通过治理工作实施方案，决定每年安排不少于 300 万元的专项治理经费进行综合治理。截至作为典型案例发布时，该案的整改效果是，旗财政共投入专项资金 237.9 万元，铲除刺萼龙葵 37.94 万公斤，治理草原深处刺萼龙葵 2.26 万亩，有效遏制了刺萼龙葵的蔓延。从该案的时间发展脉络、公益损害事实和整改效果的对比看，不得不作出以下追问。第一，从影响办案进程的重点时间点看，该旗人民检察院于 2020 年 11 月召开公开听证会并向 9 家行政单位送达检察建议；2021 年 3 月，该旗人民政府通过治理工作实施方案；内蒙古自治区人民检察院发布典型案例时间是 2021 年 12 月底，也即案件整改效果的卡点，这时旗财政投入的专项资金数额是 237.9 万元，治理的刺萼龙葵面积是 2.26 万亩。这是检察建议发出后，行政机关一年的整改效果。第二，但该案例在介绍损害事实时明确提到早在 2016 年，该旗刺萼龙葵入侵面积已经达到 5 万余亩。2020 年 10 月，该旗境内中南部乡镇刺萼龙葵危害等级已由 1 级轻度发展到 2 级中度，入侵面积达到了 35 万亩。检察机关介入之前，相关职能部门虽然采取了一定的治理措施，但没有有效遏制刺萼龙葵传播蔓延的趋势。这样严重的生态环境公益损害，固然是一项治理难题，需要统筹计划，多部门联动配合，也很难在短时间内看到治理成效，2020 年 10 月的入侵面积是 35 万亩，经过一年的综合治理，到 2021 年年底时

---

[1] 参见《2021 年生态环境领域检察公益诉讼十大典型案例》，载微信公众号“内蒙古检察”2021 年 12 月 28 日，https://view.inews.qq.com/k/20211228A07UXH00?web_channel=wap&openApp=false。

治理面积仅2.26万亩，不足1/10的整改治理数据对比显然并不令人满意。第三，关于刺萼龙葵危害性和治理的必要性，该旗人民政府和各相关职能部门早已发现并着手治理，没能够根治的原因是"治理难度较大、资金投入不足、系统治理机制不健全"等。显然，检察机关的"公开听证+公开送达"，只能解决系统治理机制不健全这个问题。从本案整改情况看，在有足够的资金投入、多个职能部门联动治理的情况下取得的治理效果也并不明显。生态环境的治理是一个长期复杂的系统工程，仅仅通过召开一次听证会，公开送达检察建议书很难改变复杂的治理局面，也很难解决多年的治理难题。因此，检察机关在办理这类难度较大的生态环境公益诉讼案件时，就不应总是一成不变地延用立案、调查核实（有时增加听证）、制发检察建议、送达（有时公开送达）、走访、汇总整改效果并上报的传统办案方式，甚至可以说是既定的办案套路。在获取这类复杂案件线索后，在立案之初就应对启动诉前程序的必要性、可行性进行充分研判，邀请专业人员对治理重点难点、治理投入、治理期间、治理预期进行研判，在充分调研、论证、听取意见的基础上有的放矢提出检察建议，并加强治理环节的参与、统筹引导和监督。

（二）对行政行为整改和公益恢复程度的审查判断标准

自检察机关被正式赋权开展公益诉讼以来，办理的公益诉讼案件主要以行政公益诉讼案件为主，其中，诉前程序案件又占据了行政公益诉讼案件的绝对比重。根据2019年10月最高人民检察院向全国人民代表大会常务委员会所作的《关于开展公益诉讼检察工作情况的报告》，2017年7月至2019年9月，全国检察机关向行政机关发出诉前检察建议182,802件，行政机关回复整改率达97.37%，对于极少数检察建议不能落实的，提起行政公益诉讼995件。[1] 可见，诉前程序案件占了整个行政公益诉讼类案件的97.37%。不过，虽然起诉案件所占比重不大，但两

---

〔1〕 参见《最高人民检察院关于开展公益诉讼检察工作情况的报告（摘要）》，载《检察日报》2019年10月25日，第2版。

年期间向法院提起行政公益诉讼的案件也达到了近1000件，平均一年约500件。根据立法规定，这些进入诉讼程序的案件都属于在诉前程序阶段行政机关未及时纠正违法行为，或未按照检察建议要求立即采取相应的行政处理措施，国家利益和社会公共利益未得到全面弥补和修复的案件。显然，诉前程序阶段对行政行为和公益恢复程度的审查判断标准是决定案件从诉前程序转入诉讼程序的关键。从一些实际案例看，各地检察机关在诉前程序中对行政机关收到检察建议后的整改行为和公益恢复程度的审查衡量方面把握标准不一，法、检两院对此尚未达成一致认识，导致出现了一些案件事实基本一致而判决结果却截然不同的案例。以下通过两个案例进行具体分析。

1. 两个案例的基本事实、判决理由和结果

(1) 延吉市人民检察院与延吉市环境保护局（以下简称环保局）、延边恒盛建材有限公司（以下简称恒盛公司）不履行法定职责一案，作为行政公益诉讼制度确立以来为数不多的检察机关经一审、二审均被判败诉的案件广受关注。

该案基本事实：恒盛公司雇用个体运输户张某，从粉煤灰产生单位龙华公司将约1.3万吨暂时不利用的粉煤灰运输并擅自倾倒在小营镇东光村南山沟处，在运输过程中沿途有丢弃和遗撒，倾倒现场未建设贮存设施和无害化处理。环保局于2015年3月30日作出《2001号处罚决定》，责令恒盛公司立即停止违法行为，恢复原状并罚款8万元。恒盛公司当日缴纳罚款8万元，在清运约4000吨粉煤灰后，2015年5月中旬起停止了清运。根据一审判决书认定，2015年4月至2016年1月，环保局陆续召开了9次会议研究讨论粉煤灰治理事宜。

2016年3月24日，市人民检察院向市环保局发出延市检行公建〔2016〕1号《检察建议书》，建议其“立即采取有效措施，依法确保《2001号处罚决定》确定的延吉市小营镇东光村南山沟处限期恢复原状”。2016年4月22日，市环保局作出回复，主要内容为：收到检察建议后，对现场和《2001号处罚决定》卷宗进行复查，开展了系列改正措施；实地检

查并组织恒盛公司与村民调查发现,因处于化冰期,现场周围土路泥泞,造成车辆无法通行,后下雨路面湿滑,土路表层覆盖了大量建筑垃圾,运输存在安全隐患,经与村民协调同意,待路面方便时,继续清运粉煤灰。4 月 11 日,市环保局责令恒盛公司在 4 月 15 日开始清运,在 6 月 30 日前对所倾倒剩余的粉煤灰全部清运完毕。同日,市环保局对粉煤灰污染水质 7 项进行了监测,该水质 7 项都已达到地下水质量三类标准;4 月 18 日,市环保局与原环境保护部环境规划院环境风险与损害鉴定评估研究中心签订《环境损害评估技术合同》,并支付了 6 万元的评估费用。同期,根据环境损害评估内容的要求,市环保局委托吉林省原环境保护厅的监测部门进行了选点与采样,4 月 22 日前完成采样,并支付了 2 万元的鉴定费。另外,市环保局在回复中还说明了未恢复原状的原因主要有:恒盛公司原有的 2 个贮灰罐爆炸;市环保局监管力度不够;延吉市尚未建成应急贮灰场所;领导工作调整及 2015 年时尚无明确的国家评估规定等。至回复期限届满未清运的原因是正在修建乡间农机道路,不允许通行,后经协调沟通,准备先清运粉煤灰后修路。

2016 年 4 月 25 日至 2016 年 5 月 24 日,在市环保局的监管下,恒盛公司共转移粉煤灰 12, 800 吨,但 2016 年 6 月初停止清运,原因经市环保局调查认定为道路施工拦截清运车辆拒绝其通行,且恒盛公司只承认往南山沟处倾倒了 1. 3 万吨,已经清运完毕。在《2001 号处罚决定》认定的 1. 3 万吨粉煤灰清除后,市环保局发现南山沟处仍有污染物(粉煤灰、炉渣和建筑垃圾)存在。市环保局经调查,于 2016 年 10 月 24 日对南山沟的承包人张某下达了《责令改正违法行为决定书》,2017 年 2 月 23 日对龙华公司、张某国均作出《责令改正违法行为决定书》和《行政处罚事先(听证)告知书》,对张某作出《行政处罚事先(听证)告知书》。2017 年 4 月 19 日,市环保局对龙华公司、张某、张某国分别作出《行政处罚决定书》,分别处以警告和罚款的行政处罚。张某国、张某、龙华公司缴纳罚款后,于 2017 年 9 月 1 日全部清理完毕违法倾倒的粉煤灰。

在市环保局作出后续行政处罚和整改期间,2016 年 7 月 29 日,市人民检察院经最高人民检察院批复同意（试点期间所有提起公益诉讼案件需由最高人民检察院审批）向延吉市人民法院提起行政公益诉讼。后经指定管辖，敦化市人民法院于 2017 年 2 月 17 日对该案立案受理。

2018 年 1 月 18 日，一审开庭时，市人民检察院认可市环保局已经督促恒盛公司等将违法倾倒的粉煤灰全部清理完毕的事实，撤回了第二项"判令市环保局对上述行政处罚决定所涉违法行为，依法继续履行职责"的诉讼请求，仍保留"确认市环保局作出《2001 号处罚决定》后未依法履行职责违法"的诉讼请求，在法院释明后表示不撤回起诉。敦化市人民法院作出（2017）吉 2403 行初 12 号行政判决[1]：准予市人民检察院撤回"判令市环保局对上述行政处罚决定所涉违法行为，依法继续履行职责"的诉讼请求；驳回市人民检察院"确认市环保局作出《2001 号处罚决定》后未依法履行职责违法"的诉讼请求。法院判决的事实和理由主要包括案件审理标的是市环保局在接到检察建议后 1 个月内，是否依法履行《2001 号处罚决定》规定的法定职责。对被诉行政行为合法性的评判，应当遵循主、客观相统一的原则。从主观上看，市环保局早在收到检察建议前已多次召开会议研究了粉煤灰治理问题。在收到检察建议后，及时纠正此前监督检查不及时的问题，监测案发地区水质，委托环境监测部门对粉煤灰倾倒现场进行鉴定，责令恒盛公司实施了清运，不能认定环保局在主观上存在"拒不纠正违法行为"和"不履行法定职责"情形。从客观上看，恒盛公司对市环保局的行政处罚决定并没有拒不履行的意思表示和行为，故市环保局尚不具备申请法院强制执行行政处罚决定的条件。即使已经超过了向法院申请强制执行的法定期限，该行政处罚决定依然具有法律效力，市环保局督促恒盛公司自动履行并不违反法律规定。市环保局未能在收到检察建议后的 1 个月内清运完 1.3 万吨

[1] 参见延吉市人民检察院与延吉市环境保护局等不履行法定职责一审行政判决书，载中国裁判文书网，https://wenshu.court.gov.cn/website/wenshu/181107ANFZ0BXSK4/index.html? docId = 66b83ca532864ca88415a94c00a5eb3f。

粉煤灰的原因,包括季节影响、因雨天路面湿滑运输存在安全隐患、防止二次污染、道路施工等多个方面客观因素,检察建议发出后2个月内《2001号处罚决定》确定的约1.3万吨粉煤灰被全部清运完毕。在1.3万吨粉煤灰清运完毕后,对发现的案发现场仍存有的大量粉煤灰、炉渣及建筑垃圾,及时重启调查处理程序,并于2017年9月1日督促违法行为人全部清理完毕。据此,法院认定,市环保局不仅按照检察建议要求清理了1.3万吨粉煤灰,还在合理期限内将检察建议要求范围外的粉煤灰也做了清理。市环保局《2001号处罚决定》只涉及1.3万吨粉煤灰,这部分之外的粉煤灰清理不属于该处罚决定规定的履行义务,检察院起诉时的诉讼请求里也未包含此部分。在检察院就本案提起行政公益诉讼之前,市环保局已经履行了案涉《2001号处罚决定》的全部事项,也不能适用《检察公益诉讼司法解释》第24条规定的"在行政公益诉讼案件审理过程中,被告纠正违法行为或者依法履行职责而使人民检察院的诉讼请求全部实现"情形。一审判决认为,市环保局主观上不存在怠于履行法定职责的故意或过失,客观上收到检察建议后积极采取有效措施清理粉煤灰,已经在合理期限内依法履行了法定职责,市环保局之前作出的《2001号处罚决定》的全部内容都已经履行完毕。故市人民检察院在提起本案行政诉讼前,已丧失本案诉的利益。

延吉市人民检察院提起上诉,上诉理由主要如下。第一,无论是诉前检察建议,还是提起行政公益诉讼,检察机关所指向的问题都是"恢复原状",包括但不限于1.3万吨粉煤灰的清运工作。清运粉煤灰与恢复原状是部分与整体的关系。仅就粉煤灰是否得到清运就判断市环保局是否依法履职是错误的,仅认定1.3万吨粉煤灰清运的事实,而对属于市环保局监管职责内容的其他粉煤灰归到不属于本案之诉一列,属于认定事实明显错误。第二,市环保局一直没有积极履行监管恢复原状的主观意愿,客观上没有采取依法及时履行职责的行为,原审判决作出了错误认定。延边朝鲜族自治州中级人民法院于2018年9月27日作出

(2018)吉24行终114号行政判决[1]:驳回上诉,维持原判。二审判决围绕检察院上诉请求理由及一审判决理由从三个方面进行了阐述。第一,关于审理标的问题。检察院向市环保局发出的诉前检察建议和一审诉讼请求,针对的都是市环保局作出《2001号处罚决定》后,未积极督促违法行为人恒盛公司将倾倒的1.3万吨粉煤灰清理并将土地恢复原状,检察院认为市环保局属于行政不作为。检察机关后续起诉的标的范围应当与检察建议要求范围一致。检察院提起的系市环保局作出处罚决定后,不履行监管处罚决定执行的法定职责之诉。且原审法院对前述审理标的外,仍将南山沟处全部粉煤灰的清理和恢复原状、及时彻底消除违法后果、维护公共利益作为本案的关注点,并作出了认定。第二,关于恢复原状的判定问题。检察院自愿请求撤回"判令市环保局对上述行政处罚决定所涉违法行为,依法继续履行职责"的诉讼请求,足以证明检察院在对市环保局已经履行了恢复原状法定职责是认可的。且检察院在诉前检察建议和原审诉讼中对此并未提出主张,也未提交相关的法律依据证明清运粉煤灰后期的恢复植被是否属环保局的法定职责范围。第三,一审判决对市环保局在检察建议后履职行为合法性问题的认定和判断合法合理。

(2)最高人民检察院于2018年12月发布的第十三批指导性案例之一"陕西省宝鸡市环境保护局凤翔分局不全面履职案"(检例第49号),[2]在案件基本事实方面与延吉市案例基本相似。

该案基本事实:陕西长青能源化工有限公司(以下简称长青能化)甲醇工程项目建成于2014年5月,至2014年12月31日属于试生产阶段,年产量60万吨。试生产期起至正式生产后,长青能化燃煤锅炉大气污

---

[1] 参见延吉市人民检察院诉延吉市环境保护局、延边恒盛建材有限公司不履行法定职责一案二审行政判决书,载中国裁判文书网,https://wenshu.court.gov.cn/website/wenshu/181107ANFZ0BXSK4/index.html?docId=25ae407f32af473aaceea976009e5fc2。

[2] 陕西省宝鸡市环境保护局凤翔分局不全面履职案,最高人民检察院指导性案例49号(2018年)。

染物排放值一直处于地方标准 20mg/m³ 以上，国家标准 50mg/m³ 以下。陕西省《关中地区重点行业大气污染物排放限值》规定的地方标准对排放限值的要求是 20mg/m³，该标准自 2015 年 1 月 1 日起实施。宝鸡市环境保护局凤翔分局（以下简称凤翔分局）于 2015 年 7 月 7 日作出《环境违法行为限期改正通知书》，责令长青能化限期改正超标准排放污染物的违法行为，否则将予以高限处罚。后长青能化并未按要求整改超标准排放问题，但凤翔分局未作出高限处罚。凤翔分局于 11 月 18 日作出《行政处罚决定书》，对长青能化处以 5 万元罚款，责令其在 1 个月内整改完毕。但长青能化仍然没采取措施治理超标准排放污染物的问题，并一直持续生产，周围大气受到严重污染。

凤翔县人民检察院于 2015 年 12 月 3 日向凤翔分局发出《检察建议书》，认为该局对长青能化超标准排放污染物问题负有法定监管职责，虽作出了行政处罚决定，但并未及时有效督促企业采取措施治理超标准排放污染物问题，属于不完全履职，建议该局依法履职，督促长青能化上线治污减排设备，确保环保达标。凤翔分局于 1 个月后作出回复，表示已对长青能化下达了《责令限制生产决定书》和《排污核定与排污费缴纳决定书》，责令该企业限产，缴纳 2015 年 10 月至 12 月的颗粒物超标排放排污费。

凤翔县人民检察院继续调查核实后认为，虽然长青能化在收到《责令限制生产决定书》和《排污核定与排污费缴纳决定书》后，按要求限制生产，但仍未投入使用治污减排设备建设项目，超标准排放污染物问题仍未得到解决，遂向凤翔县人民法院提起行政公益诉讼，提出的两项诉讼请求分别如下：(1)确认凤翔分局未依法全面履职的行为违法；(2)判令凤翔分局依法全面履行职责，督促长青能化采取有效措施，确保颗粒物排放符合标准。

该案经宝鸡市中级人民法院依法裁定，指定由宝鸡市陈仓区人民法院管辖。在 2016 年 11 月 10 日的庭审中，检察机关举证证明，长青能化虽然建设了湿电除尘系统项目，但截至提起诉讼前也未竣工验收，超标准排放污染物，给周围大气环境造成严重污染的问题一直持续。凤翔分局仅对环境污染作出了行政处罚，不能因此认定该局已经依法全面履职。凤翔分局答辩称，已履行了法定职责，颗粒物超标排放是由于地方标准的变化。2016 年 3 月 27 日，长青能化减污设备已经运行。

长青能化建设的治污减排设备建设项目于 2016 年 8 月正式投入运行，第三方检测机构对颗粒物排放进行检测，认为已符合国家和地方排放标准。后凤翔县人民检察院撤回了要求凤翔分局督促长青能化采取措施治理超标准排放污染物的诉讼请求，保留了诉讼请求的第一项，即确认凤翔分局未依法全面履职的行为违法。

2016 年 12 月 28 日，陈仓区人民法院作出一审判决，确认被告凤翔分局未依法全面履行对相对人长青能化环境监管职责的行为违法。

2. 两起案件呈现的分歧问题

通过对吉林延吉和陕西凤翔两个案例的法院判决理由和检察院诉讼请求、延吉案例的上诉理由等内容的综合分析可知，在行政公益诉讼案件中，检察机关、行政机关和法院之间，在诉前检察建议内容与后续起诉的诉讼请求之间是否需要完全重合，行政行为合法性审查标准及“不履行法定职责”的判断是否包括“受损公共利益的恢复”三个问题上存在明显的分歧。

（1）有关诉前检察建议内容与后续起诉的诉讼请求是否要求一致。凤翔案例中检察机关的诉前检察建议和后续起诉的诉讼请求是一致的，即“依法履职，督促长青能化上线治污减排设备，确保环保达标”。但延吉案例的检察建议内容要求的是“《2001 号处罚决定》确定的延吉市小营镇东光村南山沟处限期恢复原状”，即限期恢复原状的范围是《2001 号处罚决定》涉及的违法倾倒范围，一审诉讼请求却围绕着市环保局作出《2001 号处罚决定》后的职责履行提出。从试点以来各级检察机关的办案实践看，多数遵循着诉前检察建议的建议内容和后续起诉时的诉讼请求之间保持一致性的要求。检察机关提起行政公益诉讼针对的被诉行政行为包括“违法行使职权”和“不作为”、“不履行法定职责”，请求权具体表现为请求行政机关履行法定职责、撤销或部分撤销违法作出的行政行为、停止违法采取的行动或措施、解除或变更违法的协议、承担相应的法律责任等形式。延吉案例如按照检察机关的诉前检察建议和起诉书对案件事实理由的阐述,属于行政机关不履行法定职责案件,提出的诉讼请求应为:判令市环保局对《2001 号处罚决定》所涉违法倾倒粉煤灰的违法行为,依法继续履行职责。因为,该判决本身即包含对于行政机关不依法履行职责的评价。不履行法定职责之诉的目的,是要求法院判令行政机关采取积极措施及时履职法定职责,检察机关要求法院对行政机关行为进行合法性判断只是法院判令行政机关履职的前提条件,将其作为单独的诉讼请求是不适当的。

就延吉案例而言,市人民检察院在一审判决前申请法院撤回"要求市环保局继续履行监管职责"的诉讼请求后,该案从具体诉讼类型上已经不属于不履行法定职责之诉。二审法院将该案确定为行政机关作出处罚决定后,不履行执行监管处罚决定的法定职责之诉。检察机关在上诉理由中虽提出诉前检察建议针对的是"恢复原状"这一整体的公益结果,而不是清理粉煤灰这个实现公益结果的过程之一,但却没有对此提供充分的事实理由作为证明依据。

(2)行政行为合法性审查是否应遵循主客观一致原则。两个案件判决的不同审查思路也体现出法院和检察院在行政行为合法性审查判断标准上的明显分歧。法院在审理延吉案例时对市环保局行政行为的合法性审查判断标准是主客观相统一的原则,即如果市环保局收到检察建议后在主观上没有充分认识到自身执法中存在的问题,在客观上没有及时采取有效措施整改之前执法中的漏洞和不足,粉煤灰未得到清理,公益受损害状态一直持续的,才能认定行政机关未依法履行法定职责。

在凤翔案例中,检察机关和行政机关之间对于凤翔分局是否依法履行职责的认定标准上也存在分歧。检察机关强调的是"解决颗粒物超标排放"这个客观结果,行政机关强调的是履职过程,即"采取了行政处罚等措施,长青能化减污设备已经运行",显然包含了主观因素。在长青能化投入运行治污减排设备项目，污染物排放量符合国家和地方排放标准的情况下，检察院撤回了第二项诉讼请求，保留了第一项诉讼请求，即确认凤翔分局未依法全面履职的行为违法。从凤翔案例中陈仓区人民法院判决支持检察机关诉讼请求上看，法院在该案中对凤翔分局环保执法行为作出合法性判断的依据是客观结果，即其在客观上是否及时采取了有效措施解决污染物超标排放问题，并未考虑凤翔分局在主观上有没有怠于履行处置环保违法行为法定职责的故意或过失。显然，凤翔案例和延吉案例对“行政机关是否依法全面履行职责”的判断标准并不一致。

(3)“不履行法定职责”的判断是否包括“受损公共利益的恢复”。延吉案例中检察机关的上诉理由是，不论是诉前检察建议，还是提起行政公益诉讼，检察机关所指向的问题都是“恢复原状”，原审对检察机关的公益诉讼请求并未进行审理。恢复原状包括但不限于1.3万吨粉煤灰的清运工作，原审错误地将“恢复原状”的案件标的更换为“清运1.3万吨粉煤灰”，从而导致将行政机关对“恢复原状”的监管行为变为对“1.3万吨粉煤灰清运”的监管，只谈粉煤灰清运，不谈公益恢复，完全背离了本案作为公益诉讼的目的和意义。清运粉煤灰与恢复原状是部分与整体的关系，仅就粉煤灰是否得到清运就判断市环保局是否依法履职是错误的。关于1.3万吨粉煤灰数量的确定问题，也恰恰是市环保局未依法履行职责的主要内容之一，本案所涉的粉煤灰均为违法行为人倾倒，这些都足以说明原行政处罚决定存在重大错误。对违法事实的确认本身就是行政机关履行职责的法定内容，原审绕开这一事实，仅认定1.3万吨粉煤灰清运的事实，属于认定事实明显错误。

在行政机关不依法履行法定职责的判断和认定上，凤翔案例的标准显然是“双重认定标准”，即是否穷尽法定行政监管手段和是否有效保护了国家或者社会公共利益。检察机关认为，凤翔分局虽然有履职行为，作出的5万元罚款处罚不是高限处罚，直至2016年5月16日才作出按日连续处罚的行政处罚，即便运行了减污设备，仍存在颗粒物排放数据不稳定、不达标的问题，对环保污染违法行为没有穷尽所有行政监管手段,没有有效治理污染问题,公益损害一直处于持续状态,凤翔分局的行为属于未依法全面履行法定职责。陈仓区人民法院的判决思路显然与延吉法院并不一致。在长青能化颗粒物排放已持续稳定符合国家和地方排放标准的情况下,检察机关撤回了要求凤翔分局督促长青能化采取有效措施,确保颗粒物排放达标的诉讼请求,仍保留了确认凤翔分局未依法全面履职行为违法的诉讼请求,陈仓区人民法院判决予以支持。

总体而言,在延吉案例中,市环保局在行政处理中存在一定问题,当地检察院和法院的办案审查和判决思路也有继续推敲的余地,比如,对行政行为的合法性判断属于一种客观状态的判断,法院应当审查的是行政行为客观表现形式和客观结果,不应考虑行政机关主观上是否想履行或者其有无拒不履行的意思等主观因素。但延吉案例和凤翔案例对行政机关依法履职的判断标准和判决结果引发我们继续思考以下问题:行政公益诉讼意在督促行政机关依法正确履职,为确保公益最大化提供法律指引。从提出检察建议到决定提起行政公益诉讼,在判断行政机关是否"依法履职""公共利益是否得以恢复"时,是否应当对诉前程序和诉讼程序进行成本收益比较?是否应当具有优化社会资源配置,提高社会整体效率的总体考量?检察机关作为司法监督者,与公共事务管理者的行政机关就提升公共利益整体保护效率的考量标准是否无差?

(三)双重审查和判断标准的成本收益问题

从检察机关在延吉案例和凤翔案例中的审查思路可知,检察机关的诉前程序审查对象及判断标准体现出双重性特征:检察机关在诉前程序中的审查对象是"行政机关执法行为的合法性+国家利益或社会公共利益受侵害程度";检察机关从诉前程序转入诉讼程序时的判断标准是"行政机关未及时整改违法行为+国家利益或者公共利益持续处于受损害状态"。也就是说,检察机关在对被监督的行政机关是否履行诉前检察建议内容的审查上遵循双重判断标准:通过对行政行为合法性的审查,判断行政机关是否及时纠正了违法行为或者不作为;通过对行政行为效果的审查,判断行政机关纠改违法行为是否达到了全面弥补和修复受损害的国家和社会公共利益的效果。这种双重审查、双重判断的标准既包括形式性审查判断要求，也包括实质性审查判断标准。检察机关在作出提起行政公益诉讼的决定前，要对行政机关收到诉前检察建议前后的行为性质分别判断并进行比对，还要对诉前检察建议前后国家利益和社会公共利益受损程度、弥补和修复程度进行衡量。有观点认为，检察机关在诉前程序阶段和诉前程序转向诉讼程序阶段分别侧重形式性判断和实质性判断，关注点分别是“监督行政机关的履职情况”和“国家和社会公共利益受到的侵害是否得以最终恢复”。[1] 但是，无论是行政行为的合法性还是公益受损和恢复程度都无法进行简单量化判断，在审查判断的标准衡量方面缺乏具体规范依据的情况下，从诉前程序到提起行政公益诉讼法律适用标准的把握成为具体办案中的难点，而检察机关在案件办理中适用的审查判断方法也体现出其缺乏成本收益比的考量，造成公益保护资源配置不当的突出问题。

1. 检察机关监督权延伸至行政机关首次判断权，造成公共利益保护成本的叠加。行政公益诉讼，旨在督促行政机关依法积极履行涉国家和公共利益行政管理事务的职责，是协同推进依法行政的重要牵引力，与以维护社会公益、保障公共秩序为目标的行政管理活动目标一致，但二者权力行使的范围、方式、程序不可混同。检察机关要严格遵循机构职能分立制衡原理，恪守权力边界，绝不能替代或干预行政职能的正常行使。现代社会公共管理存在多样性、系统性、综合性、动态性、科技性、复杂性和不确定性，行政机关作为公共利益的主要代表，“在保护公共利益上的政策性、专业性、灵活性等特点”，[2] 使其在制定和实施公共政策、保障公共秩序、管理公共事务、救济公共利益中相比检察机关更具有便捷高效的优势。国家机构职能分立制衡虽然隐含制度设计者防范某一

---

〔1〕 邢昕：《行政公益诉讼启动标准：基于 74 份裁判文书的省思》，载《行政法学研究》2018 年第 6 期。

〔2〕 张晓飞、潘怀平：《行政公益诉讼检察建议：价值意蕴、存在问题和优化路径》，载《理论探索》2018 年第 6 期。

主体权力过大,造成权力滥用的担忧,但对职能行使者也要给予必要的信任。虽然政府机关及其工作人员不可避免存在自利性,但日本学者提出了一个官僚模型化的有趣现象:政府官僚一方面追求个人利益,重视自身的所得和名誉等;另一方面也因为对国民和政府的忠心或源于社会使命感而追求公共利益。无论是公仆还是一般企业职员,隶属某一组织的个人在考虑其自身利益的同时都具有为组织目标达成而努力的本质。[1] 环境污染、资源毁坏、食品药品质量不达标等违法行为涉及最广泛社会群体的切身利益,对于是否符合环境排放标准、食品药品质量标准,行为违法程度对公共利益造成损害的程度等专业问题,需要行政执法机关依照法定执法程序运用专业设备采集专业数据进行比对、测试和检验。因此,如果企业出现像长青能化在缺少环保设备或设备不达标情况下进行生产,环保执法机关却消极不作为的情况时,通过外部监督的渠道督促环保执法机关直接对污染企业作出行政处理措施的方式更有效率。

行政公益诉讼设置诉前程序,就是为了防止检察机关将其监督权与行政机关的执法权相混淆,对行政机关的首次判断权形成不当挤压,变相将本属于警示敦促性质的执法监督权变成对行政执法机关具体工作方式和内容的指导权。只要行政机关接受诉前检察机关的建议内容,及时采取合理行政措施避免了损害结果的持续扩大,并采取适当的处理方案组织违法行为人修复了受损害的公共利益,检察机关无须再提起诉讼。

在延吉案例中,市环保局不仅按照检察机关的建议要求纠正了《2001 号处罚决定》后的不作为行为,采取措施合理处置了违法倾倒的1.3 万吨粉煤灰,还将诉前检察建议未涉及的南山沟处其他的粉煤灰进行了清理。检察机关在一审起诉后又自愿撤回“判令市环保局对上述行政处罚决定所涉违法行为,依法继续履行职责”这一诉讼请求,足以证明

---

〔1〕 黒川和美『官僚行動の公共選択分析』(勁草書房,2013 年)79 頁。

检察院也认可市环保局已经履行了及时彻底消除违法后果、恢复原状的法定职责。但在“确认市环保局作出《2001 号处罚决定》后未依法履行职责违法”的诉讼请求被驳回后,检察机关又在二审上诉理由中继续提出环保局应当组织清运粉煤灰后期的恢复植被工作。诉前检察建议属于一种“高效过滤器”,造成公共利益损害的违法行政行为只要在诉前程序阶段得到全面纠正,就可避免被诉诸法院接受司法否定性评价的可能。

行政资源和司法资源都属于公共资源,检察机关应当具备合理配置公共资源的意识,将公益诉讼资源运用到最有价值的地方去。在延吉案中,市环保局收到诉前检察建议后着手采取了调查核实、研究清理方案等一些措施,但未能按照检察建议的要求在 1 个月内完成清理粉煤灰的工作,当然存在天气、土地状况等一些客观因素。检察机关也并未在 1 个月期满后立即提起诉讼,可能也考虑了市环保局履职不能的客观因素。但在其后几个月的时间里,市环保局不仅将诉前检察建议要求的那部分粉煤灰清理完毕,还将诉前检察建议制发时尚未发现的粉煤灰也全部清理。在行政机关已经采取措施进行治理,消除了公共利益受到的不利影响的情况下,检察机关再行提起诉讼除了法制宣传作用外已无实质意义。且在一审法院判决驳回其确认行政行为违法的诉讼请求后,又以“未全面恢复原状”为上诉理由启动二审,恐怕存在意气之争的因素,因为在全部清运粉煤灰后采取怎样的措施恢复植被应该由市环保局自主决定。如果检察机关认为需要提醒督促,完全可以通过工作沟通或另行提出检察建议的方式解决,而上诉后围绕检察院、环保局、法院又多承担了该案二审程序的诉讼成本,造成了行政资源和司法资源的无谓消耗,更无益于粉煤灰污染地区的尽早恢复原状。

2. 对“不履行法定职责”与“恢复受损公共利益”的关系把握不清晰,影响了总体社会福利水平的提升。启动诉讼程序将带来高昂的运行成本,尤其是以检察机关和行政机关为两造的行政公益诉讼程序,一旦启动,国家将为此耗费大量人力、物力和财力。检察机关提起行政公益诉讼时需要向法院提交证明被告行政行为违法，造成国家利益或社会公共利益损害的证据材料和证明检察机关制发诉前检察建议后，行政机关仍未纠正违法行为的证据材料。即便检察机关起诉时只需提交初步证明材料，至少也需要调查收集以下材料作为证据：一是行政机关的组织机构代码、机构三定方案、法人任免文件、上下级机关之间的内部职责分工等材料；二是造成环境污染、资源毁坏后果的企业工商登记档案、企业生产项目规划审批手续；三是行政机关、企业负责人及工作人员的询问笔录、其他人员的证人证言；四是证明环境污染、资源毁坏的现场勘验、视频等影像资料；五是证明公益损害状态的专业机构鉴定报告、专家意见等。行政机关作为被告，需要向法院提交至少以下证据材料，为自身执法行为的合法性提供证明：一是已经对违法行为采取行政处理措施文件材料；二是组织治理资源毁坏或环境污染的方案、程序、过程的材料；三是证明按照检察建议内容整改效果的专业机构鉴定材料等。检察机关和行政机关为提起诉讼、参加诉讼、推进诉讼程序、获得对自身有利的判决结果，需要耗费大量时间、人力和资金调查收集证据材料。法院立案后，行政公益诉讼程序的审理、裁判及执行过程还需要法院、检察院、行政机关为此耗费相应的时间、人力和资金，这些都属于国家为保护公共利益支付的管理成本。从这个意义上看，行政公益诉讼案件如果在诉前程序阶段结案，不但节约司法资源、降低社会成本，还会因为减少了公共利益保护成本而相应增加总体社会福利。所以，检察机关在诉前程序中对行政机关“不履行法定职责”和“恢复受损公共利益”的关系把握上，应该将公共利益保护的成本作为行政行为合法性的判断和公益受损及恢复程度的衡量标准。

仍以延吉案为例，如果在市环保局只清运了粉煤灰，后续还应该采取恢复土壤和植被措施的情况下，检察院就不应该先撤回“要求市环保局继续履行监管职责”的诉讼请求，但前提是检察院在诉前检察建议中要明确提出“清运粉煤灰并全面恢复土壤原状”的内容。检察机关上诉时才提出“本案所涉地域系水土保持林，恢复原状固然要先清运倾倒在其上的粉煤灰,但是,还有使地表土壤具备植被生长条件、补植植被等其他的大量工作要做,清运只是第一步,但绝不是全部”,显然没有法律依据也没有事实依据。如果检察院提出了明确的检察建议,市环保局却在清理完粉煤灰后没有继续采取措施恢复土壤原状,就应当及时提起诉讼,或者制发进一步的检察建议。因此,检察机关在作出提起行政公益诉讼的决策时,应当根据案情综合考量“不履行法定职责”与“恢复受损公共利益”的关系。诉前程序结案最有利于节约公益保护成本,就要尽量提出内容全面、可行性强的诉前检察建议,要将恢复公共利益损害作为要求行政机关履行法定职责的一项内容。只有将公益恢复程度作为行政行为合法性判断的要素,才能提高运用诉前程序全面解决公益受损问题的可能性,也就相应减少了国家财政支出,从而促进总体社会福利的提升。

第二节　复双重博弈结构机理下的公益保护效用最大化

一、诉前程序的复双重博弈结构机理

博弈论是“研究决策主体的行为发生直接相互作用时候的决策以及这种决策的均衡问题”〔1〕的理论。根据博弈论原理,任何法律程序都是主体在互动关系中产生的博弈规则,是人为设计的对主体行为的外在约束。博弈论作为一种经济分析的方法,主要目的在于适用博弈规则来预测行为人博弈的均衡结果。博弈分析必不可少的基本要素包括参与人、行动、信息、战略、支付、结果和均衡。〔2〕对法律程序中主体行为的博弈

〔1〕 张维迎:《博弈论与信息经济学》(新 1 版),格致出版社、上海三联书店、上海人民出版社 2012 年版,第 2 页。

〔2〕 参见张维迎:《博弈论与信息经济学》(新 1 版),格致出版社、上海三联书店、上海人民出版社 2012 年版,第 26 ~ 31 页。

分析,就是将所有程序参与人作为博弈中的决策主体,分析他们在某个时点、某种行政顺序、给定信息集的情况下,可能选择的行动战略,以及所有参与人的最优战略组合。应当说,源于制度经济学的博弈论为研究制度规则对人类行为的影响提供了重要的分析依据。笔者认为,行政公益诉讼诉前程序中所有参与人之间呈现的是一种复双重博弈结构,即存在两个双重博弈,分别是为追究违法行政相对人的行政责任,组织修复受损害的公共利益而产生的行政相对人—行政主体—公众之间的双重博弈和为督促行政机关依法采取行政处理措施,尽早组织修复受损害的公共利益而产生的行政机关—检察机关—公众之间的双重博弈。

下面,运用博弈分析方法,对诉前监督场域的各方主体间的博弈结构进行逐层分析,以期对参与主体可能采取的行为进行准确预测和判断,为促进诉前程序运行效率提供分析基础。

(一)行政相对人、行政主体、社会公众之间的双重博弈结构

尽管不同行为人、机关的思维模式和角度会有所不同,但我们可以在有限理性的假设前提下,围绕造成公益损害的违法行为监管,对各方主体行为进行以下简单分析。首先,行政相对人的破坏生态、污染环境、危害食品药品领域公共安全等违法行为被行政机关发现,被科以行政处罚。其次,行政相对人还可能对行政机关处罚决定不服,提出行政复议申请或提起行政诉讼。对于违法行为是否都会得到应有的处理,并且都能够实际执行,社会公众既是旁观者,也是监督者。行政机关对违法行为人的违法行为没有采取任何监管措施,或者行政处罚决定作出后没有全部执行,公众会对行政机关的执法能力甚至执法公正性产生负面印象和否定性评价。

根据参与人的行动顺序和参与人掌握信息的情况,一般将博弈划分为完全信息静态博弈、完全信息动态博弈、不完全信息静态博弈和不完全信息动态博弈。行政公益诉讼诉前程序场域就属于完全信息动态博弈,即每一个博弈参与人都对其他参与人的特征、战略及支付函数有准

确的认识,每个参与人都是一个博弈中的决策主体,根据行动顺序的不同,每个参与人会作出不同的行为选择。在“行政相对人—行政主体—社会公众”之间的双重博弈中,行政相对人与行政主体的博弈在先,行政主体与社会公众的博弈在后。在行政相对人与行政主体之间的博弈中,行政相对人守法还是违法的决策在先,行政主体是否进行行政处理,作出什么样的行政处理决策在后。在行政主体与社会公众之间的博弈中,一般是行政主体的行政处理决策在先,社会公众的评价在后。但是,在这个双重博弈中,两组博弈都是多次反复的动态过程,在反复博弈的过程中每个参与人都会找到自身的最优行为选择。

在“行政相对人—行政主体”的博弈阶段。从行政相对人角度,某一个具体的行政执法机关及其执法人员以往的执法行为特点是不容易被知晓的,行政相对人只有在某一次的被执法后才会获得该具体的博弈参与者的相关信息,其不能在事先获知数量众多的不特定执法者中某一特定执法者的一贯行为。原因在于公共事务管理领域里无可避免的执法裁量权。行政相对人最初采取行动时只能根据现行立法进行规则层面的成本收益计算,但是如果其发现行政执法机关自由裁量权太大,处罚条件、程序、具体处罚内容都不确定,或者当他发现违法行为主动逃避或被动脱离惩罚的情况比比皆是,就会根据被处罚的概率和逃避处罚后的收益改变自己的行动策略。在“行政主体—公众”的博弈阶段,在行政主体方面,公众对行政主体公共事务管理和执法的监督,在理论上可以认为是日常的、常规化的监督,但实际上却只是零散的、偶尔的,且缺乏强有力的威慑后果,公众监督不会对行政主体的行为产生威胁。面对产生概率极低的公众否定性评价,行政主体往往不会将其纳入考虑范畴,即便发生了舆论的负面评价,也可以很低的成本挽回局面。而对于社会公众来说,参与重大公共事务管理决策和执法过程,进行经常性的监督,需要个人承担监督成本,而因此获得的收益却不能个人独享。因此,成本和收益不成比例的公众监督方式显然还不能成为对行政主体行为的有效控制手段。

（二）行政机关、检察机关、公众之间的双重博弈结构

对公共利益受损害情形怠于履职的行政违法行为进入检察机关视野后，检察机关为督促行政机关依法采取行政处理措施，尽早组织修复受损害的公共利益启动监督程序，就产生了“行政机关—检察机关—公众”之间的双重博弈。

在“行政主体—检察机关”博弈阶段，诉前检察建议程序的设置，使检察机关与行政主体之间建立了长期的博弈，随着监督领域的持续拓展，越来越多执法领域的行政行为都将接受来自检察机关的监督，行政主体的执法行为策略和检察机关的监督策略就会处在反复调整，不断向均衡点接近的重复博弈状态。加上“行政主体—社会公众”之间的博弈，行政主体就处于前后夹击的复合博弈之中，其行为决策既受到与行政相对人之间发生的前端博弈影响，也受到社会公众监督评价舆论等因素的影响。行政主体是公共利益的第一层级代表人，在作出行为决策时应以公共利益最大化为目标，但同时也不会忽视小集团利益和个人利益。因此，行政主体作出的决策既会考虑对损害公益违法行为进行处罚的及时性、有效性和自身的成本负担，也会考虑上级领导机关、外部监督机关及社会公众对其工作的态度问题。在前后夹击的复合博弈中，行政主体作出的行为选择也许并非公共利益最大化的最优选择，而应该是现实条件下多重角力的结果。检察机关和社会公众对行政主体错误执法行为的监督压力，会成为行政主体对违法行为进行处置的外部助力。行政主体在履行公共管理职能时，会考虑自己作出的任何决策在后期还有检察机关和公众的双重监督，即便公众监督缺乏有效的威慑力，但其无处不在的多发性特点和检察监督的常规化和威慑力相加，就会对行政主体的行动策略产生影响，使其改变原本在与社会公众博弈中采取的行动策略。由于他们之间重复博弈的延展性，彼此都知道同样结构的博弈将会重复多次，且每个参与方都能够观测到过去博弈的历史，每个参与方在某个阶段博弈中的行动策略选择会依赖于其他参与方过去的行动历史。对地方行政执法机关来说，及时采纳诉前检察建议，按建议要求积极履职，

案件不用发展到诉讼阶段，就不用当被告，不影响单位负责人政绩，也不影响单位年终考核成绩。[1] 案件在诉前阶段结案，对行政机关来说，可接受度、执行率更高，更能激发行政机关主动纠错的积极性、主动性。博弈重复的次数对重复博弈均衡结果影响很大，因为参与人在短期利益和长期利益之间的权衡与博弈重复的次数直接相关，如果只是一次博弈，所有参与人都只会考虑自己一次的支出和收益，但如果预见到博弈会重复多次，可能就会考虑长远利益而放弃一些短期利益作出不同的策略选择。此外，影响均衡结果的另一个重要因素就是获取信息的完备性，对一个博弈参与人来说，在信息完备或信息不畅的博弈环境下作出的行动策略选择可能完全不同。

（三）复双重博弈结构机理下的信息依赖

博弈论认为非合作博弈都会有至少一种均衡解的存在，而纳什均衡作为“完全信息静态博弈解的一般概念”，[2] 是各种类型的博弈均衡解的基础。纳什均衡是指这样一种状态，所有参与博弈的人都选择对自己而言最优的战略，所有参与人的最优战略组成了战略组合，在这种状态下，对所有参与人来说已经给定了其他人的战略，没有任何单个参与人再产生选择其他战略的愿望，也没有参与人希望打破这种均衡。[3] 在诉前程序涉及的几方当事人之间复双重博弈中有一个关键环节，即信息的充分交换。行政处罚决定作出过程、行政执法过程的公开、检察机关对行政机关行政违法或不作为问题的发现、决定立案到发出检察建议前、检察建议发出后、行政机关回复及整改过程，信息交换将起到重大的程序推动和行为激励作用。

从违法行为发生之时起，到违法行为得到应有的处理，被损害的公

---

〔1〕 近几年，各地在政府及其职能部门的年度法治政府工作考核中都将是否积极采纳法、检两院的司法建议、检察建议作为考核指标。

〔2〕 张维迎：《博弈论与信息经济学》（新1版），格致出版社、上海三联书店、上海人民出版社2012年版，第33页。

〔3〕 参见张维迎：《博弈论与信息经济学》（新1版），格致出版社、上海三联书店、上海人民出版社2012年版，第8页。

共利益得以修复，不仅涉及行政机关与检察机关之间的信息交换，还涉及新闻、社会公众对行政违法行为的报道和反馈。如果信息交换能够及时充分且尽量全面，行政相对人的违法行为就能够更早地得到处置，行政执法问题越早得以纠改，公共利益也能够更早得以修复，公共利益的保护成本就越低。

诉前建议有利于降低成本，但为什么还有一些案件仍然会进入诉讼程序呢？这是因为行政机关作出了非理性决策。根据博弈论原理，之所以进入诉讼，是因为行政机关的错误预期，对检察建议以及公益诉讼结果的错误预期。也就是说，其表现出的是相当的乐观主义。同样，检察机关选择提起诉讼，也是因为对结果的乐观估计。“如果原告的预期判决价值超过被告的预期判决价值的话，双方都具有相对的乐观主义”，[1] 如果行政机关对判决结果有错误的乐观主义，将导致其将拒绝检察机关提出的纠正违法行为、督促整改的要求。而错误的乐观主义也会使检察机关拒绝接受行政机关不符合预期的回复和整改，决定进入诉讼阶段。也就是说，对于诉讼结果相对的乐观主义会使诉前建议的落实更为艰难。相反，如果双方认为他们在诉讼中能够得到的收益比他们将会付出的成本要小，诉前建议的成功率就会大幅上升。

二、诉前程序如何最小化社会成本

考特和尤伦在对程序法进行经济分析时引用了威廉·莎士比亚《亨利六世》中篇的一句台词“我们需要做的第一件事情就是——杀死所有的律师”，原意并不是要杀死律师，而是说，法院在案件审理过程中需要遵循法定的程序对案件事实和法律适用作出判断，而有时程序会显得没有必要甚至多余，花费大量的诉讼成本。但从律师的角度，程序有着非比寻常的意义，所谓正义往往是昂贵的。法律程序的严谨不可逆可能就

---

〔1〕［美］罗伯特·考特、托马斯·尤伦：《法和经济学》，史晋川、董雪兵等译，格致出版社、上海三联书店、上海人民出版社 2012 年版，第 386 页。

是正义无法避免的成本,但可否在法律程序设置中预先考虑节约成本问题,以成本最小化作为程序设计的目标呢?

"法律成本是法律运作整个动态过程所付出的代价",[1]法律程序属于将一项法律制度从静态的制度规则转向动态的实际运作过程的载体,这一过程中所付出的代价就是社会成本。简单的社会成本度量方法,为分析程序规则和实践提供了有益的参考。社会成本等于管理成本和错误成本之和。检察机关立案、调查核实、制发诉前检察建议、行政机关按照检察建议要求组织内部整改、向上级机关汇报、邀请专业人员出具专家意见、送技术鉴定部门出具鉴定意见、作出回复等过程都需要花费人力、物力、财力和时间,这些都属于管理成本。如果诉前检察建议的内容错误,不存在违法履职情形却提出了整改建议,或者仅是工作瑕疵,只需口头提醒即可自行纠正,又或者建议对象错误,属于甲单位法定职责内事项却向乙单位提出建议等,都会产生错误成本。社会成本度量用SC表示,管理成本用Ca表示,错误成本用C(e)表示,假定诉前检察建议程序的经济目标就是最小化管理成本和错误成本之和,最简单的社会成本度量公式即 $\min SC = Ca + C(e)$。

通过前面章节的分析可知,如果行政机关在接到检察机关向其发出的诉前检察建议后,能够及时纠正履职违法问题,受损的公共利益得到了全面修复,就能够避免案件进入行政公益诉讼程序,相应地就节省了行政机关、检察机关、审判机关在整个案件审理过程中付出的管理成本。所以,诉前程序对于降低整个社会成本的价值是毋庸置疑的。在这一部分,笔者不将诉前程序与诉讼程序放在一起进行比较,只分析在单纯的诉前程序中如何降低社会成本问题。

(一)降低管理成本

1. 需要考虑诉前检察建议内容的具体程度。《行政诉讼法》和《检察公益诉讼司法解释》只规定了行政公益诉讼应履行诉前程序,检察机关

---

[1] 钱弘道:《法律的经济分析》,清华大学出版社2006年版,第109页。

在起诉前必须先行向行政机关提出建议纠正违法行为的诉前检察建议，但对于诉前检察建议的制发程序、内容结构等，并没有作出更为明确的规定。最高人民检察院2019年2月重新修订实施的《人民检察院检察建议工作规定》，针对检察建议这一法律文书类型提出了必须遵循的原则，即严格依法、准确及时、必要审慎、注重实效的原则，并要求文书内容要包括案件来源、经调查核实认定的案件事实及其证据、存在的违法情形或应当消除的隐患、具体建议内容及依据、异议期、回复期等。检察系统内部工作要求是检察建议要做到“明确具体”“有操作性”，理论界多数也存在这种认识，如认为“提出检察建议应建立在充分调查核实的基础上，且与提起公益诉讼时诉讼请求的主要内容基本一致”。[1] 但在办案实践中经常会遇到的问题是，检察建议书要明确具体列举行政机关行为的违法问题，需要开展全面翔实的调查取证工作，需要耗费大量的人力、物力、财力，且很多生态破坏、污染环境类案件的取证也需要一定的周期。当然，检察建议书作为一类检察法律文书，应当包括事实认定、法律依据及在此基础上向被建议单位提出的工作要求。检察机关在履行职责中摸排到国家利益或社会公共利益受到侵害的案件线索后，经过初步审查评估，认为是真实可查的，就要启动立案程序。立案后，检察机关全面开展调查核实，对调查取证的事实和法律依据进行审查。诉前检察建议书承载的任务就是根据充分有力的证据论证具体行政行为的违法情形，提出的违法问题要有针对性和说服力，否则，行政机关也不会从内心接受和信服检察机关的监督行为。因此，诉前检察建议书要论证行政机关的违法行为造成了国家或社会公共利益的损害，必要的收集、查明、证实的过程是不可或缺的。诉前检察建议书的具体明确程度就取决于检察机关在诉前程序阶段调查取证的深入程度。

那么，制发诉前检察建议前的调查取证要达到什么样的程度呢？一

---

〔1〕 张晓飞、潘怀平：《行政公益诉讼检察建议：价值意蕴、存在问题和优化路径》，载《理论探索》2018年第6期。

般行政公益诉讼案件的调查取证思路是,以国家利益或者社会公共利益受到损害为切入点开展调查,查明怠于履职或违法履职的行政主体及其职责范围,查实涉案行政主体具体行政行为在依据、内容、程序方面的违法点。首先,为证明行政机关对损害公益的行为作出行政处理的法定职责,需要查找法律依据、涉及行政机关职权和机构设置的文件或者政府权力清单,为证明损害公益的行为达到行政处罚的标准,需要收集相关的法律法规、行业规范等。其次,为证明行政机关的具体行政行为违法,需要调查行政执法的方式和具体环节,分析行政处理决定在作出程序、事实认定和法律适用中的违法情形。在实践中存在行政机关履行了部分职责,针对违法行为采取了一定的处理措施,但由于没有穷尽所有可采取的监管措施或没有采取适当监管措施未达到有效监管目的等情况。比如,针对生产销售有质量问题的食品行为,市场监管机关只采取行政罚款的方式,没有采取责令召回、停产停业、没收违法所得、吊销证件等进一步的措施和手段,公益受损的状态一直持续,属于法律适用不完整。最后,为证明国家利益或社会公共利益受到侵害的事实及状态,需要委托鉴定评估、勘验现场、咨询专业意见等。比如,委托鉴定机构鉴定环境污染案件中污染排放物的属性、食品药品案件中食品药品的流通性和危害性,勘验环境污染的现状,调查询问走访违法企业人员和周边群众等。此外,为拍摄视频资料还需要技术部门派员协助,为防止调查取证中发生干扰妨害调查行为的问题,需要司法警察协助调查。但是,从诉前程序设置的目的看,有些调查取证措施和内容未必有那么大的必要性。

行政机关位于保护公益的第一顺位,而且环保、资源、食药等执法机关的行政监管内容庞杂,专业化、精细化程度较高,检察机关作为司法办案机关,并不擅长解决专业执法问题,即便通过调查取证能够查明行政机关的监管职责、行政处理措施、过程等,但很难了解行政机关内部程序规则和执法中的一些具体考虑因素,很多时候会出现调查资源的浪费。比如,为确认环境污染排放物的属性、不符合质量安全要求的食品危害性，检察机关需要委托第三方鉴定机构支付高额鉴定费才能获得鉴定结果，可这些鉴定如果由行政执法机关交由系统内的鉴定部门去做并不需要鉴定费用。因此，制发诉前检察建议前的调查取证只需要达到能够提示行政机关存在违法履职或怠于履职造成公益受损的事实即可，检察建议书中列举的证据只需要能简单说明一些相关事实即可。当然，诉前检察建议书有关行政机关存在违法情形的事实列举要有完整性，要完整地列举行政机关履职中存在的所有违法情形，但对其证明力的要求无须太高。诉前程序阶段检察监督的作用只是提示、警示行政机关具体行政行为存在问题，建议其启动自纠程序，如果行政执法机关有不同意见，有权提出异议。即便之后案件进入了诉讼程序，也应当由行政机关针对检察机关提出的证据一一质证。

诉前检察建议书要求针对行政机关的违法行为提出有针对性的纠正建议，但也需要准确把握建议内容针对性的程度。针对性的要求是相对于建议内容过于概括和笼统而言，如有些检察建议书无论何种案由、具体案情如何，一律公式化地提出“请依法全面履行法定职责”显然是不合适的。检察建议书提出的具体建议要求应当与指出的行政行为违法情形具有对应性，如提出责令立即停止生产、停止违法行为、穷尽所有监管手段履行职责、督促违法行为人及时修复受损害的公益等，但对于行政机关应该采取哪些具体的行政处理措施、按照高限进行行政处罚、采取什么形式的修复方案等都属于行政机关自主判断权，检察建议书建议内容如果涉及这些，就属于不当干预行政权。

2. 确定适当的被建议对象。我国行政组织体系较为庞杂，包括政府及其组成部门、派出机关、派出机构、内设机构、直属机构、分支机构、受委托的组织机构等。随着各级行政机关全面推行机构改革，涉公益诉讼的行政执法机构职能分布发生了很大改变。由于基层检察机关对行政机关机构地位、职能设置不了解，也会出现诉前检察建议发错对象或少发、多发的问题，造成了司法资源的不当耗费。

关于派出机构能否成为诉前检察建议的被建议对象问题，标准应当是派出机构有没有得到法律法规和规章授权以自己的名义行使行政职能。如工商所就有权以自己的名义对个体工商户和集市贸易中的违法行为进行处罚,具有一定的执法资格,享有行政法规授予的行政监管职能,检察机关可以直接对其制发检察建议。关于内设机构,也不能一概否定其主体资格,在享有法律法规或者规章授权执法资格的情况下,同样可以成为被建议对象。有些垂直管理机构,如地方海事部门,虽然不是地方政府的组成部门,但也具有对特定水域的监督管理职责,可以成为被建议对象。也就是说,派出机构、内设机构、垂直管理机构等,只要根据法律法规规章授权具有一定的执法资格,在诉前程序阶段都可以成为被建议对象。有些案件在制发检察建议时会遇到涉及两个或两个以上行政机关的履职问题,如本章第三节将做具体分析的吉林省延边市人民检察院办理的一起涉及医院不当处置医疗废物的行附民公益诉讼案件,卫生行政部门、环境卫生部门对不当处置医疗废物问题都具有相应的监管职责。在监督的全面性和完整性上,就需要根据不同行政机关的监管职责,分别提出诉前检察建议。当然,有些共同行政行为行使监管职能时具有阶段性,不同的行政机关在不同的阶段负责不同的工作,先后衔接,共同完成一项工作。如在违法发放农业补贴、扶贫补贴造成国有财产损失的案件中,农业部门、扶贫部门负责受理申请、审批、验收等工作,财政部门负责根据这些职能部门的审批结果发放补贴资金,办案时就需要确定造成国有财产不当流失的原因是出现在申请审批环节还是发放环节。有时,同一个案件涉及的不同行政机关职能之间具有主从性,这时,就需要分析履行协助管理职能的机关行为与最终的公益损害后果有无关联,如有,就在其关联范围内承担责任。涉及两个或两个以上执法机关职能的案件,需要全面审查不同机关的职能重叠与交叉情况,提出建议的对象要和指出的违法情形及修复受损的公共利益处理措施一一对应,避免出现选择性监督问题。在确定诉前检察建议对象时要考虑诉前检察建议的对象和建议内容与起诉时的被告和诉讼请求内容相对应,如果制发诉前检察建议时遗漏了被建议对象,在后续起诉时也会出现应诉而不能诉的问题，只能由法院在庭审时将其他有监管职责的行政机关追加为第三人，无端增加了诉讼成本。

（二）降低错误成本

假定行政公益诉讼案件起诉后，法院判决的结果和诉前程序发出检察建议的结果一致，由于假定建议督促整改的结果和判决执行的结果一致，那么诉前建议的错误成本（如果存在错误的话）等于诉讼的错误成本。仅从错误成本上考量，诉前程序的前置能够使有可能出现双倍的错误成本减少一半，所以说，与诉讼结果一致的诉前程序相应地减少了错误成本，进而降低了社会成本。

如果能够杜绝或者尽量减少产生错误成本的可能性，压缩整个社会成本的可能性也会相应提高。为了得到一个尽可能减少错误可能的结果，将可能出现的错误最小化，就需要考虑每一个程序阶段参与主体所拥有的信息。在现实中，检察机关、行政机关、违法行为人并不拥有完全信息，使得各方主体在对自己的行为作出决策时可能存在错误。然而，随着信息状况的改善，诉前程序可能的错误也会逐步减少。最高人民检察院要求加强协作沟通，实质就是主动信息披露。那么，信息交换是自愿还是非自愿呢，交换的信息范围是否有所限制，一方是否有权利了解对方不愿意透露的信息呢？从整个社会需求的角度看，自愿和非自愿信息交换哪一个更有助于违法行为得以纠正和整改就应当采用哪种方式。从检察机关角度来看，在一般情况下检察机关会尝试通过在审判之前的自愿信息交换来纠正另一方的相对乐观主义，从而促成整改。当然，也会隐瞒能够纠正行政机关所持有的相对悲观主义的信息，从而促成检察建议的落实。在披露信息以纠正另一方错误的悲观主义态度后，披露方所能得到的另一方愿意接受的条款将会变差。这些事实往往使检察机关试图隐瞒能够纠正行政机关错误的悲观主义态度的信息，因为“纠正错误的悲观主义态度会降低某一方在谈判中做出不必要让步的可能性”,[1]如果诉前程序要求检察机关必须披露掌握的所有信息,即信息披露是非自愿的,检察机关试图隐瞒的信息将被揭开,从而纠正行政机关对案件结果预测方面错误的悲观主义态度。如果在诉前程序中建立检察机关和行政机关强制披露所有信息的规则,双方就都能够得到纠正自己的相对悲观主义的信息。但检察机关和行政机关获得悲观主义信息后的反应是不同的。对检察机关来说,造成行政机关未依法履职,公益受损的原因中客观原因相对较多,如受损害的公益恢复难度较大,行政机关并非主观不履职,主要是上级机关的决策错误不当干预等问题造成及时纠正违法行为阻力较大等,都属于相对悲观主义信息。这些信息会对检察机关作出制发检察建议或提起诉讼的决策造成影响,获得的信息越多,检察机关在诉前程序中认定事实和适用法律也会更加慎重,提出的检察建议内容会更有针对性和可操作性。所以,从检察机关方面来说,强制的全面信息交换规则虽然会增加部分管理成本,但产生错误成本的可能性会降到最低。对行政机关来说,检察机关掌握了足够多的行政行为违法证据,公益受损害程度严重,事件受到媒体舆论、社会各界的负面评价,法院以往对类似案件的败诉判决等都属于相对悲观主义信息。强制的信息交换将纠正行政机关错误的乐观主义,诉前建议就更易落实。从最小化社会成本角度看,强制的信息交换可以避免诉前程序产生错误成本,即便检察机关可能会增加部分管理成本,但从整个社会公共资源配置上来看还是有利的。

所以,在诉前程序阶段,建构有效的信息交换规则是十分必要的,福建省长乐市检察机关在实践中探索出的圆桌会议机制在促进诉前程序阶段的信息交换、提高诉前程序效率方面就很有意义。[2] 行政公益诉讼

---

[1] [美]罗伯特·考特、托马斯·尤伦:《法和经济学》,史晋川、董雪兵等译,格致出版社、上海三联书店、上海人民出版社2012年版,第388页。

[2] 参见《福建省检察机关首创公益诉讼诉前圆桌会议机制效果显著》,载闽南网2019年2月19日,http://www.mnw.cn/news/fj/2128638.html。

诉前圆桌会议机制，是指由检察机关组织被监督机关、其他与整改工作职能相关行政机关或机构、社团组织、公众代表围绕治理受损害的公益开展的协作工作机制，旨在促进各职能部门和社会各界在公益问题治理中的合作，针对发出诉前检察建议后被监督机关因气候、环境等客观原因存在整改困难，或者全面恢复公益涉及多个职能部门共同履职等情况，由检察机关基于对案件本身的了解，组织召集相关职能部门、社会组织、公众代表以圆桌会议方式共同研究、商议提出解决方案并促进落实的工作机制，旨在促进被监督机关及时履职纠错，推动公益受损问题得到及时有效解决。

根据福建省高级人民检察院关于建立行政公益诉讼诉前圆桌会议机制的规定（试行），召开诉前圆桌会议，由收到检察建议的被监督行政机关向检察院提出申请，参加主体包括与被监督行政行为有利害关系，或者与案件处理结果有利害关系的公民、法人或者其他组织，并可以根据情况邀请人大、政协相关机构、政府相关职能部门、基层组织或群众代表、专家学者、鉴定评估等专业技术人员参加。圆桌会议先由被监督行政机关提出整改方案，阐述存在的困难和问题，在检察院的组织下听取其他参加会议人员的意见建议，对整改方案进行磋商，最终形成确定的整改方案。检察院就整改方案的落实跟进监督，经诉前圆桌会议未能达成整改方案或没有落实的，检察院依法提起行政公益诉讼。

诉前圆桌会议机制是促进多方主体在诉前程序阶段进行信息交换、充分交流的有益探索，最高人民检察院也将诉前圆桌会议机制评价为“以最少的司法投入获得最佳的办案效果”。[1]

---

〔1〕 张仁平、林道雨：《检察机关行政公益诉讼诉前圆桌会议机制探索推行纪实》，载正义网2019年7月18日，http://news.jcrb.com/jxsw/201907/t20190718_2024819.html。

三、如何使公益保护效用最大化

(一)实现效用最大化的均衡条件:诉前程序监督数与起诉数的最优比

在微观经济学中,无差异曲线和预算线的切点就是消费者效用最大化的均衡点,假定存在两个能够满足消费者需求的商品,无差异曲线斜率的绝对值就是两个商品的边际替代率 MRS12,预算线斜率的绝对值可以用两个商品的价格之比 P1|P2 来表示。均衡点 E 就是 MRS12 = P1|P2,这是消费者效用最大化的均衡条件。[1]

下面,借助微观经济学中消费者效用最大化的均衡条件原理,用图示(见图 2-1)来具体说明行政公益诉讼中诉前程序监督数和起诉数的最优组合选择问题。

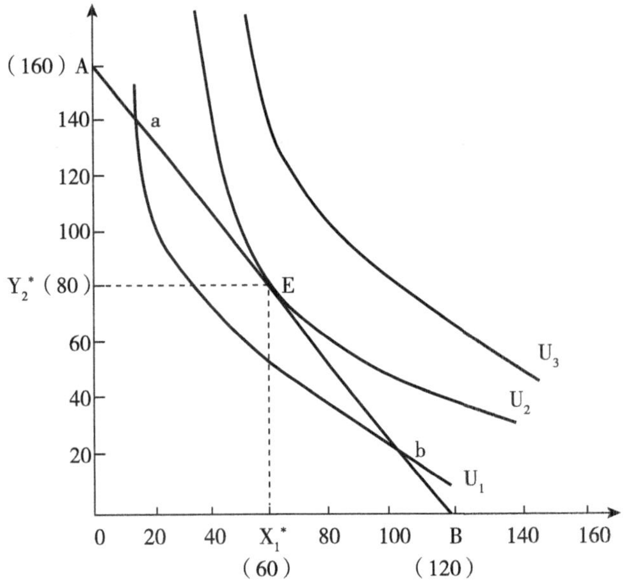

图 2-1 诉前程序监督数和起诉数的最优组合

[1] 参见高鸿业主编:《西方经济学》(微观部分·第 7 版),中国人民大学出版社 2018 年版,第 75~77 页。

在行政公益诉讼中，假定社会对公益保护的需求恒定，在公益保护成本确定的情况下诉前程序和诉讼程序属于能够获取同样收益的两种检察监督程序，两种程序案件的数量、比例维持到什么水平时能够达到最佳的成本收益比呢？根据效用最大化的均衡条件理论，找出能够达到公益保护效用最大化的最优诉前程序监督数和提起诉讼数组合，就实现了效用最大化的均衡条件。

在一段时间内社会对公益保护需求恒定的假定条件下，会形成由无数条无差异曲线构成的无差异曲线簇，为简化分析，我们只抽取三条无差异曲线 U_1、U_2、U_3 在图中表示，在无差异曲线上任一点上获取的公益保护收益都是相等的。假定社会能够承受限度内诉前程序和诉讼程序成本比是 3∶4，就形成了一条预算线，即 AB 线。预算线 AB 与无差异曲线簇中的任意一条曲线有可能相交，也有可能相切，但根据微观经济学原理，在预算线与无差异曲线的相交点上，虽然也意味着既定的社会成本条件可以承担相应点上的两种程序组合，但是，在相交点上得到的效用水平并不是最大的。只有在预算线 AB 与无差异曲线的相切点上，社会公益保护需求才能在既定的社会成本约束下得到最大的满足。由图 2－1 可知，该点就是预算线 AB 与无差异曲线 U_2 的相切点 E。也就是说，E 点就是在当前社会能够承受的成本支出条件下，实现公益保护效用最大化的均衡点。E 点指向的 X_1 和 Y_2 就是提起诉讼数和诉前程序数的最优组合。

在切点 E，无差异曲线和预算线的斜率是相等的，无差异曲线斜率的绝对值就是诉讼程序和诉前程序的边际替代率 MRS12，诉讼程序和诉前程序的成本之比 P1|P2 来表示，由此得出，公益保护效用最大化的均衡条件就是 MRS12＝P1|P2。

进一步解释如下：在一定的社会成本约束下，行政公益诉讼要实现最大效用，诉前程序和诉讼程序案件比要实现数量上的最优组合，这就是两种程序结案的案件量边际替代率要等于二者的成本之比。此即，在效用最大化的均衡点上，检察机关用某一单位的诉前程序（诉讼程序）去

替换诉讼程序(诉前程序)的数量(MRS12),应该等于国家财政能够负担的用某一单位的诉前程序(诉讼程序)去替换诉讼程序(诉前程序)的数量(P1|P2)。

只有当检察机关将两种程序结案的案件数量调整到相当于适用两种程序支出的成本之比时,行政公益诉讼的数量和效用之间才会处于一种均衡状态,在这种状态下,既不用再增加也不用再减少某一类程序的案件量,这就是案件量的均衡条件。如果诉讼程序和诉前程序案件的数量比大于成本之比,检察机关就应当减少提起诉讼的案件量,增加诉前程序的案件量,逐步达到均衡点 E。如果诉讼程序和诉前程序案件的数量比小于成本之比,检察机关就应当减少诉前程序结案量而增加提起诉讼案件量,逐步达到均衡点 E。

(二)厘清提起诉讼的审查判断标准

1. 在"是否依法履行职责"的判断标准方面。在判断行政机关"不依法履行职责"时,对行政机关法定职责的依据来源应该只有法律法规及相关规章,但目前地方检察机关在办理案件时除了按照法律法规规章确定被监督机关的法定职责,还根据地方政府制定发布的权力清单和涉及行政机关机构设置、职权的文件规定。行政公益诉讼涉及的行政机关不履行法定职责行为,是指具有法律授权行政执法资格的机关基于特定的事实和条件应为而不为具体法定义务的行为,其不履行义务的具体行为直接造成了国家或社会公益的损害。因此,如果没有法律法规及相关规章明确规定该执法机关的具体执法方式、程序和内容,仅凭地方政府制定发布的权力清单或机构设置文件要求执法机关履行职责的,不符合行政权合法性行使的原则。在确定了某一行政机关基本执法职能的基础上,如果无法判断是否与其他行政机关存在职能交叉或者是否发生了职能调整等,可以参照地方政府权力清单和机构设置的规范性文件进行进一步甄别。检察机关认定行政机关是否履行法定职责的"法定",只能是法律法规规章对行政机关执法职能的明确规定,从诉前程序转入诉讼程序阶段,检察机关的判断依据只限于此,至于行政机关是否完全按照检察建议的内容进行了整改更不是判断行政行为合法与否的依据。

在检察机关的办案实践中，启动诉前程序阶段重点考虑的是行政机关形式上的履职情况，在诉前程序转向诉讼程序时一般侧重于审查行政机关是否从实质上恢复了受侵害的国家和社会公共利益。这样的审查判断标准虽然在一定程度上便于检察机关在短时间内作出行为决策，但在本质上限缩了"两阶段标准"，不利于其深入践行。比如，在违法行为人积极消除不利影响，行政机关及时采取行政措施组织恢复生态环境损害的情形下，仅因为在检察建议要求的履行期间内未完全恢复生态就提起行政公益诉讼，可能就有操之过急的嫌疑。如果行政机关履行了一部分法定职责，但没能够避免生态环境受损害的后果，未整改到位的，应该认定未依法履职还是未完全履职？再如，企业未经环保审批生产有一定污染危害的产品，环保局应发现未发现，未对该违法行为采取行政处理措施，检察机关制发检察建议后环保局作出责令停止违法行为和行政处罚的决定，没有进一步采取其他措施，最终未能彻底治理环境污染，是否属于不完全履职等，需要根据不同案件事实作出具体处理。

在实践中，启动诉前程序的标准不应当只侧重于对行政机关违法行使职权或不作为的形式性判断，一出现行政机关违反法律法规明文规定不作为或乱作为，对先行行为引发的作为义务未作为，辅助义务未履行到位等情况，为警示行政机关维护国家和社会公共利益就径直启动诉前程序也并不合适。无论是启动诉前程序，还是诉讼程序，都应当以形式性判断和实质审查相结合。当然，在诉前程序启动上，可以更加侧重于形式判断，在公益损害程度的实质性判断上，标准不用太高，出于成本考量，在调查核实程度、证据标准的把握上都可有所降低。在行政公益诉讼案件从诉前程序进入诉讼程序的司法标准上，检察机关和法院都应当采取形式性判断和实质审查相结合，更侧重实质性的把握标准。以"国家和社会公共利益未完全恢复"为核心判断依据，区分未履行、部分履行、积极履行但未达到根治效果三种情形。其实，在诉前检察建议发出后，行政机关完全不采纳检察建议提出的意见，对违法行为不立案调查也不采取任何措施予以纠正的完全不履职现象极少,大部分情况属于有监管职责的行政机关能履职却怠于履职的情况,如没穷尽运用所有监管手段,作出责令停止违法决定书后,没有根据违法行为持续情况继续采取罚款、责令停产停业等处理措施。不能将拒不纠正违法和不履职狭隘理解为行政机关完全不纠正违法和完全不履职,还应当包括纠正了一部分但没有完全纠正,特别是在不履职的情形中,还有一些行政机关不完全履职、不及时履职的情形。不完全、不及时履职表现为行政机关没有按照法定的时限步骤履行职责、怠于履职、履职不到位、对违法行为处置不力、未申请执行,导致监管目的没有实现等。例如,企业未经环评许可、无排放许可证、无污水处理设施,环保局却未对其进行处罚或仅收取了罚款,没有让排污企业彻底进行整改,水污染状态一直持续的情形。在判断行政机关构成不完全履职时,既要尊重行政机关的自由裁量权,也要为尚待行政机关查清的事实留有余地。

在行政机关不履行法定职责的形式判断上,要区分主观上不为还是客观上不能为。不能简单以受损害的公益是否完全恢复,行政相对人的违法行为是否已经停止等事实上的效果来判断行政机关是否构成未完全纠正违法行为。如土地管理机关针对相对人将农用地违法改为建设用地的行为作出限期拆除非法建筑物的行政决定,环保机关对相对人超过环保限定标准排放污染物的行为作出责令限制排放的行政决定,不能因为只要到期后土地上非法建筑物没有被拆除,排放污染物的行为没有停止而直接认定行政机关构成履职违法,因为在缺乏法律明确授予强制执行权的情况下,行政机关需要按照法定的期限、条件、程序和方式履行职责。

2. 在"受损害公共利益是否得以修复"的判断方面。对受损害公共利益是否得以修复的实质性判断上,不宜采用单一的结果审查标准。最高人民法院、最高人民检察院在 2018 年出台《检察公益诉讼司法解释》时将行政机关收到检察建议后的履行职责期限从 1 个月延长为 2 个月。在很多生态环境类行政公益诉讼案件中,被毁坏的生态资源、被污染的环境很难在短时间内得到明显的修复,以结果论断的标准不适应很多案件在

2个月内无法修复完毕的客观实际。即使行政机关的整改行为未在短期内取得明显效果，也不应马上提起诉讼。在判断被诉行政机关是否依法履职时，应考虑行政机关接到检察建议后是否针对违法行为立案并开展调查，作出行政处罚决定后是否存在2个月内无法完成整改的客观障碍。一些涉及恢复林地或草原植被、治理土壤或水质污染的案件，整改效果与季节气候、土壤条件等因素直接相关，如果是由于这些客观因素导致行政机关无法完全整改的，不应直接认定为未依法履行职责。在特殊情形下，即便行政机关依法履行了监管职责，也可能无法实现对公共利益的全面维护，对于一些特殊形式的损害公共利益的行为，相关法律和行政法规在制定时可能未能预见，没有授予相关行政机关相应的执法权。因此，如果行政机关穷尽所有的监管手段履职，依然存在公益受损的情况，就不应提起诉讼。行政机关对违法行为人进行行政处理，造成危害的违法行为人按照行政机关的要求履行义务都需要一定的时间，如果行政机关已经发出通知书、处罚决定书等，危害状态已经被制止的，不建议对之进行诉讼。

综上，在判断"受损害公共利益是否得以修复"时，更宜适用实质性合法审查标准，判断受损害结果是否处于持续状态这一行为结果时，单一的结果审查既不客观，也不利于充分发挥执法机关的资源配置作用。应当将损害结果的判断和是否履职的判断相结合，为执法机关自行配置执法资源留有一定空间，只要行政机关采取了应尽能尽的履职措施，及时制止了公益损害状态，受损害的公益显现出明显的改善趋势，就不宜启动诉讼程序，避免产生不必要的诉讼成本。

（三）明确诉前检察建议的提出期限

在开始试点至今近6年来办理的行政公益诉讼案件中，有很多积压多年的陈案旧事，涉及地方政府政策变动、行政机关人员岗位变化及违法相对人众多或无法查找等复杂问题。检察机关从获取线索立案到正式提出诉前检察建议，需要反复沟通，多次往返，需要耗费大量的人力、物力、时间调查收集证据。对于行政公益诉讼的起诉期限，无论是检察院或法院，还是理论研究者，都赞同从行政机关回复检察建议之日或回复期满日起计算行政公益诉讼起诉期限，具体期限适用《行政诉讼法》规定的6个月起诉期限。考虑在诉前程序阶段，一些公益损害需要职责相关的职能部门相互协调、配合整改，且一些生态环保资源损害的恢复需要较长的时间，行政公益诉讼起诉期限应当适用中止、中断的规定。对于诉前检察建议的提出期限，目前立法和司法解释均无规定，为避免行政法律关系无限期处于不稳定状态，应该通过司法解释填补这项制度的立法空白和漏洞。但在诉前检察建议提出期限的把握上，要充分考虑公益保护必要性和检察机关线索发现迟缓的客观性，从检察机关"知道或者应当知道"违法行政行为造成公共利益受损害起计算提出检察建议期限，具体可规定为3～5年。

（四）建立声誉和绩效双重激励机制

公共选择学派认为，对于公共官僚来说，工资与提高工作效率并不相关，甚至可能反向相关，公共机关的特点就是效率的外在控制和内在的激励很弱。[1] 如果官僚没有追求更大效率的财政刺激，什么才与效率有关呢？来自上级部门和社会公众的激励都可能由于博弈的长期性而转化为强激励，同时推动行为人的策略选择。[2] 在公益保护最大化这个既定制度目标下，应当以诉前程序所有参与主体的行为策略预测为基础，寻找适合的法律规则来进行程序推动和行为激励。在诉前检察建议监督场域建立有效的激励机制，使行政机关意识到与其对检察建议采取漠视、冷处理，或者通过费心查找检察建议的瑕疵、疏漏作为抗辩理由所得到的期望价值，远不如与检察机关形成积极互动所得到的期望价值大，行政机关就会有积极性选择主动回应检察建议。因此，有效的激励机制能够对行政机关与检察机关的长期重复博弈行为形成正向激励，实现检察机关、行政主体间的激励相容，间接提升行政执法行为的质量，为

---

〔1〕 参见［英］丹尼斯·C.缪勒：《公共选择理论》，韩旭、杨春学等译，中国社会科学出版社2010年版，第398页。

〔2〕 参见吴元元：《双重博弈结构中的激励效应与运动式执法——以法律经济学为解释视角》，载《法商研究》2015年第1期。

实现公共利益保护最大化扫除障碍。

博弈论者在研究不完全信息重复博弈中的合作行为时提出了一个称作 KMRW 模型[1]的声誉模型。通过对囚徒困境原理的进一步证明,得出在合作行为中,参与人彼此之间掌握不完全信息对最后产生的均衡结果有重要影响,只要博弈重复的次数足够长(当然没有必要是无限次数的),合作行为就会出现。囚徒困境之所以被称为困境,是由于需要参与人合作才能解决问题的博弈中欺骗是可以得到回报的,理性行为人极有可能选择欺骗。但是,在合作博弈中,如果某一方冒着风险选择不合作策略,忽略别人过去所作的选择和当前的选择,"就会暴露出自己是不合作型的,从而会失去获得长期合作收益的可能",[2]所以即便其在本意上并不想合作,也会因为激励信息的影响作出使自己当前客观获益最大的策略选择。这个声誉模型证明的原理完全可以运用在激励行政机关主动履行检察建议上。行政机关、检察机关、公众对彼此偏好的信息是掌握不完全的。但出于声誉的考量,行政机关接到检察建议后可能还是会选择积极履职,即便其任期有限。对于行政机关及其负责人而言,上级机关的考核评价、公众、媒体的舆论评价对其有着重要影响,如果未按照诉前检察建议要求及时纠改违法行为而被检察院提起行政公益诉讼,无疑会对其声誉造成不良影响。可将行政机关是否及时、主动回复检察建议和积极整改纳入一级政府年度考核指标。考核要针对不同执法领域的职能部门分层分类进行,考核指标根据回复检察建议、整改、组织恢复受损害公共利益的及时性、主动性、全面性等情况设置正向指标和反向指标。对于出现正向指标的,在政府年度考核中予以加分;对于出现反向指标的予以减分,出现故意拖延、制造障碍、谎报整改的情况,对其年度考核一票否决。在行政机关及工作人员的工作绩效评估中增加对诉前检察建

[1] 克瑞普斯、米尔格罗姆、罗伯茨和威尔逊(Kreps, Milgrom, Robertsand Wilsom, 1982)的声誉模型。

[2] 张维迎:《博弈论与信息经济学》(新1版),格致出版社、上海三联书店、上海人民出版社2012年版,第219页。

议回应和落实情况的考核,检察机关对诉前检察建议制发后行政机关纠正情况的评价和判断就会成为一种强激励,行政机关就会主动选择与检察机关保持内在稳定的合作博弈状态。将诉前检察建议回应和落实情况作为对行政机关的考核指标,会进一步体现在机关负责人和执法人员的工作考核上,成为相关人员工作评价和晋升考核的重要依据,也能形成强激励。

在对工作绩效进行激励约束的同时,要建立公益保护信息平台,对行政机关及其执法人员形成声誉激励约束。行政机关对生态、环保、食品质量等执法领域公共执法的相关信息、接受检察机关监督的态度及整改纠正情况如果只在检察机关和政府机构体系之间流通,即便纳入对政府及职能部门的机关工作绩效考核,激励效果也是有限的。如果建立了公益保护信息平台,将所有信息集向社会公众披露,使公众评价成为行政主体绩效评定的重要影响因子,行政机关同样需要考虑来自声誉的约束和影响,在查找监管不力的原因时经常提及的人员配置不够、机制不完善、执法手段落后、需要协调多部门等问题也会尽量运用各种可行的手段予以解决,以追求良好声誉实现自身利益的最大化。

第三节　行政公益诉讼诉前程序与生态损害赔偿诉讼的衔接

一、生态环境损害赔偿诉讼与公益诉讼之间的关联

根据党的十八届三中全会《中共中央关于全面深化改革若干重大问题的决定》提出的“对造成生态环境损害的责任者严格实行赔偿制度”,中共中央办公厅、国务院办公厅于 2015 年 12 月 3 日联合发布《生态环境损害赔偿制度改革试点方案》(中办发〔2015〕57 号),在江苏、吉林等 7 个省、市开展了为期两年的改革试点后,于 2017 年 12 月发布《生态环境损害赔偿制度改革方案》(2018 年 1 月 1 日实施),这项制度改革成果

得以向全国推广。生态环境赔偿诉讼是由省、市级政府及其职能部门作为赔偿权利人提起，突出强化造成生态环境损害的侵权人主体责任的新型诉讼，对于这一诉讼的性质，研究者提出了不同观点。[1] 笔者认为此类诉讼本质属于公益诉讼，原因在于：首先，生态环境损害赔偿诉讼以公共利益救济为目的，这一目的无法通过救济个体利益抑或国家利益的诉讼形态得以充分实现，这一点与环境民事公益诉讼并无本质区别；其次，生态环境损害赔偿诉讼请求也是以请求判令被告修复环境或赔偿损失以替代环境修复责任为主，这也与环境类民事公益诉讼提出的诉讼请求基本相同；最后，生态损害赔偿诉讼的程序规则也基本沿用了环境民事公益诉讼的程序规定。

如果将当前生态环境损害的法律救济制度作为一个整体制度安排，该制度结构呈现明显的私益救济和公益救济二元化特征。对生态环境损害的私益救济，主要由受损害方向环境侵权方提起民事诉讼的方式维护自身人身和财产权益。而生态环境损害的公益救济制度结构则由法律授权机关或组织提起的环境民事公益诉讼，检察机关提起的民事公益诉讼，检察机关以地方政府生态环境资源职能部门为监督对象的行政公益诉讼，省、市级政府及其职能部门提起的生态环境损害赔偿诉讼四大部分构成。在整个生态环境损害法律救济制度体系中，以上四类诉讼固然存在客观差异，但在诉讼目的、诉讼标的和诉讼请求等方面具有很多类似或共同点，制度安排之间相互影响、相互依赖，具有关联性。下面，分别分析生态环境损害赔偿诉讼与民事公益诉讼和行政公益诉讼这两

---

〔1〕 参见李浩：《生态损害赔偿诉讼的本质及相关问题研究——以环境民事公益诉讼为视角的分析》，载《行政法学研究》2019 年第 4 期。程多威、王灿发教授认为，生态环境损害赔偿制度是一种特殊的民事诉讼制度类型，与环境民事公益诉讼相比虽然具有保护环境公益的目的一致性，但理论基础不同，生态环境损害赔偿诉讼实体请求权的理论基础是自然资源国家所有权。参见程多威、王灿发：《生态环境损害赔偿制度的体系定位与完善路径》，载《国家行政学院学报》2016 年第 5 期。黄萍教授从原告与诉讼标的之间的关系进行论证，政府是在由他们代表和保护的属国家所有的自然资源受到损害的情况下才作为权利人起诉的，与一般民事诉讼中权利人并无二致，应当定性为私益诉讼。参见黄萍：《生态环境损害索赔主体的适格性及其实现——以自然资源国家所有权为理论基础》，载《社会科学辑刊》2018 年第 3 期。

大公益诉讼之间的关联点和衔接可能性。

(一)生态环境损害赔偿诉讼与环境民事公益诉讼之间的关联点

2013年《民事诉讼法》修改后,由法律专门授权提起公益诉讼的机关极少,[1]且在《生态环境损害赔偿制度改革方案》实施后,由法定机关提起的民事公益诉讼基本被生态环境损害赔偿诉讼涵盖,因此,本书只分析生态环境损害赔偿诉讼与检察机关、社会组织提起的环境民事公益诉讼之间的关联。

1. 在提起诉讼主体方面,省政府、设区的市政府作为生态环境损害赔偿诉讼的赔偿权利人,是原告。社会组织提起的环境民事公益诉讼原告是符合《民事诉讼法》《环境保护法》规定条件的社会组织。检察机关在公益诉讼案件中被称为公益诉讼起诉人。

2. 在适用范围方面,生态环境损害赔偿诉讼适用范围包括影响面较大、后果较严重的破坏生态资源、污染环境案件。检察机关与社会组织提起的环境民事公益诉讼案件范围不仅包括已经造成公益损害的污染环境、破坏生态的案件,还包括具有污染环境、破坏生态重大风险的案件,且在损害程度上并不要求达到"严重"程度。

3. 在前置程序要求方面,法律对于社会组织提起环境民事公益诉讼未设置前置程序。生态环境损害赔偿诉讼与检察机关提起的环境民事公益诉讼都设置了前置程序,只是形式上有所不同。提起生态环境损害赔偿诉讼之前需要经过前置性磋商程序,政府及其职能部门必须与赔偿义务机关进行磋商,经磋商无法达成一致意见的,才可提起生态环境损害赔偿诉讼。如果磋商成功双方达成了赔偿协议,需要申请人民法院进行司法确认,赔偿协议得到执行后案件即可结案。检察院提起的环境民事公益诉讼前置程序要求是发出公告,公告期内法律规定的机关和组织没有起诉时才可提起诉讼。

4. 在起诉时间方面,生态环境损害赔偿诉讼提起的时间是重大生态

[1] 如海洋管理机关。

资源损害和环境污染问题发生之后。检察机关和社会组织提起环境民事公益诉讼的时间不仅限于公益损害发生之后，认为存在具有社会公共利益受损害的重大风险时即可提起诉讼。

5. 在诉讼请求方面，无论是检察机关、社会组织提起的环境民事公益诉讼，还是政府部门提起的生态环境损害赔偿诉讼，既可以提出停止侵害、消除危险、排除妨碍、恢复原状、赔偿损失等物质性诉讼请求，也可以要求被告赔礼道歉，还可以要求法院判令被告采取替代性环境修复方式。

6. 在证明标准方面，环境民事公益诉讼要求原告举证证明存在污染环境、破坏生态的行为事实、修复生态环境损害所需的具体数额及行为与损害结果之间的关联性，法院认为有必要时还可自行调查收集证据。而在生态环境损害赔偿诉讼中，一般都需要赔偿权利人提交检测报告、监测数据等，用以证明生态环境遭受重大损害的事实，可见，其证明标准要高于环境民事公益诉讼。需要引起关注的是，虽然现行法和司法解释并未要求检察院在环境民事公益诉讼中需要承担高于社会组织的举证责任，但在实践中检察院却承担了远高于法律要求的证明义务，需要提交生态环境损害监测数据和鉴定评估报告，还需要证明赔偿义务机关的损害生态环境行为与环境污染、生态系统功能退化之间存在因果关系，在证明标准上与生态损害赔偿诉讼基本相同。

从以上分析可知，生态环境损害赔偿诉讼与检察机关、社会组织提起的环境民事公益诉讼在制度供给目标上具有一致性，都属于对环境污染、生态资源破坏造成的社会公共利益损害的司法救济制度，制度规则的部分内容存在重合。由于我国对生态环境损害之救济采用的是"'两诉'并行的'双轨制'模式"，[1]针对同一环境侵害行为，符合法定条件的环保组织、检察机关以及由省级、地市级政府及其指定的环保行政机关

---

〔1〕 彭中遥：《论生态环境损害赔偿诉讼与环境公益诉讼之衔接》，载《重庆大学学报（社会科学版）》2021 年第 3 期。

都有权通过公益诉讼途径寻求救济,关联诉讼之间存在发生碰撞的可能性。

但是,这三类民事公益诉讼制度在制度安排上属于互补性制度,同时存在可以互相弥补彼此间的制度缺漏。一方面,生态环境类民事公益诉讼证明标准较高,在诉讼中证明生态环境受损害的事实需要提交生态环境损害鉴定评估报告、专家意见等。由于检察机关和社会组织缺乏专业技术手段和能力,他们提起的民事公益诉讼在证据收集和法庭质证上往往依靠环保行政机关的专业判断。另一方面,生态环境损害赔偿诉讼适用于影响较大、后果较严重的环境污染和生态资源破坏案件,只有生态环境被破坏的程度达到了严重程度,省、市级政府才能通过生态环境损害赔偿诉讼来追究侵权人责任。在未达到《生态环境损害赔偿制度改革方案》规定的严重程度时,就需要适用检察机关和社会组织提起民事公益诉讼的救济方式。

因此,研究生态环境损害赔偿诉讼与检察院、社会组织提起的环境民事公益诉讼的关联,应将重点放在这三类诉讼在实践中是否存在衔接可能,如何衔接才可以避免生态环境损害救济过程中的资源浪费,使不同类型诉讼之间形成制度合力?

(二)生态环境损害赔偿诉讼与环境民事公益诉讼的衔接规则

基于生态环境损害赔偿诉讼与检察院、社会组织提起的环境民事公益诉讼之间的关联性和互补性,需要着重分析这三类诉讼在实践中是否存在衔接可能,如何衔接才可以避免生态环境损害救济过程中的资源浪费,使不同类型诉讼之间形成制度合力的问题。根据2019年6月5日公布的最高人民法院《关于审理生态环境损害赔偿案件的若干规定(试行)》和自2021年7月1日起施行的《人民检察院公益诉讼办案规则》,可将当前环境民事公益诉讼与生态环境损害赔偿诉讼的衔接规则归纳如下。第一,就同一损害生态环境行为,检察机关在立案审查过程中发现生态环境损害赔偿权利人与赔偿义务人已达成赔偿协议或已经提起生态环境损害赔偿诉讼的,检察机关终结该案。第二,先后或同时针对同一损害生态环境行为提起生态环境损害赔偿诉讼与环境民事公益诉讼分别立案的，如符合诉的合并条件，应由同一法院同一审判组织合并审理。第三，两种案件如不适宜合并审理，一般应先中止民事公益诉讼案件的审理，待生态环境损害赔偿诉讼案件审理完毕后，就民事公益诉讼案件未被涵盖的诉讼请求依法作出裁判。但在生态环境损害赔偿案件受理时，先受理的环境民事公益诉讼案件一审法庭辩论已经终结的，可以中止生态环境损害赔偿案件的审理，待民事公益诉讼案件审理完毕后再作处理。第四，生态环境损害赔偿诉讼案件的裁判生效后，就同一损害生态环境行为有证据证明存在前案审理时未发现的损害，由检察机关或社会组织另行提起民事公益诉讼的，法院应予受理。第五，省、市政府等赔偿权利人应按照法定程序固定和保全生态环境损害赔偿诉讼证据，以便随时向社会组织和检察机关通报和移交。

显然，上述衔接规则存在明显的诉讼经济和效率提升的考量。第一，在尚未实际发生生态环境损害的案件中，因社会组织所提起的环境民事公益诉讼可以在实际发生生态环境损害之前，即有发生生态环境损害的重大危险时就可提起，而生态环境损害赔偿诉讼只能在实际发生生态环境损害的后果之后，赔偿权利人才能提起诉讼，并不存在诉讼顺次的问题。第二，生态环境损害赔偿诉讼优先于其他关联诉讼的原因在于，生态环境损害赔偿制度旨在修复生态环境，政府作为生态环境的管理人，有首要的责任和义务维护、管理生态环境的稳定。赔偿权利人在权力结构上的优势地位也有利于率先开展索赔工作，更有助于环境民事公益诉讼等关联诉讼的开展。[1] 第三，除先行审理情形外，未被前案生效裁判覆盖的部分，不构成重复起诉，原告可以另行提起生态环境损害

---

〔1〕 南京德司达公司水域污染案就是典型的环境民事公益诉讼和生态环境损害赔偿诉讼合并审理的案件，该案发生于2016年，江苏省环保联合会先向南京市中级人民法院提起环境民事公益诉讼后，江苏省人民政府又向德司达公司提起生态环境损害赔偿诉讼。南京市中级人民法院将两案合并审理，将省环保联合会与省政府列为共同原告。参见《江苏省政府首次以赔偿权利人身份提起生态环境损害赔偿诉讼》，载央广网2017年4月26日，http://news.cnr.cn/native/city/20170426/t20170426_523727209.shtml。

赔偿诉讼或者环境民事公益诉讼。该规定可以避免发生不同主体对同一主体的环境违法行为重复追偿,造成诉讼资源的浪费。第四,根据诉讼既判力理论,对于生态环境损害赔偿诉讼与环境民事公益诉讼两类案件而言,两类生效裁判相互之间应适用完整的既判力及已决事实的免证效力。

（三）生态环境损害赔偿诉讼与行政公益诉讼的关联点

从最高人民法院和最高人民检察院发布的司法解释内容可以看出,最高司法机关对生态环境损害赔偿诉讼和公益诉讼案件交叉的关注点都集中在民事公益诉讼上,这显然源于针对同一损害生态环境行为政府、检察机关、社会组织可能同时启动生态环境损害赔偿诉讼和环境民事公益诉讼的司法现实。固然,无论是生态环境损害赔偿诉讼还是公益诉讼案件,法院只是案件进入诉讼程序以后的审理者,对于一个损害生态环境违法行为究竟是启动何种诉讼程序并无主导权和指挥权。但是,检察机关作为行政公益诉讼案件的唯一启动者和环境民事公益诉讼案件的主要启动者,对此类违法行为启动公益诉讼时选择哪一种公益诉讼类型显然具有决定权,所以在生态环境损害赔偿诉讼和公益诉讼的选择上也会拥有更多的话语权。因此,检察机关在生态环境损害赔偿诉讼和公益诉讼的衔接问题上,不应将关注点局限于民事公益诉讼,生态环境损害赔偿诉讼与检察行政公益诉讼在前置程序和诉讼请求方面也存在很强的关联性。

1. 被告方面,生态环境损害赔偿诉讼被告是污染环境、破坏生态的民事主体。检察行政公益诉讼的被告是生态环境公共利益损害监管不力的行政机关。

2. 前置程序方面,两种诉讼制度都要求向法院提起诉讼前经过前置程序,即前置程序是起诉前的必经程序。生态环境损害赔偿诉讼制度要求赔偿权利人起诉前开展赔偿磋商,经磋商与侵害人未能达成一致的,再提起诉讼。检察行政公益诉讼制度要求检察机关先向行政机关提出诉前检察建议督促纠正,经督促后行政机关仍不履行职责的,再行提起行政公益诉讼。

3. 诉讼请求方面，生态环境损害赔偿诉讼请求一般是要求侵害人赔偿生态环境资源损失、修复受损的生态环境或采取替代性修复措施，行政公益诉讼请求是要求负有监管职责的行政机关依法及时履行职责。两种诉讼中的诉讼请求看似区别很大，但在具体的生态环境类行政公益诉讼案件中，检察机关一般不会笼统地提出“判令行政机关及时履行法定职责”的诉讼请求。原因在于，生态环境受影响面大、修复时效性强，不及时修复将造成生态系统功能退化等严重后果，而生态、环保行政机关在执法中存在行政命令、行政处罚、行政强制以及行政磋商等多种理应优先适用的行政管制路径。检察机关在此类案件中会直接提出“判令行政机关采取有效措施及时修复受损害的生态环境”“判令行政机关对违法行为人立即采取行政处理措施”“判令行政机关采取代履行、替代性修复等措施”等诉讼请求。

生态环境损害赔偿诉讼与行政公益诉讼在前置程序和诉讼请求方面存在关联关系。无论是提起生态环境损害赔偿诉讼前的赔偿磋商程序，还是检察机关提起行政公益诉讼前的诉前检察建议程序，都是出于节约司法资源，用更少的成本获取更大的生态环境效益的考量。检察机关在生态环境类公益诉讼案件中提出的诉前检察建议内容一般都会与后续可能提起的行政公益诉讼诉讼请求相衔接，直接建议相应的行政机关“组织违法行为人补植复绿、增殖放流、土地复垦”“责令违法行为人承担环境修复费用、生态环境服务功能损失费用”等。因此，这两种诉讼制度的直接关联点就在于行政公益诉讼的诉前检察建议程序。原因在于，根据公共选择理论对政府在公共决策过程中利益博弈的研究，有权向造成生态环境损害的违法行为人提起诉讼的行政机关并不必然提起诉讼，其不一定完全根据公共利益的需求作出起诉或不起诉的决策，会考虑自身所处的小集团利益和官员个人利益，这里的小集团利益包括地方经济利益、上级政府的考核评价等。如果行政机关再考虑所处的小集团或官员个人因起诉需支出的成本问题，很可能就会不愿起诉。这时，就需要检察机关及时向赔偿权利机关制发诉前检察建议，督促相应的行政机关行使起诉权利，尽快开展生态环境损害赔偿工作，如行政机关没有按照建议要求及时起诉，检察机关就有权对其提起行政公益诉讼，要求其依法履行生态环境资源代理人和保护人的职责。但这种做法显然不符合效率原则的要求，因为在行政机关由于各种原因不愿起诉的情形下，即使迫于检察机关对其提起行政公益诉讼，要求其承担责任的压力不得不向致害方提起了赔偿诉讼，行政机关也很难积极主动收集证据推动审理程序，且此时生态环境实际损害持续时间过长，损害后果可能已经极其严重，一些关键证据可能已经灭失或无法取得。而如果行政机关有开展生态环境损害赔偿意愿并积极主动开始实施，检察机关就无必要提出检察建议，否则也是一种司法资源浪费。如何使“两项制度的合作产生 1 +1 >2 的效果”，[1]笔者认为，唯有将检察机关介入时间点从诉前检察建议阶段再次前移，在生态环境损害赔偿诉讼中的前置磋商程序中引入检察监督，才能避免赔偿义务人消极磋商时产生的“沉没成本”，[2]节约诉讼时间成本，[3]使生态环境损害尽快得以修复，从而提升两种制度整合的收益。

二、检察监督介入生态环境损害赔偿诉前磋商的可行性分析

（一）检察监督介入生态环境损害赔偿诉前磋商的成本收益分析

《生态环境损害赔偿制度改革方案》规定“最高人民检察院负责指导有关生态环境损害赔偿的检察工作”，是检察监督介入生态环境损害赔偿的政策依据，但除此原则性规定外，该改革方案并未涉及检察介入的条件、程序等问题。下面，借鉴考特和尤伦对庭外和解方案合作剩余的

---

〔1〕 詹金峰、汤维婷：《论生态环境损害赔偿制度与检察公益诉讼的衔接》，载《中国检察官》2019 年第 6 期。

〔2〕 是指在赔偿义务人消极磋商的情况下，赔偿权利人的耗费大量人力、物力、财力。

〔3〕 检察机关提起行政公益诉讼、生态环境损害赔偿诉讼所花费的时间。

分析方法[1]，对生态环境损害赔偿诉前磋商的成本收益问题进行分析。

考特和尤伦认为，协商可以在法律程序中的任何阶段进行，为避免审判程序带来的昂贵成本，在审判程序启动之前引入协商非常重要，但在审判程序开始之后协商仍有必要持续。要促使当事人在审判程序中主动协商达成和解，要考虑当事人的“威胁价值”。“威胁价值”，是指各方当事人在审判程序中选择合作所能获取的预期收益必须不少于不合作时所能得到的收益，否则就不会同意合作。所有当事人的威胁价值之和等于他们选择不合作时能够得到的收益。[2] 显然，审判程序是各方当事人的博弈过程，所有当事人选择合作所能获取的收益之和减去他们选择不合作时的收益就等于合作剩余。属于合作剩余的这部分利益应该允许所有当事人共同分割，这也是他们同意合作的前提。对于分割合作剩余最合理的方法是平均分割，但各方作为经济人都只具备有限理性，不一定能够顺利达成合意，所以磋商有其存在的必要，且经过各方磋商所得到的收益必须等于合作剩余。根据上述分析，假设生态环境损害赔偿诉讼判决结果合法公正，政府和污染企业在判决结果中得到的也只是非合作价值。双方同意进入磋商程序的前提就是双方诉前磋商的预期收益大于等于非合作价值，即判决得到的收益，而磋商的预期收益只要至少等于判决得到的收益，因双方能够节省诉讼成本，就一定会产生合作剩余。

对于政府和污染企业来说，磋商是一个合作解，而进入诉讼是一个非合作解。磋商的联合收益与诉讼的单方收益之和的差异等于合作剩余。一个公正合理的磋商方案，应当由双方平分合作剩余。假设政府起诉的话预期获得 1 万元的生态损害赔偿金，胜诉概率是 0.5，但只要起诉，政府需要为参与诉讼承担 2000 元的成本（诉讼费、鉴定费、人力、时

[1] 参见[美]罗伯特·考特、托马斯·尤伦：《法和经济学》，史晋川、董雪兵等译，格致出版社、上海三联书店、上海人民出版社 2012 年版，第 394 ~ 395 页。

[2] 参见[美]罗伯特·考特、托马斯·尤伦：《法和经济学》，史晋川、董雪兵等译，格致出版社、上海三联书店、上海人民出版社 2012 年版，第 393 ~ 394 页。

间成本等)。因此,政府提起生态损害赔偿诉讼的预期收益是3000元。起诉时,政府方面的考量是由法院判令污染企业赔偿损失,不会考虑企业的合作与否,因此,政府起诉时的预期收益等于其威胁价值。

接下来,还需计算污染企业进入诉讼的预期收益。假设污染企业也和政府一样,预期在政府起诉后以0.5的概率被判支付1万元的生态损害赔偿,以0.5的概率胜诉,不支付赔偿。无论输赢,进入诉讼企业都将承担2000元的成本(诉讼费、律师费、时间成本等)。那么,可以计算企业的诉讼预期收益是,$0.5\times(-10,000)+0.5\times0-2000=-7000$元。同样,因为诉讼不要求政府的合作,企业的预期诉讼收益等于其威胁价值。政府和企业双方的威胁价值之和等于博弈的非合作价值:非合作价值$=3000-7000=-4000$元。

如果双方诉前磋商达成了赔偿协议,政府将直接得到污染企业支付的生态损害赔偿金(记为S),对于污染企业来说,S是其损失额。假设在参与磋商过程中,政府和污染企业分别将承担1000元成本(人力、物力、时间成本等),因此,可以计算出博弈之合作价值:

$$合作价值=S-1000-S-1000=-2000元$$

最后,双方的合作剩余等于非合作价值与合作价值之间的差额:

$$合作剩余=-2000-(-4000)=2000元$$

从以上公式还可推导出,合作剩余2000元正好等于双方磋商的联合成本$1000\times2=2000$元与诉讼的联合成本$2000\times2=4000$元之差。也就是说,磋商所节省的交易成本产生了合作剩余。

那么,生态损害赔偿磋商达成赔偿协议的金额多少才合理呢?最合理的方法是平均分割合作剩余。政府起诉的威胁价值等于3000元,合作剩余的一半是1000元。因此,一个合理的赔偿协议应当使政府得到4000元的赔偿金。为了实现这一点,企业应当支付5000元给政府,政府在减去1000元磋商成本后得到的净收益就是4000元。

企业的威胁价值等于-7000元,合作剩余的一半是1000元。因此,一个合理的赔偿协议应当使企业的支出等于-7000元加上1000元,就是6000元。为了实现这一点，企业应当在承担1000元的磋商成本后另外赔偿5000元给政府。

达成赔偿协议获取的收益不能少于起诉能够获得的收益，也就是赔偿协议确定的赔偿金数额不能少于判决赔偿的数额。生态环境损害赔偿诉讼的预期收益等于实际的判决赔偿金乘以其胜诉概率，因此，提起诉讼的预期收益应为0.5×10,000=5000元。由此得出，赔偿协议的赔偿金额也是5000元。在这个例子中，合理的赔偿协议与预期判决收益是相等的。

从以上成本收益分析可知，从成本看，生态环境损害赔偿双方磋商的联合成本仅为诉讼联合成本的一半。从收益看，政府通过磋商取得的赔偿金减去成本后的净收益比提起诉讼的净收益要高，企业通过磋商达成协议的赔偿金减去成本后的净支出比判决的赔偿金减去成本后的净支出要少。从经济效率看，政府和企业当然会选择诉前磋商的方式。这也是生态环境损害赔偿磋商引入检察监督，由检察机关主导和推动磋商程序，促使双方达成合理赔偿协议的经济学依据。

当然，这也会引发另一个问题，检察机关介入引导磋商过程也会带来成本，与政府和企业的磋商成本就形成了成本叠加，在赔偿协议合理金额不变的情况下收益并未增加，那么，磋商带来的净收益不就无端减少了吗？的确，检察机关和政府同为国家机关，其在磋商中承担的鉴定费、人力、物力、时间成本等与政府承担的成本最终都由国家财政埋单，而检察介入是否一定能高于政府和企业双方自行磋商带来的收益是不确定的。但这只是在孤立的生态环境损害赔偿磋商程序中的成本收益计算，并未计算与其相关联的其他法律程序中的成本收益。检察机关如果由于政府作为赔偿权利人没有及时提起诉讼先向政府制发诉前检察建议，或者由于政府没有及时履职提起行政公益诉讼，势必在立案、调查核实证据、起诉、参与诉讼过程中支出相应的人力、物力和直接金钱（如专家鉴定费）成本，政府方面为了回复检察建议、参与诉讼也将同时支出一定的成本。而这一切成本属于纯粹叠加成本，因为即便政府及时采纳了检察建议或因行政公益诉讼判决而启动了生态环境损害赔偿程序，其最终收益并未增加，而整个社会成本却无端增加了很多。

社会成本等于管理成本与犯错成本之和。[1] 当磋商程序中达成的赔偿协议金额与预期的判决赔偿金相同时，双方在磋商程序中的交易成本要比审判程序的管理成本支出少得多。检察介入也会带来管理成本的减少，如检察机关与行政机关在调查取证、鉴定评估、环境损害的修复和监督执行等方面都可以资源共享。因此，检察机关主导生态环境损害赔偿磋商程序能够在管理成本和犯错成本都能有所降低的情况下，获得与生态损害赔偿诉讼相同的收益，用更少的社会成本支出换取同样的收益，显然是提高了社会效率。所以说，检察监督主导生态环境损害赔偿磋商的目标应当是促使双方达成与诉讼具有相同结果的赔偿协议并得以执行，在降低社会成本的同时实现与审判相同的结果就是其价值所在。当原、被告对审判具有相同的预期，且双方所承担的交易成本相同时，合理的和解金额才等于预期的审判结果。[2] 检察机关在磋商中的作用就应当体现在促使政府和企业就损害赔偿形成相同的预期，对磋商和诉讼中承担的各种成本形成明确的认知，提出合理的赔偿协议并达成一致，最终督促和监督执行赔偿协议，使被损害生态得以修复。

（二）生态文明建设共识的保障和推动作用

行政公益诉讼诉前程序与生态环境损害赔偿诉前磋商程序相衔接，由检察主导磋商也会引发地方政府与污染企业形成“政企合谋”，或者政府与检察院、法院对污染企业的“联合打击”的担忧。在具体案件办理中可能会存在政府、检察院与企业的“合谋”，不当减轻违法企业责任，降低赔偿数额，或者政府、检察院、法院对污染企业“联合打击”，不当加重企业责任等风险，但风险是否会演变成现实，与政府、检察院、法院的“内在

[1] 参见[美]罗伯特·考特、托马斯·尤伦：《法和经济学》，史晋川、董雪兵等译，格致出版社、上海三联书店、上海人民出版社 2012 年版，第 395 页。

[2] 参见[美]罗伯特·考特、托马斯·尤伦：《法和经济学》，史晋川、董雪兵等译，格致出版社、上海三联书店、上海人民出版社 2012 年版，第 396 页。

观点”、内心认同直接相关。

哈特在《法律的概念》一书中，针对人们为什么会服从法律、为什么会遵从法律所施加的义务或责任这一问题提出了一个重要观点。哈特认为，法官在判案时承认某项法律规则的效力，并用之于争端的解决，政府官员遵从法律所施加的义务或责任，“服从”这个词不适合形容法院或者其他官员看待规则的态度，“遵守”、“遵从”或“符合”这些含义更广泛的表达方式可能更合适。如果认为法官、政府官员的行为只是对发号施令的习惯性服从，那就属于对复杂事实粗略的速写，他们之所以接受该法律规则，认为自身遵从法律的行为是正确的，主要出于其“内在观点”。[1] 也就是说，政府官员、法官等在执行法律、适用法律过程中之所以严格遵守法律，遵从法律所施加的职责和义务，不能简单认为原因是对不良后果的单纯畏惧，或者只是出于不经思考的惯性。他们之所以接受这些规则，认为这些规则是正确的、对的，是规范所有社会成员行为的公共的、共同的标准，是出于对规则的“内在观点”和内心认同。制度经济学理论有关正式约束与非正式约束的组合作用理论，也从制度变迁作用因素的角度，印证了这种内心认同对社会制度发展的助推作用。根据诺思的制度变迁理论，非正式规则也是制度的重要组成部分，在正式规则匮乏的情形下，非正式规则往往是正式规则的有效补充，且经过实践积累能够推动正式规则的变迁。这种对社会主体行为的非正式约束包括声誉、普遍接受的行为标准、惯例等。正式约束与非正式约束的复杂组合，会随着时间的推移而逐渐改变制度框架，使得制度在特定条件下连续渐进的变迁成为可能。[2]

建立检察公益诉讼制度，推行生态环境损害赔偿制度改革，都源于解决我国经济高速发展与环境资源危机之间矛盾的迫切需要。从党的

---

〔1〕 参见[英]H. L. A. 哈特：《法律的概念》(第 2 版)，许家馨、李冠宜译，法律出版社 2011 年版，第 102 ~ 105 页。

〔2〕 参见[美]道格拉斯 · C. 诺思：《制度、制度变迁与经济绩效》，杭行译，格致出版社、上海三联书店、上海人民出版社 2014 年版，第 75 ~ 82 页。

十八大报告将生态文明建设纳入“五位一体”总体布局，到党的十九大报告提出“我们要建设的现代化是人与自然和谐共生的现代化”，习近平总书记关于“两个清醒认识”的深刻论述，关于经济发展和生态保护“两座山”的形象比喻，“推动形成绿色发展方式和生活方式”“统筹山水林田湖草系统治理”“实行最严格的生态环境保护制度”等重要论述，关于“保护生态环境必须依靠制度、依靠法治”的执政理念等，为坚持新发展理念，协同推进经济高质量发展和生态环境高水平保护提供了根本遵循和行动指南。中国共产党作为执政党，将生态文明理念纳入党的执政领域和国家治理所形成的思想成果，“为新时期党的执政工作增添了新的发展理念，为构建生态型政府奠定坚实的思想基础”。[1] 在党的十九届四中全会《决定》中，就生态文明建设作出进一步强调，“坚持和完善生态文明制度体系，促进人与自然和谐共生”，党的二十大报告明确提出“中国式现代化是人与自然和谐共生的现代化”，从顶层设计层面将生态文明制度体系纳入推进国家治理体系和治理能力现代化框架，并将其作为完善中国特色社会主义制度的重要内容，丰富和发展了中国特色社会主义理论。生态文明建设是一项艰巨而复杂的系统工程，构建生态文明整体性、系统性战略框架，需要各级政府及其职能部门、司法机关、企业、社会、人民群众的共同参与和努力，以生态文明建设实践推动和促进国家治理体系和治理能力现代化。要正确处理发展经济和保护生态环境的关系，必须在观念层面树立生态思维方式，转变经济发展方式，坚持“以人民为中心”，改善人民群众的生存环境。完善生态文明制度体系，关键是完善环境法律制度立法和实施体系，为政策执行提供保障。

生态文明建设离不开党的坚强领导，需要各级政府及其职能部门的积极作为，需要法院、检察院的司法保障，需要企业、社会组织和公民个人的实际行动，形成中国共产党领导下的生态环境多元协同机制。以

---

〔1〕 李全喜：《习近平生态文明建设思想的内涵体系、理论创新与现实践履》，载《河海大学学报（哲学社会科学版）》2015 年第 3 期。

习近平生态文明思想为统领，充分发挥各自职能作用，共同推动生态文明建设的内心共识是政府、司法机关、企业、社会组织使命感和凝聚力的根本来源和坚强保障。这样强大的内心共识将对政府、司法机关、企业有效防范生态环境风险，强化环境污染管控和修复，积极解决生态环境问题形成巨大的行为推动力。这种共同推动生态文明建设的内在观点，会成为衡量政府、检察院、法院行动的共同、公共的标准，任何偏离规则的行为将被视为对共同行为标准的背离，也会被评价为必须被改正的错误。

加强生态文明建设的内心共识，对检察主导生态环境损害赔偿磋商的成功具有重要推动作用。原因在于，公共资源配置通过行政和司法程序来进行，行政管理部门和司法部门决策过程会面临许多选择，很可能出现利益集团在某个问题上相持不下或成本收益太分散、资源分配不均等情形，一个能影响所有社会成员的共同的行为标准，能起到节约社会管理成本的作用。一项制度改革愿望能否成为现实，新的制度规则出台之后的实施过程能否保证成本低于收益，与社会成员对这项制度的认同程度直接相关。如果社会成员普遍认同这种制度规则，并将其作为共同的行为标准时，规则执行费用就会大量减少。政府、司法机关作为国家公权力机关，在公共资源配置方面发挥着积极而重要的作用，当这些公权力机关内心认同程度较弱时，社会资源配置成本就会比较高，内心认同程度较强时，制度规则的实施费用就会大量减少。习近平生态文明思想是政府加强生态环境保护，法院、检察院加强生态环境司法保护的共同行动指引，工作着眼点都在于维护最广大人民群众的整体和长远利益，不断满足人民日益增长的优美生态环境的迫切需要。检察机关通过介入磋商，能够引导和推动行政机关与致害方及时达成赔偿协议，其专业优势能够确保赔偿协议的合法性与公正性。同时，检察机关还可组织生态、环保、自然资源等行政机关共同督促、推动生态环境治理修复，协助政府和企业就赔偿协议向法院申请司法确认。如果一方当事人拒绝履行或怠于履行经司法确认的赔偿协议或生态环境损害赔偿判决，检察机关还可以协助其向法院申请强制执行,并对执行过程进行监督。所以,由检察机关主导生态环境损害赔偿诉前磋商,不仅不存在政府、检察院与企业间形成"合谋"的隐忧,反而有利于降低生态环境损害赔偿制度实施的成本,有利于形成更准确的生态环境修复决策并更有效地实施。

三、行政公益诉讼诉前程序与生态环境损害赔偿诉讼的衔接方案

(一)检察公益诉讼介入生态环境损害赔偿诉前磋商的实践

磋商前置程序是我国生态环境损害赔偿诉讼程序的重要组成部分,赔偿权利人在提起生态环境损害赔偿诉讼之前,先行与赔偿义务人开展磋商,经磋商无法达成一致意见时才提起诉讼。2015 年的《生态环境损害赔偿制度改革试点方案》也规定了磋商程序,但当时并非必经程序,规定"磋商未达成一致的,赔偿权利人应当及时提起生态环境损害赔偿民事诉讼。赔偿权利人也可以直接提起诉讼"。而在 2017 年结束试点,中央全面推行这项制度改革时将磋商程序规定为起诉前的必经前置程序,《生态环境损害赔偿制度改革方案》取消了试点期间"赔偿权利人也可以直接提起诉讼"的内容,规定"磋商未达成一致的,赔偿权利人及其指定的部门或机构应当及时提起生态环境损害赔偿民事诉讼"。从优化资源配置、节约诉讼成本的角度,生态损害赔偿诉讼磋商前置的程序设计与行政公益诉讼的诉前程序前置设计存在类似的法经济学价值,都是出于尊重行政机关自主判断权,以最小的成本换取更及时的生态环境修复制度效益的考量。在生态环境损害赔偿制度全面推行、磋商成为必经程序后,检察机关开始通过介入磋商程序,促进公益诉讼与生态环境损害赔偿衔接的探索。

根据报道,2019 年 7 月,上海办结了首例检察机关民事公益诉讼与生态环境损害赔偿制度衔接磋商案。[1] 实际施工人因向河流违法排放

---

〔1〕 参见林中明、成起萱:《上海:探索生态环境损害赔偿责任磋商机制》,载正义网 2019 年 8 月 13 日,http://news.jcrb.com/jxsw/201908/t20190813_2035070.html。

危险废物，造成环境污染，以污染环境罪被追究刑事责任，但责任方新轮公司、鼎发公司未依法承担生态环境损害赔偿责任。上海市人民检察院第一分院委托第三方鉴定机构对损害量及因果关系等进行了鉴定评估，与市、区两级政府环保职能部门进行沟通。该院协助政府环保职能部门与两家涉事公司就河流及周边环境污染损害赔偿问题展开磋商，上海环境科学研究院作为专业鉴定机关参与整个过程。在检察机关组织下，松江区生态环境局和两家水污染责任企业召开磋商会，就水污染责任展开诉前磋商，最终三方签署了生态环境损害赔偿协议，两家涉事公司共同承担污染物处置费、鉴定费、应急费用、检测费用共计200余万元，由松江区生态环境局负责监督河流及周边环境的应急处置、后续处置及复检工作，彻底消除了环境污染造成的危害后果。

2018年6月，中央第二环保督察组发现内蒙古露天煤业公司存在矿山生态环境恢复治理工作严重滞后等诸多问题。霍林郭勒市人民检察院就露天煤业生态环境损害赔偿案立案调查后认为，露天煤业的行为导致生态资源受损，损害社会公共利益的事实清楚，侵权行为与损害结果之间因果关系明确，在征询了通辽市人民政府（霍林郭勒市隶属通辽市）和露天煤业的意见后，通辽市人民检察院指导市人民政府与露天煤业双方启动民事公益诉讼诉前磋商程序。[1] 与此同时，霍林郭勒市人民检察院对市自然资源局（原市国土局）怠于履行职责依法立案并发出检察建议，市自然资源局采纳检察建议，重新核定并督促企业及时补存一号露天矿地质环境治理保证金。2018年7月13日，市自然资源局下达限期补存矿山地质环境治理保证金的通知书，露天煤业于2018年8月6日将补交的矿山地质环境治理保证金815.645万元足额缴存至保证金账户。检察机关委托某司法鉴定中心对损害事实、因果关系、赔偿数额进行鉴定，鉴定中心于2019年4月12日作出司法鉴定意见书，认定生态环境修

---

〔1〕 参见《诉前磋商！内蒙古自治区通辽市检察院探索民事公益诉讼诉前解决新路径》，载新浪网2019年4月21日，https://finance.sina.com.cn/roll/2019-04-21/doc-ihvhiewr7420977.shtml。

复费用为20,803.98万元,其间功能损失费为2999.5934万元。检察机关将鉴定意见及自行调查收集的全部证据材料移交给通辽市人民政府,推动和引导通辽市人民政府与露天煤业采取诉前磋商的形式解决生态损害赔偿问题。2019年4月19日,召开通辽市人民政府与露天煤业生态环境损害赔偿磋商会,磋商会由市环境污染纠纷人民调解委员会主持,市人民检察院作为支持赔偿请求人参加。双方当场签订了《生态环境损害赔偿协议书》,露天煤业同意承担恢复10,152亩土地及其所承载的生态功能修复费用不少于25,480.38万元,赔偿生态环境修复期间服务功能损失费2999.5934万元并承担相关鉴定费用。2019年12月11日,通辽市人民政府与露天煤业双方就《生态环境损害赔偿协议书》的效力共同向法院申请进行司法确认,通辽市中级人民法院发出生态环境损害赔偿司法确认裁定书,依法确认双方达成的《生态环境损害赔偿协议书》有效,并赋予该协议强制执行力。[1] 在磋商过程中,市自然资源局督促企业积极筹措生态环境治理费,露天煤矿按每吨煤炭5元的标准,将1.4亿元专项资金,存储到专户支付使用。到2018年年底,露天煤业采取"边制定整改方案,边实施现场治理"措施,开展矿山地质环境恢复治理工作,完成治理修复面积8200亩,其中,应治未治的2074亩排土场完成整形、覆土,并提前完成种草,完成绿化修复1755亩,新增排土场整形覆土4371亩。同时,市林草局核查出露天煤业违法占用草原面积为719.3亩,对该企业违法占用草原行为予以了43.2万元的行政处罚,督促恢复草原植被。

"磋商协议属于民事协议",[2] 因为省、市政府及其职能部门在提出赔偿磋商的动议和后续协商的过程中,并不是基于行政管理者的身份,而是与违法企业、个人之间以平等民事主体的身份基于意思自治原则展开磋商。按照《生态环境损害赔偿制度改革方案》,省、市政府及其职能

〔1〕 参见《通辽中院发布全区首份生态环境损害赔偿司法确认裁定书》,载通辽市中级人民法院官网2020年2月26日,http://tlzy.nmgfy.gov.cn/article/detail/2020/07/id/5358734.shtml。

〔2〕 王旭光:《论生态环境损害赔偿诉讼的若干基本关系》,载《法律适用》2019年第21期。

部门与违法企业、个人开展磋商时必须按照生态环境损害鉴定评估报告确定生态环境损害事实和程度，在协商确定生态修复方案时必须统筹考虑技术方案的可行性、生态修复启动时间和期限、违法企业、个人赔偿责任的承担方式和期限等具体问题。将磋商作为起诉前的必经程序，要求在磋商过程和赔偿协议内容中充分考虑多方因素的前提下确定生态修复方案等，都体现出制度设计者欲通过最小化成本获得尽可能多的制度效益的考量。但是，仅靠政府方面主动寻求磋商并不能保证获得实际的制度效益，原因在于以下几点。第一，磋商制度设计的前提显然是，政府方面具有很强的磋商解决问题的愿望并会积极接触违法企业开始磋商，并未考虑地方政府也可能出于本地方财政收入等小集团利益不愿追究违法企业责任，或工作人员出于各种因素懈怠履职的可能。目前的制度规则缺乏对赔偿权利人不积极磋商的防范和制约措施。第二，即便政府方面积极主动开展磋商，也可能会遇到赔偿义务人消极对待的情况。毕竟民事诉讼证明标准较高，如果政府作为原告起诉违法企业，除了要提出证据证明生态环境受到严重损害的事实，还必须证明企业的行为与生态环境损失后果之间具有因果关系，提出的赔偿金额也要有合法具体的计算依据。政府方面提出的证据不充分，就存在被判败诉或赔偿诉求得不到完全支持的可能。因此，企业从自身利益的角度，可能更希望适用诉讼程序而非磋商。目前的制度规则也缺乏对赔偿义务人消极磋商的防范和制约措施。第三，如果政府方面对待磋商的态度较为积极主动，但遇到赔偿义务人的消极对待，那么政府在磋商中消耗的时间、人力、财力成本将成为沉淀成本，不仅会挫伤政府方面磋商的积极性，对社会资源也造成极大浪费。在磋商程序中引入检察监督，由检察机关主导推动磋商，就可能减少或避免磋商带来的不经济因素，节约成本，提升效率。

（二）行政公益诉讼诉前程序与生态环境损害赔偿的衔接规则

上海河流污染案和露天煤业生态环境损害赔偿案的报道消息对案件的定位都是民事公益诉讼诉前磋商的探索，即将检察机关介入、主导磋商的性质定位于检察民事公益诉讼的诉前程序。检察机关提起环境民事公益诉讼的诉前程序是发出诉前公告,即使经过立案、调查核实后认为违法企业、个人构成环境侵权的证据确凿也不能马上提起诉讼,还需要发出公告,在公告期内没有符合条件的环保组织或机关表示起诉的情况下才可提起民事公益诉讼。在生态环境损害赔偿制度与环境民事公益诉讼制度并存的情况下,由政府及生态环保职能部门直接向违法企业或个人起诉,与检察机关或环保组织提起民事公益诉讼相比省去了诉前公告和环保组织另行准备参与诉讼的时间。而且,生态环保部门更具专业性、获取证据成本更低,从节省整个社会成本角度,生态损害赔偿显然也比环境民事公益诉讼更具优势。从两种诉讼可能的结果看,无论是检察机关提起民事公益诉讼诉前程序还是正式提起诉讼,所需要的成本远甚于在检察机关的监督和参与下开展生态环境损害赔偿磋商所产生的成本。因此,当具有生态损害赔偿权利人身份的政府及其职能部门不积极主动寻求磋商时,检察机关可以通过行政公益诉讼程序督促其主动磋商。即使磋商失败,在需要进入诉讼程序时,检察机关可以支持起诉人的身份参与生态环境损害赔偿诉讼,监督立案、庭审、判决和执行的整个过程。笔者认为,行政公益诉讼的诉前程序与磋商相衔接,以检察主导磋商程序是更为理性的选择。在通辽市露天煤业案件中,检察机关也是就该案先后启动了民事公益诉讼立案程序和行政公益诉讼诉前检察建议程序,并向市自然资源局发出了督促履行职责检察建议书。

下面,笔者对行政公益诉讼诉前程序与生态环境损害赔偿磋商的衔接程序作出以下设计。

1. 人民检察院在对生态环境资源类行政公益诉讼案件作出立案决定之日起 5 日内将立案情况告知被监督行政机关,并就行政行为违法事实、生态环境资源受损害事实、整改方案等内容进行沟通和磋商。

2. 开始磋商后 30 日内,被监督行政机关如依法采取了行政处理措施,生态环境资源受损害情形得到有效抑制,并提出切实可行的整改方案的,人民检察院应当作出终结案件决定。被监督行政机关对人民检察院提出的磋商意见不回应,或虽然作出回应但仍以消极、拖延等方式不及时采取有效行政处理措施的,人民检察院应当继续进行调查。

3. 经调查,人民检察院认定被监督行政机关已经依法全面履行职责,受损害生态环境资源已得到全面修复的,应当作出终结案件的决定。人民检察院认为被监督行政机关未依法全面履行职责,受损害生态环境资源未得到全面有效修复的,应当向有管辖权的生态环境赔偿权利机关提出《检察建议书》,建议该机关启动生态环境损害赔偿程序。

4. 赔偿权利机关应当在 7 日内决定是否启动生态环境损害赔偿程序,并回复人民检察院。

5. 决定启动生态环境损害赔偿程序的,由人民检察院组织赔偿权利机关和赔偿义务人进行磋商。在磋商过程中,可提出补植复绿、增殖放流、土地复垦、承担环境修复费用、生态环境服务功能损失费用等修复生态环境的方案。

6. 开始磋商后 60 日内,赔偿权利机关与赔偿义务人未能达成一致的,人民检察院应当及时督促赔偿权利机关向人民法院提起生态环境损害赔偿诉讼。

7. 被监督行政机关不积极与赔偿义务人进行磋商,在磋商未达成一致时不及时提起生态环境损害赔偿诉讼的,人民检察院应当依法提起行政公益诉讼。

第三章　行政公益诉讼司法程序的法经济学分析

诉前程序是一种诉讼程序外解决争议的方式,而检察机关在向法院提起行政公益诉讼后,案件就进入利用传统司法途径解决争议的程序。虽然法院是行政公益诉讼案件进入司法程序后的主导者,但检察机关在诉前程序中过滤了大部分案件后,是决定案件是否进入司法程序的决策者,在选择公益诉讼程序类型、举证、判决执行等方面具有间接控制和监督司法程序的多重职能。本章通过对程序类型选择、举证和判决执行涉及的法经济学问题进行分析和阐释,探讨怎样的司法程序规则改进才更有利于降低整个社会管理成本,对行为主体形成正向激励。

第一节　公益诉讼程序类型选择的法经济学分析

《民事诉讼法》和《行政诉讼法》确立了两种公益诉讼程序类型,即民事公益诉讼和行政公益诉讼,检察机关在实践中还探索出了行政附带民事公益诉讼。此外,近两年在检察机关公益诉讼案件中占据比重较大的"刑事附带民事公益诉讼"虽然不属于独立的公益诉讼程序类型,[1]但在线索来源、立案、诉前公告、庭审和判决等方面仍与纯粹的民事公益诉讼有所区别。现行法律法规和司法解释没有规定一个案件在同时符合适用不同公益诉讼程序条件的情况下,检察机关如何选择诉讼程序类型,极易造成选择失范、选择功利和随意问题。下面,运用成本收益分析方法,从控制成本提高诉讼效率的角度逐一分析行政公益诉讼与民事公益诉讼、行政附带民事公益诉讼、刑事附带民事公益诉讼程序的选择问题。

一、行政公益诉讼与民事公益诉讼程序选择的法经济学分析

在行政公益诉讼与民事公益诉讼条件同时具备的案件中,通常有两组违背法秩序的行为发生:一是国家利益或社会公共利益受到违法行为人的严重侵害;二是造成公益损害的原因归咎于行政机关对侵害公益的违法行为不作为或违法行使监管职责。下面,通过对一起民事公益诉讼案件进行分析,探讨面对损害公共利益的违法行为,是采用民事公益诉讼程序,还是行政公益诉讼程序更加符合成本收益原则。

(一)案例基本情况及法规范分析

1. 案件基本事实

本案由湖北省十堰市人民检察院办理,被最高人民检察院第八检察厅主编的《民事公益诉讼典型案例实务指引》一书收录。[2] 周某召是郧西县城关镇红庙村经营日用百货和散装食品的个体工商户。2014 年年初至 2015 年 5 月,周某召持续从周协桥处以明显低于该地区盐业专营价的价格购进大量假冒"云鹤"牌精制碘盐,其间未履行进货查验,索证索票规定。周某召购进的假冒碘盐除用于自己商店零售外,还批发给个

---

〔1〕 依据是《检察公益诉讼司法解释》第 20 条。

〔2〕 参见最高人民检察院第八检察厅编:《民事公益诉讼典型案例实务指引》,中国检察出版社 2019 年版,第 164～172 页。

体工商户王某斌、周某立、兰某德等人销售。2015 年 5 月,陨西县盐务管理局(以下简称盐务局)在开展全省盐业市场统一检查行动中,在部分商店经营户、居民家中发现疑似假冒“云鹤”牌精制碘盐后扣押,并经鉴定后确认假冒“云鹤”注册商标产品。2015 年 9 月 10 日,郧西县公安局委托十堰市商品质量监督检验所对郧西县工商行政管理局(以下简称工商局)从王某斌、周某立、兰某德处扣押的假冒“云鹤”牌精制碘盐产品质量进行检验,经检验所检项目中碘含量为零,氯化钠低于标准要求,均为不合格产品。周某召购进并销售的假冒碘盐共计 34.07 吨,郧西县工商局和盐务局在案发后扣押收回 12.447 吨,因销售流入市场未能收回的假冒碘盐合计 21.623 吨。郧西县属碘缺乏病地区,长期食用缺碘食盐,足以造成人体严重食源性疾病,法院于 2016 年 2 月 5 日就周某召案作出刑事判决,判决周某召犯销售不符合安全标准的食品罪,判处有期徒刑 1 年,缓期 2 年,并处罚金 5 万元,禁止周某召在缓刑考验期内从事盐业销售活动,依法追缴非法所得收入 2600 元。

2. 诉讼过程

2016 年 7 月 5 日,十堰市人民检察院民事检察处从该院侦查监督处获得案件线索后,于 7 月 25 日以民事公益诉讼立案。根据民事公益诉讼诉前程序要求,该院于 10 月 11 日向湖北省消费者委员会提出检察建议,建议依法对周某召销售不符合安全标准食品提起民事公益诉讼。因湖北省消费者委员会未在 1 个月的法定期限内回复,十堰市人民检察院于 2016 年 12 月 5 日向市中级人民法院提起民事公益诉讼,提出两项诉讼请求:判令被告周某召消除危险,收回并依法处置其销售后尚未被使用的假冒碘盐,消除可能的安全隐患;判令被告周某召通过媒体公开向社会公众赔礼道歉。2017 年 3 月 28 日,十堰市中级人民法院公开开庭审理并当庭宣判:周某召于本判决生效之日起 60 日内消除危险,收回其销售的尚处流通中的假冒碘盐并销毁,消除食品安全隐患;周某召于本判决生效之日起 10 日内,在十堰市市级以上新闻媒体赔礼道歉。本案判决后,被告周某召未上诉,在郧西县人民检察院、郧西县盐务局、郧西县食品药品监督管理局的监督下，被告于2017年4月28日至6月28日，履行了判决事项，该案执行终结。

3. 法规范分析

周某召案是2017年6月30日全国人民代表大会在修改两法新闻发布会上，最高人民检察院发布的检察机关提起公益诉讼试点工作典型案例。该案从案件线索来源、证据审查、诉前程序履行到诉讼请求、判决执行等经历了完整的诉讼过程，在检察机关成功办理的民事公益诉讼案件中具有代表性。由检察机关提起的公益诉讼案件无论是行政类还是民事类公益诉讼都设置了诉前程序，因此在出现竞合案件时，检察机关从立案时起就应当对诉讼类型作出准确选择，选择以哪一种案件类型立案，就意味着选择哪一种诉前程序类型，也直接影响后续可能提起的诉讼类型。从两种公益诉讼的适用范围看，行政公益诉讼的4+2领域和民事公益诉讼的四个领域之间出现了明显的交集。行政公益诉讼的主要范围是生态环境资源、食品药品质量安全、国有财产、国有土地使用权出让、英烈权益保护、未成年人保护；民事公益诉讼的主要范围是生态环境资源、食品药品质量安全、英烈权益保护、未成年人保护。英烈保护和未成年人保护都属于新授权领域，目前案件量比较少，以诉前程序案件为主。行政公益诉讼和民事公益诉讼案件在范围上的交叉主要集中在生态环境、资源保护和食品药品质量安全领域。如果在这两个领域中出现国家利益和社会公共利益严重受损的案件，检察机关应该选择行政公益诉讼程序还是民事公益诉讼程序呢？对此，不仅《行政诉讼法》和《民事诉讼法》未作出规定，最高人民法院和最高人民检察院正式发布的司法解释、检察机关自行出台的规范性文件也没有作出进一步规定。

有学者提出根据侵害的对象来确定公益诉讼适用的程序，如果侵害的对象是国家利益就必然属于行政公益诉讼的范围，民事公益诉讼不包括国家利益受侵害，只包括社会公共利益受损害的情形。因此，如果受损害的属于社会公共利益,就进一步查找其他因素。[1] 笔者认为,这样一种选择判断标准既不符合我国现行法的原则和精神,也不符合司法办案实际。在我国,自然资源属于国家所有,水资源、矿产资源、林业资源、草原资源、耕地资源被毁既是对国家利益的损害也是对最广泛群体的公共利益的损害。而且,在公益诉讼办案实践中,很多生态破坏、环境污染的案件同时伴随资源被毁的问题,生态环境和资源问题无法明确区分。此外,食品药品质量安全、英烈权益保护和未成年人保护三个领域也属于行政公益诉讼和民事公益诉讼两个诉讼类型范围,一个公益受侵害事件发生后很难判断到底侵害的是国家利益还是社会公共利益。因此,根据侵害对象确定诉讼类型的方法并不周延。

从法规范上分析,对于市场中违法经营碘盐的行为,工商行政管理机关有权予以查处。[2] 根据《食品安全法》的规定,县级以上食品安全监督管理部门履行食品安全监督管理职责。根据《食品安全法》第 110 条的规定,食品安全监督管理部门有权采取现场检查、抽样检验、查阅复制资料、查封扣押等监督检查措施,此外,还可以根据该法第 125 条规定,采取没收、罚款、责令改正、责令停产停业等监管措施。即使是已经移送公安机关,或者是已经被刑事处罚,根据食品药品监管总局、公安部、最高人民法院、最高人民检察院、国务院食品安全办《关于印发〈食品药品行政执法与刑事司法衔接工作办法〉的通知》第 15 条,食品药品监管部门仍然可以依据法院生效裁判认定的事实和证据依法予以行政处罚。因此,无论是根据实体法还是根据程序法规定,就湖北周某召案,检察机关完全可以按照行政公益诉讼程序,向县食品药品监督管理局提出诉前检察建议。

(二)行政公益诉讼程序和民事公益诉讼程序的成本分析

处于纠纷中的各方当事人都急于获知案件处理结果,以尽快脱离争

---

[1] 参见王春业:《行政公益诉讼"诉前程序"检视》,载《社会科学》2018 年第 6 期。

[2] 参见《国家工商行政管理局关于工商行政管理机关是否有权对违法经营非碘盐行为查处的答复》(1999 年 10 月 19 日颁布)。

端的泥沼，所以才会赞同莎士比亚戏剧中要杀死所有律师的台词，因为烦琐的法律程序看起来“如此笨拙和没有必要”。[1] 但是，通过法律程序寻找法律和事实是一个昂贵的过程，程序是正义无可避免的成本。对案件事实的法律判断，适用不同的法律程序会带来不同的结果。如果选择了错误的程序，不仅解决争议的愿望无法实现，还会无端浪费人力、财力和时间。实体法固然是通过适当配置违法行为的成本来影响行为人的行为选择，但程序法也具有相当的行为激励效果，同一个案件采用不同的法律程序对参与人的行为带来的激励是不同的。在选择诉讼类型时应考虑和权衡哪一种诉讼类型更能够节省公益保护成本。在保证预期收益的前提下，如果民事公益诉讼更有利于控制成本就选择民事公益诉讼，如果行政公益诉讼有利于控制成本就选择行政公益诉讼。

首先，就该案中检察机关支出的管理成本作简要分析。从案件线索看，该案是检察机关侦查监督部门在履行职责中发现的，也就是案件已进入刑事诉讼程序之后移送民事检察部门的。彼时，工商局已经召回售出的 12.447 吨假冒碘盐，鉴于仍有大量假冒碘盐进入流通领域，对消费者身体健康构成潜在危害，损害社会公共利益，故检察机关决定以民事公益诉讼立案。周某召销售不符合安全标准的食品，被工商局克以行政处罚，法院也已对其作出有罪判决，但在本案开展公益诉讼过程当中，检察机关仍然做了大量的证据收集调查核实工作：首先，为证明周某召销售的是假冒碘盐，收集了刑事判决书、生产厂家和质检部门的检测报告；其次，通过调查周某召及经销商、运输人，并结合工商局盐务管理局的扣押书证，确定周某召购进假冒碘盐的次数、数量以及批发零售的数量和批发零售的对象；再次，为证明郧西县是碘缺乏地区，收集省、市、县疾控中心地方病防治规划文件，调取职能部门对郧西县妇女儿童尿碘及部分乡镇居民盐碘监测数据；最后，为证明长期食用缺碘盐会对消费者造成

[1] ［美］罗伯特·考特、托马斯·尤伦：《法和经济学》，史晋川、董雪兵等译，格致出版社、上海三联书店、上海人民出版社 2012 年版，第 376 页。

损害,就专业问题,咨询专家形成专家意见,对其危害后果,郧西县盐务管理部门、郧西县疾病控制中心、湖北医药学院教授等出具检测意见和专家意见。在整个办案过程中,检察机关不仅耗费了大量的时间、人力、物力,因起诉时提出的诉讼请求只是要求判令被告周某召消除危险,通过媒体向社会公众赔礼道歉,为专家咨询意见、检测意见支付的费用也未能在判决后收回,成为纯粹的办案成本支出。

对比检察机关办理民事公益诉讼案件需要支出的大量管理成本,行政公益诉讼程序更有利于节约管理成本。很多公益诉讼案件涉及的专业性问题都需要专业的行政机关出面解决。试点期间,根据不同的起诉主体,对民事公益诉讼诉前程序的方式作了区分,对法律规定的机关采取检察建议的方式,对社会组织采取公告的方式。2018 年《检察公益诉讼司法解释》(2020 年修订)统一规定采用公告的方式,公告的具体方式就是在全国发行的媒体上公告。虽然对检察机关来说减轻了负担,但效果有限。因为法律规定的机关、有权提起生态损害赔偿的机关是确定的,社会组织的范围数量并不确定,发布的公告也不一定可以看到。民事公益诉讼的诉前程序主要是检察机关通过发公告的形式来寻找可以提起民事公益诉讼的原告,即"法律规定的机关和有关组织",但这些"机关和有关组织"本身并不能解决正在受到损害的社会公共利益问题,还是要通过较为漫长的诉讼程序、通过法院的审判来达到社会公共利益的救济。"生态环境和资源保护""食品药品安全"等公益诉讼办案领域,都是专业性较强的领域,解决问题需要较高的技术性和专业性,需要调取民事主体实施侵权行为的证据、存在过错的证据、损害后果及数额的证据,还要证明证据本身和证明目的之间的关联。让检察机关直接督促处于公共事务管理第一线、公益保护第一顺位的相关行政机关依法履职,直奔问题而去,既发挥了行政机关监管的专业化、精细化优势,也能够避免社会组织为此支付成本,还节约了检察机关提起民事公益诉讼追究违法行为人民事责任所需的办案时间和成本。

其次,继续分析案件可能的错误成本。除考虑管理成本外,任何法律程序的运用还需考虑其错误成本及可能会造成的错误激励问题。程序规则作为实体法运用的工具,不同的法律程序花费的管理成本不同,可能造成的错误成本也不同。原因在于,法律程序的各方参与者,无论是审判人员还是检察人员、违法行为人、行政机关都不可能掌握完全信息,在证据出具、证据提供标准、案件事实认定上都可能会出现偏差,随之而来会导致实体法的运用错误。比如,适用不同的诉讼程序或者不适宜的诉讼程序,可能都会导致公共利益没有得到足够的补偿,或者造成公益损害的违法行为没有得到应有的制裁。错误扭曲激励会给社会强加一系列的成本。

与管理成本相比,错误成本更难理解和衡量,因为不可能有一个完美的计量标准来测量不同程序和规则的误差。法律程序的准确性还要受到所有参与诉讼当事人行为的影响,他们对信息的收集、证据的选择、不同程序和证据规则的适用,都会影响错误的发生。假设案件适用了准确的诉讼程序和证据规则,法庭对案件的事实和法律拥有完全信息的情况下做出了最完美的判决,把此类完美诉讼价值用 j * 来表示。完美诉讼 j * 与实际诉讼价值 j 之间的差异,即为诉讼程序错误所造成的损害:e = j * - j。民事公益诉讼和行政公益诉讼要求原告承担的证据责任和证据标准是不同的,在同样的情况下,对证据规则的要求不同,所以错误的可能性也不同,采取不同的程序对公益损害的弥补途径和弥补程度也并不相同。不同案件程序对证据提供的不同要求,以及对证据标准把握的不同,最后也可能会导致因为证据不足而造成判断错误。比如,对于一个公益诉讼案件,损害公益的违法行为最终没有得到应有的制裁,没有被判处承担相应的责任,就相当于 j * = 0,这个案件办理的错误成本就等于 - j。案件程序错误的社会成本还取决于它所造成的激励扭曲。举例来说,如果准确的诉讼程序带来的完美诉讼价值为 2 万元,而实际诉讼价值只有 15,000 元,这 5000 元的错误成本就体现在对违法行为人行为的不同激励或激励扭曲上。在类似湖北周某召案这样假冒销售对消费者有害商品造成公益损害的案件中,如果采取直接向负有监管职责的市场监督管理部门提出行政公益诉讼诉前检察建议的方式，监管机关可以迅速查明流向市场的商品数量，紧急制止假冒劣质商品的销售，还可就专业问题组织专家形成专家意见或送检形成鉴定意见，准确测算消费者损害的数额即公共利益损害程度，也可责令违法行为人先行赔付消费者损失，使问题很可能在案件进入诉讼程序前就先行得到解决。如果采取民事公益诉讼程序，不仅要经过漫长的诉前公告、一审、二审及执行程序，消费者损害迟迟得不到赔付，且还存在因为举证不力而被驳回诉讼请求或不能得到足额赔付的可能。从违法行为人的角度，其当然愿意看到案件采取民事公益诉讼程序，不仅可以拖延赔偿金的赔付时间，还存在少赔甚至不赔的可能。

所以，本来应该采用民事公益诉讼，而提起了行政公益诉讼，或者本应当提起行政公益诉讼，却采用民事公益诉讼的形式，可能带来的管理成本和错误成本都是不同的。

（三）程序选择准确性的社会价值

法律程序的准确性，意指不存在错误，无论是确定某个人是否有责任或确定制裁标准都不存在错误。准确性的社会价值本质上体现在法律程序选择对判决结果的影响，准确性越高就越会增加社会福利。当然，增加程序的准确性需要更高质量的法律程序，所以其社会代价会更高。要最大化社会福利，就应当在增加准确性所带来的价值与实现成本之间进行权衡。公益诉讼程序选择的准确性，能够改进对侵害社会公共利益行为的控制。

首先，对真正有罪的当事人追究责任的准确性越高，违法的预期制裁就会相应提高，越会增加潜在的行为人遵守法律的动机。有趣的是，提高免除无辜当事人罪责方面的准确性，对于提升威慑作用的效果就没有这么明显。原因在于，遵守法律的激励不能简单等同于某人触犯法律的预期制裁，反而在于某人触犯法律的预期制裁和没违法的预期制裁两者之间的差异。如果由于错误，无辜者遭受的预期制裁是20，有罪的人面临的预期制裁是60，那对某一违法者的有效制裁就是40，而不是60，因为40是由违法者造成的附加制裁，因此，通过减少处罚无辜者的错误，遵守法律的激励能够被提升。[1]

其次，提高追究责任的准确性，能够改进相关行为人作出是否从事特定行为的决策，能够带来更多的社会收益。追责的准确性越高，意味着由于追责错误对无辜者施加责任而使从事该类行为受到错误打击的人越少，同时，也意味着由于错误地让有罪者逃脱责任，而使从事该类行为受到错误激励的人越少。追责的准确性低会导致行为人为了减少被错误追究责任的概率而进行过度防范，更高的准确性会引导行为人减少过多预防。如果某一行为人知道他将引起的损害结果会被准确评估，他就会用与之相当的力量来采取措施防止损害，所以在预期的追究责任程序中支付的赔偿费用越多，对行为人自身的不利程度就越大，其相应的防范就越多。比如，在湖北周某召案中，采取行政公益诉讼，对于违法行为人来讲，他遭受的损失可能要比民事公益诉讼的损失要大。该案民事公益诉讼的诉讼请求只提出了召回未销售的部分食盐和赔礼道歉两项，对违法行为人产生不了任何经济方面的惩罚威胁，更不会涉及吊销许可证之类的惩罚。但是，如果采取了行政公益诉讼，检察机关督促工商行政管理部门去对违法行为人采取行政处理措施，除了仍然会召回未销售的部分食盐外，还可能采取行政罚款、吊销许可证这样的处罚。

即使检察机关在提起民事公益诉讼时提出了赔偿损失的诉讼请求，按照《食品安全法》第148条和《关于审理食品药品纠纷案件适用法律若干问题的规定》第15条的规定，向周某召提出了支付价款10倍的惩罚性赔偿，赔偿金数额也远低于工商管理机关对其科以行政罚款的数额。在该案中，周某召非法所得收入2600元，10倍也只有26,000元，而根据《食品安全法》，违法生产经营的食品、食品添加剂货值金额不足1万元的，处5000元以上5万元以下罚款，对情节严重的，行政机关可责令其

---

[1] 比如，如果无辜者遭受的预期制裁从20降到10，对违法者的有效制裁将从40上升到50。

停产停业,直至吊销许可证。可见,与行政责任相比,民事公益诉讼对违法行为人造成的不利益显然比行政机关对其采取的处罚造成的不利益要少很多。如果违法行为人提前获知其行为将带来什么样的不利后果,就会采取与预期制裁相当的防范措施,很可能因为行政罚款、吊销许可证这样的高额处罚,而放弃售卖假冒碘盐的行为。公益诉讼程序选择的准确性,将影响潜在违法行为人的行为决策,减少危害公益的违法行为,从而提升社会福利。

综上,无论是从两种诉讼程序的管理成本和错误成本的差异上,还是从不同程序选择对违法行为人的行为激励上考量,当既可以适用行政公益诉讼也可以适用民事公益诉讼时,都应当优先选择行政公益诉讼程序。

二、行政附带民事公益诉讼程序的法经济学分析

2017 年年初,“吉林省白山市人民检察院诉白山市江源区卫生和计划生育局及江源区中医院行政附带民事公益诉讼案”(检例第 29 号)作为全国首例行政附带民事公益诉讼案件,由最高人民检察院在第八批指导性案例中予以发布。吉林省白山市人民检察院办理的这起案件为检察公益诉讼这个新型诉讼增加了一个新的类型,被认为能够在督促行政机关纠改违法行政行为的同时及时制止对生态环境造成损害的民事侵权行为,得到理论界的积极评价。[1] 最高人民检察院发布的指导性案例对检察机关办理类似案件具有指导意义,各级检察院可参照指导性案例办理案件。[2] 但从试点至今,这一创新型的案件类型并未在全国各地检察机关广泛适用,根据公开报道,在吉林省白山市检察机关办理的首例案件后,全国只有内蒙古自治区呼和浩特市人民检察院办理了一件行政

[1] 如姜明安教授认为,行政附带民事公益诉讼不属于一种独立的公益诉讼类型,但本案社会效果很好。参见《检察机关提起公益诉讼应慎重选择诉讼类型》,载《检察日报》2017 年 2 月 22 日,第 3 版。

[2] 参见最高人民检察院《关于案例指导工作的规定》第 15 条。

附带民事公益诉讼案件。[1] 从案件数量看,该指导性案例在司法实践应用中的指导、规范和参考作用似乎并未得到发挥。这一创新类型公益诉讼在司法实践中未能广泛推行的原因何在?是法规范依据不足导致实践推行的迟疑,还是程序效益的可替代性而导致的重视不足呢?或者兼而有之,导致其实践动力不足?

(一)案件基本情况和法规范分析

1. 案件基本事实

吉林省白山市江源区中医院(以下简称中医院)于2012年建设并投入运营,当时未建设污水处理设施,也未经环保验收。中医院一直将医疗污水简单用消毒粉处理后就直接排入院内渗井及院外渗坑,严重污染了周边土壤及水体。中医院在2014年对其建筑设施进行改建时也未执行"三同时"制度[2],江源区环保局对中医院作出罚款、责令改正、限期办理环保验收的行政处理,但中医院继续将医疗污水直接向渗井、渗坑排放。2015年5月,江源区卫生和计划生育局(以下简称卫计局)在校验中医院《执业许可证》时,在明知中医院无环评合格报告的情况下,仍评定为合格。

江源区人民检察院于2015年11月18日向卫计局制发诉前检察建议,建议该局依法履行监督管理职责,采取有效措施制止中医院违法排放医疗污水。卫计局于11月23日向中医院发出整改通知,并于12月10日向江源区人民检察院作出回复,但中医院违法排放医疗污水情形一直持续。在吉林省内没有符合民事公益诉讼起诉条件的社会组织的情况下,本案由白山市人民检察院于2016年2月29日向白山市中级人民法院提起行政附带民事公益诉讼。诉讼请求包括三项:(1)确认卫计局于2015年5月18日为第三人校验《执业许可证》的行为违法;(2)判令

[1] 沈静芳:《内蒙古首例行政附带民事公益诉讼案开庭》,载《检察日报》2017年11月16日,第1版。

[2] "三同时",指建设项目的防治污染措施必须与主体工程同时设计、同时施工、同时投产使用的制度。

卫计局履行法定监管职责,限期组织整改中医院的医疗污水净化处理设施;(3)判令中医院立即停止违法排放医疗污水。

2. 判决摘要

本案经白山市中级人民法院公开开庭审理,并于 2016 年 7 月 15 日分别作出一审行政判决和民事判决。经对该案判决书内容进行整理,行政判决理由主要有三点:(1)根据国务院《医疗机构管理条例》第 5 条及第 40 条的规定,卫计局对辖区内医疗机构具有监督管理的法定职责;(2)根据卫生部《医疗机构管理条例实施细则》第 35 条、《吉林省医疗机构审批管理办法(试行)》第 44 条的规定,在第三人未提交环评合格报告的情况下,卫计局对第三人的《执业许可证》校验为合格的校验行为违法;(3)卫计局未及时制止中医院违法排放医疗污水,导致周边地下水及土壤存在重大污染风险,其怠于履行监管职责的行为违法。虽然在收到检察建议后,该局采取了一些履职措施,但中医院仍通过渗井、渗坑违法排放医疗污水,且污水处理设施建设完工及环评验收需要一定的时间,故被告应当继续履行监管职责,督促中医院污水处理工程及时完工,达到环评要求并投入使用,符合《吉林省医疗机构审批管理办法(试行)》第 44 条规定的医疗机构执业许可证校验条件。据此,法院作出确认卫计局校验中医院《执业许可证》合格的行政行为违法和监督中医院在 3 个月内完成对医疗污水处理设施的整改两项行政判决。

民事判决理由主要有两点。(1)公益诉讼人提起民事公益诉讼主体适格。本案没有符合《环境保护法》第 58 条规定的适格起诉主体,因此,检察院可以提起民事公益诉讼。法院在受理案件后,依法张贴了案件受理公告,在公告期内没有适格主体申请参加诉讼。(2)根据公益诉讼人的举证和查明的相关事实,可以确定中医院在缺少医疗污水净化处理设施的情况下,直接向渗井、渗坑排放医疗污水的行为对附近地下水及周边土壤造成了重大环境污染风险,排污行为与损害结果存在因果关系。中医院虽举证证明其正在建设符合环保要求的污水处理设施,但结合公益诉讼人的诉讼请求,无法证明其存在不承担责任或者减轻责任的情形,中医院应当承担侵权责任。据此,法院作出判令中医院立即停止违法排放医疗污水的民事判决。一审宣判后,卫计局、中医院均未提出上诉。

3. 法规范分析

在行政附带民事公益诉讼案件的法律依据方面。吉林白山案是检察公益诉讼授权试点期间办理的案件,当时,除了全国人民代表大会常务委员会的《试点决定》(2015 年 7 月 1 日),最高人民检察院和最高人民法院分别就公益诉讼案件办理出台了《人民检察院提起公益诉讼试点工作实施办法》(2015 年 12 月)、《人民法院审理人民检察院提起公益诉讼案件试点工作实施办法》(2016 年 2 月),对案件范围、诉前程序和诉讼中的身份地位、举证责任等方面作出了具体规定,规范检察机关提起公益诉讼办案及审理工作。《人民检察院提起公益诉讼试点工作实施办法》第 56 条和《人民法院审理人民检察院提起公益诉讼案件试点工作实施办法》第 23 条均规定"本办法未规定的,分别适用民事诉讼法、行政诉讼法以及相关司法解释的规定"。最高人民检察院在发布吉林白山案为指导性案例时提出,虽然《人民检察院提起公益诉讼试点工作实施办法》(2015 年 12 月)、《人民法院审理人民检察院提起公益诉讼案件试点工作实施办法》(2016 年 2 月)均没有明确规定检察院是否有权提起行政附带民事公益诉讼,但根据上述兜底条款,可以适用《行政诉讼法》第 61 条第 1 款有关行政附带民事诉讼的规定。

从授权依据看,在上位法没有规定行政附带民事公益诉讼这一案件类型的前提下,最高人民法院、最高人民检察院的实施办法不应突破全国人民代表大会常务委员会的授权范围,创设一种新类型案件。如果将实施办法中的"适用"规定作为适用《行政诉讼法》第 61 条第 1 款行政附带民事诉讼的法律依据,似乎是对上位法规定的扩张性理解。[1] "适用

---

〔1〕 参见乌兰:《行政附带民事公益诉讼若干问题研究——基于最高人民检察院检例第 29 号指导性案例的分析》,载《法律适用》2019 年第 22 期。

民事诉讼法、行政诉讼法以及相关司法解释的规定"只是指在授权范围内对相关办案程序规范的援引,不能认为涵盖《民事诉讼法》《行政诉讼法》的所有条款的准予适用。

综合《行政诉讼法》第61条和最高人民法院《关于适用〈中华人民共和国行政诉讼法〉的解释》(法释〔2018〕1号)的规定,行政附带民事诉讼的基本条件是,行政争议与相关民事争议相关联;行政争议和民事争议必须有一争议是另一争议的先决或前提条件。中医院违法排污行为在2012年综合楼启用时就已经开始,至2015年卫计局校验《执业许可证》时已持续了大约3年的时间。在中医院没有符合环保要求的污水处理设备的情况下,卫计局向其颁发《执业许可证》违法。但在本案中,检察机关并未提出判令确认颁发许可证的行为违法,只请求确认卫计局对中医院许可证校验评定合格的行政行为违法。中医院违法排污的行为在前,卫计局校验行为在后,这就很难说哪个争议是先决或前提条件了。[1]

检察机关的诉讼请求第二项涉及的江源区卫计局对中医院违法排放医疗污水行为未履行法定监管职责问题,实际上是对先前《执业许可证》校验行政行为的违法性继承,校验合格的违法行政行为是其后没有履行法定监管职责的原因或基础。指导性案例认为,负有监管职责的行政机关的违法行政行为是民事侵权行为的先决或前提条件,但从案件主要事实看似乎无法得出这一结论。

(二)分段审判的成本

最高人民检察院在吉林白山案的指导性案例要旨中提出,《行政诉讼法》第61条第1款规定的行政附带民事诉讼制度有利于提高程序效益,节约诉讼成本,统一司法判决。行政附带民事诉讼制度的确着眼于

〔1〕 参见乌兰:《行政附带民事公益诉讼若干问题研究——基于最高人民检察院检例第29号指导性案例的分析》,载《法律适用》2019年第22期。

程序效益原则和确保法院裁判的权威性，[1]即通过一并审理行政争议和民事争议相关联的案件，使两种不同性质的争议得到迅速解决，提高诉讼效率，避免出现相互抵触的裁判结果。但就吉林白山案而言，相较于分别提起或单独提起，通过提起行政附带民事公益诉讼的方式，一并审理两类公益诉讼案件，在多大程度上提高了诉讼效率呢？从成本收益角度考量，分别或单独审理作出判决有利于节约成本，提高效益还是合并审理作出判决更能够提高效率，更有利于及时全面恢复受损害公共利益呢？

检察机关提起公益诉讼以实现公益最大化为目标，在案件范围、监督领域的确定、提起诉讼的必要性、诉讼类型的选择、诉讼请求的确定方面都应以是否能够最大限度维护公共利益为考量标准。在该案中，对于单独提起行政公益诉讼或民事公益诉讼，还是适用行政附带民事公益诉讼程序，一个现实的考量因素是哪一种诉讼类型能够利用最少的司法资源，在最短的时间内高效实现公共利益最大化。对于卫计局放任中医院排放医疗污水，造成周边地下水及土壤重大污染的违法行为未及时履行监管职责有必要提起行政公益诉讼，判令其依法履行制止中医院排放医疗污水，督促完成医疗污水净化处理工程建设的职责。但是否有必要附带提起民事公益诉讼，同时就行政和民事诉讼请求一并审理作出判决，需要对单一审判和分段审判解决纠纷的成本进行比较分析。

民事案件要解决由哪一方承担责任并确定赔偿额度，行政案件通常也牵涉被告是否要承担行政行为违法责任及责任程度判断问题。在检察公益诉讼案件中，因为检察机关是恒定的起诉方，公益受到损害这一核心事实的确定往往也不存在太多疑问，所以民事公益诉讼案件解决的核心问题通常是赔偿额度的确定，行政公益诉讼案件解决的核心问题通常是行政机关被告是否要承担行为违法的责任。这些问题是适合合并

[1] 参见马怀德、张红：《行政争议与民事争议的交织与处理》，载《法商研究》2003 年第 4 期。

审理,在同次审判中决定责任与赔偿,还是适合分开来单独进行审判在系列审理中各个分开决定?合并审理还是分别审理行政争议和民事纠纷解决问题的诉讼成本更低?分别审理对检察机关这个起诉人更有利还是对行政机关一方更有利呢?

根据范围经济理论,将两种不完全相同但有一定关联性的活动相结合,能够降低成本,更容易达到目标,如责任界定和损害赔偿数额的测算相互联系,那就要捆在一起同时决定比分开决定要更经济。因此,范围经济会偏向于单一审判,即合并在一起审理和判决。但如果责任问题与损害赔偿问题很容易相分离,通过序列判决能够做到排除性处理,那分阶段审判更节省成本。[1]

从原告和被告的不同角度看,对于合并审理和分段审理的态度也有所不同。在有关责任和赔偿的事实相互支持时,被告往往会更希望法庭进行分段审理,而原告则更希望合并审理。为什么被告可能更喜欢分段审判,还可以进行进一步分析。相较于合并审理而言,分别审判更有利于分辨真正的受损害者和"搭便车"者。比如,因劣质食品受到损害的消费者,诉请制造厂商承担损害赔偿责任,起诉的原告中可能既包括受到产品损害的消费者也有并未受到产品损害的消费者。但作为被告的制造厂商并不能够区分真正的受害者和"搭便车"者,从被告的角度看,分别审理才能解决信息不对称问题。在合并审理的情况下,如果被告想要和原告和解,必须对每个原告提出同样的和解协议,并且使所有人都能接受。但真正受到劣质食品损害的消费者所能接受的和解条件和没有受到实际损害的消费者是不一样的,被告为了达成和解要付出相当的代价。如果能够分段审理,第一阶段先界定责任,区分出真正的受损害者和"搭便车"者,在第二阶段被告就可以只和真正的受损害者达成和解,对被告而言显然是更经济的。当然,法院有权决定相互关联的案件是采

[1] 参见[美]罗伯特·考特、托马斯·尤伦:《法和经济学》,史晋川、董雪兵等译,格致出版社、上海三联书店、上海人民出版社 2012 年版,第 427 ~ 428 页。

取合并审理还是分段审理,除了案件事实中的关联要素外,采取哪一种审理程序更经济、更能降低成本应被纳入其考量范围。

借助上述原理来分析行政附带民事公益诉讼案件。行政公益诉讼和民事公益诉讼除案件范围、诉前程序、管辖方面的不同外,在诉讼请求、举证责任、和解调解等起诉和审理阶段的要求都有所差异。如果进行的是单一审判,即合并审理,作为民事公益诉讼被告的中医院对违法排放医疗污水事实的自认、认可造成损害的程度及达成调解协议方面都会受到检察院与卫计局间的行政公益诉讼案件审理情况的影响。行政公益诉讼请求之一是确认卫计局为中医院校验《执业许可证》行为违法,之二是判令卫计局履行法定监管职责,限期对中医院的医疗污水净化处理设施进行整改。卫计局作为卫生行政部门负有对本行政区域内医疗机构监督管理的职责,包括对医疗机构的设置审批、执业登记和校验,对医疗机构执业活动进行检查指导,负责组织对医疗机构的评审及行政处罚。颁发《执业许可证》是校验行为的先行行为,违法校验是违法颁发《执业许可证》行为的违法型继承,但检察院仅诉校验《执业许可证》行为违法,中医院是否就可以认为既然颁发《执业许可证》行为不被认为违法,从获取《执业许可证》执业到校验许可证约3年时间的排污行为可以不承担赔偿责任呢,或者即使承担责任,在额度确定上是否可以打些折扣。假设中医院本来就排污造成污染有意愿与检察院达成调解,可能会因为看到行政公益诉讼请求而决定放弃调解。再假设,如果本案行政公益诉讼请求因为证据不足被法院判决驳回,或者因起诉不符合起诉条件被驳回起诉,即便民事公益诉讼判决中医院立即停止违法排污,承担赔偿责任,判决还能够顺利执行吗,很可能还会引起中医院上诉,违法排污问题无法及时制止,公益损失也无法及时得以弥补。

将行政公益诉讼和民事公益诉讼一并审理,需要解决两种诉讼特质的差异导致的管辖、举证责任分配、证据审查标准、起诉期限和时效差异、上诉、执行等一系列实践操作问题,这些案件审理中协调冲突的成本必然影响诉讼效率。

该案的第二项行政公益诉讼请求是判令卫计局履行法定监管职责，民事公益诉讼请求是中医院立即停止违法排放医疗污水行为。从内容看，行政公益诉讼请求除了要求判令校验《执业许可证》行为违法外，其他内容和民事公益诉讼请求是重合的。如果该案行政公益诉讼的诉讼请求得到法院判决支持并顺利执行，就意味着，在卫计局的监管下，中医院已经建设运行了符合环评要求的医疗污水净化处理设施，违法排放医疗污水行为得到了制止，促使中医院提高了其公共医疗服务的水平。可见，该案行政公益诉讼请求如能够实现，判令中医院立即停止违法排放医疗污水的民事公益诉讼请求自然也能够实现，在公共利益的维护方面还能取得更大的成效。显然，这种行政案件的诉讼请求在完全能够替代民事案件诉讼请求情况下，只需支出单一审理行政案件的成本就可以得到合并审理的效益。

（三）追究多方责任的预期诉讼价值

有关侵权责任的经济学分析一般认为，在涉及多方侵权民事案件需要追究多方责任的情况下，单独起诉单独审判的预期诉讼价值往往高于共同起诉合并审理的预期诉讼价值。假定甲受到乙和丙的侵权，欲起诉追究乙、丙的侵权责任。如甲起诉乙提出的诉讼请求是赔偿 6000 元，但如果乙同意庭外和解，则只需 5000 元的赔偿。甲对丙也可以提出同样的要求。甲也可以调整谈判策略，和乙达成赔偿金为 4000 元的和解协议，同时起诉丙提出 6000 元的赔偿请求，或者相反。从原告甲的角度考虑，乙和丙会由于害怕承担不成比例的个人责任，都会同意和解。所以，甲是单独起诉还是合并起诉，面对多个被告要如何提出诉讼请求上是有主动权的，从乙和丙处至少可以获得共 1 万元的赔偿。但是，乙和丙作为理性经济人，也都能够考虑案件的多种可能性。在存在多方责任的情况下，每个侵权人都会存在观望和侥幸心理，无论原告甲采取什么样的谈判和诉讼策略，很难让所有被告一致同意和解。同理，在公益诉讼案件中，当违法行为人得知造成环境污染的责任追究还涉及监管单位的责任，或者行政机关得知检察机关将同时提起行政附带民事公益诉讼时，也会和多方侵权案件中的被告一样，存在观望和侥幸心理，在审判中采取推诿、回避问题等策略，增加审理难度，也很难在赔偿数额问题上与违法行为人达成调解。

但是，如果原告甲采取单独起诉的策略，假设判决胜诉并得以执行的概率是80%，甲就能够以80%的概率在对乙和丙的起诉中获得1万元的赔偿。甲起诉乙要求赔偿1万元，如果胜诉就不起诉，如果败诉，再起诉丙要求赔偿1万元。在该策略下，甲的预期诉讼价值等于：$0.8 \times 10,000 + 0.2 \times (0.8 \times 10,000) = 9600$元。可见，在需要追究多方责任的情况下，单独起诉相较于共同起诉，不仅成本更低，还能够保证预期诉讼价值。

在检察机关对行政机关和违法行为人单独起诉的情况下，可能会产生如果行政公益诉讼案件败诉，还能否起诉违法行为人承担民事赔偿责任的担心。一般认为，在民事侵权和行政许可相关联的案件中，法院在审理民事争议过程中有可能涉及对相关联的行政许可合法性的审查，此时，法院或者对民事诉讼先行中止，告知当事人先行对行政许可行为提起行政诉讼，待行政诉讼审理结束后再恢复审理民事诉讼，或者采用行政附带民事诉讼，将两种争议一并审理。并非所有行政许可行为介入民事侵权纠纷的案件都要采取这种处理方法，需要综合考虑行政许可对民事侵权的影响程度、诉讼请求内容、行政案件起诉期限和民事案件时效等因素。坚持在民事诉讼中先行对相关联的行政许可合法性审查的观点主要基于行政行为公定力的考虑，即行政行为一经成立，就被推定为合法有效应予以尊重，要确认与之相关联的民事行为构成侵权，判令承担侵权责任，必须由有权机关先行宣布该行政行为违法、撤销。行政行为的公定力约束行政主体和行政相对人，也约束其他有关行政主体、利害关系人，但不包括审判机关。在民事诉讼中，不能直接推定行政行为合法有效，从而对民事审判形成约束。法院在民事诉讼中对案件的事实和法律问题具有独立审查权，即使分别提起行政公益诉讼和民事公益诉讼，法院对两个案件分别审理和判决，两个案件判决结果也互不影响，即使《执业许可证》校验行为没有被判决确认违法，也并不影响中医院对违法排放医疗污水行为承担侵权责任，原因在于“行政机关给予的许可仅仅代表行政法上的认可，并不必然等于民事行为合法”。[1]

就该案事实而言，卫计局在明知中医院没有环评报告、缺乏符合环评标准的污水处理系统的情况下批准其执业，颁发了《执业许可证》并校验合格，属于重大行政违法，也不可能出现检察机关先行提起行政公益诉讼被驳回的结果。另外，如果违法排污造成了生态环境破坏和污染，检察机关可以在行政公益诉讼中提出诉讼请求，由行政机关向中医院提起生态损害赔偿诉讼，督促其追究损害赔偿责任，依法履行国家利益和社会公共利益管理人、代表人的职责。

综上，在民事侵权和行政违法相关联的案件中，与其适用行政附带民事公益诉讼程序，单独提出行政公益诉讼更有利于节约诉讼成本，提高预期诉讼价值。

三、刑事附带民事公益诉讼程序的法经济学分析

检察公益诉讼两年试点期间的工作重点是行政公益诉讼案件，其间，办理的刑事附带民事公益诉讼案件量极少，基本可忽略不计，但在2017年正式入法后，刑事附带民事公益诉讼仅从办案量看已经迅速取代行政公益诉讼成为检察公益诉讼起诉案件的重心。2018年，全国检察机关提起刑事附带民事公益诉讼达2476件，占公益诉讼起诉案件的76.70%，而行政公益诉讼起诉案件仅为587件，占比18.18%，民事公益诉讼起诉案件165件，占比5.11%。[2]《刑事诉讼法》第101条第2款规定的是检察院办理刑事公诉案件时，可以就国家和集体财产遭受的损失附带提起民事诉讼，但并未规定可以提起刑事附带民事公益诉讼。《检察公益诉讼司法解释》在第20条，即在规范民事公益诉讼办案程序

---

〔1〕 何海波：《行政行为对民事审判的拘束力》，载《中国法学》2008年第2期。

〔2〕 参见刘艺：《刑事附带民事公益诉讼的协同问题研究》，载《中国刑事法杂志》2019年第5期。

时首次明确提出了“刑事附带民事公益诉讼”这一案件类型。刑事附带民事公益诉讼在缺乏基本法依据的情况下为何能够迅速发展成为检察公益诉讼办案重点？笔者认为，一些省、市级检察院对所辖区基层检察院提出公益诉讼起诉案件指标，基层检察院面对上级检察机关的考核排名压力，不得不从刑事附带民事公益诉讼寻求突破只是一方面的原因，通过办理刑事案件附带办理公益诉讼案件既能节省成本，又能提升办案成效才是更为重要的原因。

(一)成本收益分析

从办案成本考量，在获取线索、证据调查、程序协作、法律适用等方面，刑事附带民事公益诉讼在限缩管理成本、避免错误成本上的优势非常突出。在获取线索渠道上，检察机关的民事公益诉讼线索大多是通过刑事检察部门移交获取的，检察官在办理刑事公诉案件过程中可以便捷地发现民事公益诉讼线索，获取相关证据，直接提起附带民事公益诉讼。如果发出公告后由其他法律规定的机关和有关组织提起，还需要检察机关再向其提供相关证据，指导或支持起诉，发挥不了任何实际作用且徒增诉累。在案件管辖上，民事公益诉讼案件一般由中级人民法院管辖，涉及公益的普通刑事案件的一审管辖权主要在基层人民法院，在附带提起民事公益诉讼的情况下，就可以直接由管辖刑事案件的基层人民法院受理并进行审判。在证据调查方面，检察机关附带提起民事公益诉讼可直接运用刑事案件调查的证据。根据江必新对《最高人民法院、最高人民检察院关于检察公益诉讼案件适用法律若干问题的解释》的解读，附带提起民事公益诉讼时，刑事案件已经认定的事实证据自然可以作为免证事实和证据。一些事实因为证据不符合刑事案件标准而未予认定的，只要达到民事诉讼证据标准的，也可依法确认。[1] 检察民事公益诉讼针对的是破坏生态环境资源、食品药品安全领域侵害众多消费者权益的违

〔1〕 参见江必新：《认真贯彻落实民事诉讼法、行政诉讼法规定全面推进检察公益诉讼审判工作》，载《人民法院报》2018 年 3 月 5 日，第 3 版。

法行为,刑事诉讼和民事公益诉讼的诉讼主体一致,基本事实相同。刑事犯罪的证明标准是排除合理怀疑,民事案件的证明标准是优势证据。对于刑事案件已经依法认定的事实和证据,由于其证据标准明显高于民事案件,法院应当直接予以认定。“在司法资源有限的前提下,刑事附带民事诉讼可以避免‘刑民矛盾’,节约司法资源,提高诉讼效率、司法治理效率”,[1]在提起刑事公诉的同时一并提起民事公益诉讼,节省了检察院和法院的诉讼成本支出,且由于避免了刑民两条线造成结果冲突,也提升了制度效益。

当然,当前检察机关的刑事附带民事公益诉讼工作也受到了一些质疑,被认为“爱捏软柿子”,不敢“碰硬”。但这些指责并非针对刑事附带民事公益诉讼程序本身的质疑,而是源于部分地方检察机关出现选择性办案、专业水准不高而导致的公益保护重点偏离。从当前检察机关办理的刑事附带民事公益诉讼案件罪名来看,大多集中在滥伐林木、非法占用农用地、非法捕捞水产品、野生动物等几类,对这几类犯罪提起刑事公诉同时附带提起的诉讼很难归入民事公益诉讼类型。根据《野生动物保护法》第3条的规定,野生动物资源属于国家所有。虽然野生动物资源的国家所有权益不能等同于特定个体权益,但因该利益存在明确的法定代表者和监督者,传统民事诉讼制度足以提供保护,基于国家利益而提起的民事诉讼往往区别于真正意义上的民事公益诉讼。民事公益诉讼制度的保护范围应限定为不特定多数人的权益,《民事诉讼法》《检察公益诉讼司法解释》也将民事公益诉讼、刑事附带民事公益诉讼的适用范围限定为“损害社会公共利益的行为”。由于《侵权责任法》(已失效)主要救济直接损失,针对的是具体产生的损害,在办理生态环境领域民事公益诉讼案件时生物要素的不利改变、生态系统功能退化等侵害后果的弥补极易受到忽视。[2]

---

[1] 刘艺:《刑事附带民事公益诉讼的协同问题研究》,载《中国刑事法杂志》2019年第5期。

[2] 参见乌兰:《野生动物保护:刑事、民事并举增强合力》,载《检察日报》2019年1月17日,第3版。

如犯罪嫌疑人只是自行食用或少量贩卖，非法猎捕“三有”（《国家保护的有益的或者有重要经济、科学研究价值的陆生野生动物名录》）动物的，除以涉嫌非法狩猎罪一案提起公诉外，对造成野生动物死亡，破坏国家野生动物资源，造成国家经济损失的情形，宜提起刑事附带民事诉讼。

（二）以效益为目标的改进

一些无采矿证占用草原大面积非法采挖矿产的犯罪行为，会造成草原植被完全消失，地表结构完全破坏，土壤裸露、松散、水土流失严重，后期治理难度很大，除需要立即停止非法采砂活动外，需要制定有效的生态修复方案，实施地质环境治理和植被重建工程。行为人除需赔偿采砂活动造成的草原植被恢复费这个直接财产损失外，还应当赔偿草原生产价值损失（造成草原原生植被完全消失，破坏了原土壤结构和固有性能）和生态系统服务价值损失（草原涵养水源、保持水土及生物多样性维持等生态系统服务功能的丧失）。在对这样的刑事犯罪行为提起公诉的同时附带提起民事公益诉讼，也是站在国家角度挽回资源损失的同时组织修复生态环境创造条件。因此，即便法、检两院对这一诉讼类型“适用的罪名、行为、结果、管辖原则、诉前程序、证明标准、责任方式、被告人与被告范围、办案时限”[1]等方面仍存在认识分歧，各地做法不一，但刑事附带民事公益诉讼体量依然庞大。但是，为促成这一制度发挥更高效的治理功能，程序机制仍有改进的空间。刑事附带民事公益诉讼程序应当在保证诉讼成本不增加的情况下，以提升整体社会效益为目标进行改进。

1. 案件范围方面。从提升社会效益的角度考量，刑事附带民事公益诉讼的案件范围应该以国家利益、集体利益和不特定多数人的社会公共利益相交织的案件，即属于公益和共益相结合的案件为主，如涉及自然资源、国有土地、国有林地、集体土地、集体林地和草原等被破坏的案件、

---

〔1〕 刘艺：《刑事附带民事公益诉讼的协同问题研究》，载《中国刑事法杂志》2019 年第 5 期。

食品药品安全受到严重损害或存在重大安全风险的案件。这些案件在追究违法行为人刑事责任的同时需要鉴定测算生态环境受损的程度,协调各相关职能部门解决生态修复,解决食品药品质量问题造成的严重后果,社会组织通过提起单一民事公益诉讼难以承担这一职能。

2. 诉前公告的取舍方面。从刑事附带民事公益诉讼案件类型出现之初,一直存在这类案件是否需要履行诉前公告程序的争论,多数检察机关考虑刑事案件办案期限有严格审理期限,并不愿履行诉前公告程序。2019 年 12 月,最高人民检察院和最高人民法院共同发布《关于人民检察院提起刑事附带民事公益诉讼应否履行诉前公告程序问题的批复》,明确了此类案件必须履行诉前公告程序,如果因此可能影响刑事案件审理期限的,可以另行提起民事公益诉讼。但是,这样的做法有悖成本效益原则。在通常情况下,刑事公诉案件如果附带提起民事公益诉讼,若被告人承诺履行民事责任,刑事责任一般可以适当从轻,且由于刑事处罚的威慑作用,被告人往往会更积极、更快速地赔偿损失,采取措施修复公共利益损害。无论是从个人还是从整个社会效益上看,在能够同时审判的情况下却要分别审判,将刑事与民事责任分开来追究,明显不符合成本效益原则。其次,将已经办理或者正在办理的刑事案件被告人是否承担民事责任的决定权交给社会组织来裁量,也有悖法的安定性原则。因此,刑事附带民事公益诉讼案件不应要求履行诉前公告程序。

3. 追究的责任范围方面。《刑事诉讼法》第 101 条第 2 款规定的刑事附带民事诉讼赔偿范围仅限于"财产损失",因此,目前提起刑事附带民事公益诉讼无法保护财产性利益以外的其他社会公共利益。如办理野生动物保护领域刑事附带民事公益诉讼案件时,诉讼请求只能要求被告赔偿野生动物的直接价值损失。但这类案件不应只考虑弥补野生动物资源直接价值损失,在证据收集、事实认定、诉讼请求确定方面,应更多考虑非法猎捕、杀害野生动物的行为对整体生态系统服务功能的不利影响,着眼于通过检察公益诉讼使侵害野生动物行为对生物多样性保护及给人类带来的生态系统生存利益的减损得以修复。[1] 因此,检察机关在办理这类刑事附带民事公益诉讼案件时可提出要求被告支付生态修复费用的诉讼请求。

4. 一些生态资源环境领域的案件,可采取刑事、民事公益诉讼和行政公益诉讼多元措施。仍以野生动物保护领域为例,检察机关可通过刑事公诉制裁非法猎捕、杀害野生动物的犯罪行为,通过提起民事公益诉讼要求违法行为人承担填补生态损害和生态修复责任,同时,可适用行政公益诉讼诉前程序,向担负陆生、水生野生动物保护职责的林业、渔业主管部门提出督促履行职责的检察建议,建议行政主管机关及时采取预防和规制措施,干预和排除野生动物资源减损的危险源,从源头上避免生态环境风险演变为实际损害。刑事、民事公益和行政公益多元措施合力,有助于发挥不同的诉讼程序功能,获取更多的办案效益。

5. 加强行政执法与刑事司法的衔接。刑事附带民事公益诉讼所涉违法行为的行政执法与刑事司法衔接问题,往往影响办案的整体效益。在公益诉讼办案实践中,检察机关在认定行政机关是否全面履行法定职责时往往涉及行政执法与刑事司法的区分和衔接问题。刑事附带民事公益诉讼所涉的生态环境资源毁坏或食品药品质量问题造成公益损害的行为,到底要追究行政违法责任还是必须作出刑事制裁,就是区分行政处罚和刑事责任追究的判断标准问题。在这一点上,我国主要采用定性和定量相结合的方式,即根据违法行为的社会危害性程度、情节轻重、造成损害的数额等。虽然行政处罚和刑事制裁的适用范围存在一定竞合,有些行为构成犯罪并接受了刑罚制裁后,不再需要行政机关作出行政处罚,但也有很多案件中存在刑事责任无法代替行政处罚方式和功能的情况。比如,行政机关已经将涉嫌犯罪的案件移送司法机关,但仍需对涉事企业作出责令停止生产、吊销许可证等行政处罚,以及时消除违

---

〔1〕 参见乌兰:《野生动物保护:刑事、民事并举增强合力》,载《检察日报》2019 年 1 月 17 日,第 3 版。

法行为造成严重公益损害的后果。

我国关于行政执法与刑事司法的衔接一直缺乏双向移送的规范依据。所谓“两法衔接”，主要强调的是行政执法机关将涉嫌犯罪的违法行为及时向公安机关移送，即单向移送。立法规范在涉及两法衔接的表述上往往语焉不详，造成行政执法和刑事司法的不当界分。如《草原法》第66条、《土地管理法》第72条的条文表述，造成了行政执法机关对破坏草原、土地违法行为的行政执法和刑事司法事实上并行的二元分立局面，导致实践中大量违法行为只要涉嫌刑事犯罪的，即“一送了之”。移送公安机关刑事处理后，行政机关就不采取其他行政处理措施，违法情形得不到有效制止，违法行为实际脱离了行政监管。很多破坏草原、毁坏耕地的违法行为人承担了刑事责任后仍继续其违法行为，而行政机关被提起公益诉讼后又以移送公安机关刑事处理为由辩解其已经履行了本机关的法定职责。

行政责任和刑事责任均属公法责任，对具有严重社会危害性的，造成国家利益和社会公共利益损害的违法行为，追究行为人行政责任和刑事责任在目的指向、功能实现方面均有所不同。单纯追究行政责任或刑事责任都不足以将被违法行为破坏的社会秩序恢复到违法行为发生之前的状态。一事不两罚原则指的是不能作出两次同种类的处罚，但涉嫌犯罪的违法行为案件的行政处罚和刑事追究，不违反一事不两罚原则，在特定领域两种处罚可以发挥互补的作用。[1] 当然，类似罚应相抵，即行政处罚中的没收违法所得、罚款等处罚可与刑罚中的没收、罚金相抵。不同罚内容应再行处罚，即已行政处罚的，移送刑事处理后类似罚相抵外，再行追究其他刑事责任。未进行行政处罚的，追究刑事责任后不影响行政机关作出行政处罚。以土地违法行为为例，对土地违法行为进行监管，追究违法行为人的法律责任，目的在于制止和纠正非法占用、非法

---

〔1〕 参见刘艺：《检察公益诉讼的司法实践与理论探索》，载《国家检察官学院学报》2017年第2期。

改变土地用途、严重毁坏土地资源，侵害公共利益的违法行为，通过行为人采取补救措施，将土地恢复原状，将受损害的公共利益得以修复。《土地管理法》所规定的责令停止建设、限期改正、责令退还土地、限期拆除等行政处罚措施都不属于刑事责任承担方式，依靠刑事司法程序无法达到恢复土地原状，修复受损害的公共利益的目的。因此，从长远看，可以通过修改《刑法》中有关环境保护、资源保护、食品药品等领域的刑罚种类，把行政措施适当转化为刑罚措施，在修改《刑事诉讼法》时完善行政执法与刑事司法程序双向衔接机制，在修改《草原法》《土地管理法》等单行法时提高立法的准确性和科学性。在立法未及修改的当前，立法的缺陷主要依靠行政执法和司法程序的弥补：行政执法机关将涉嫌犯罪的案件移送公安机关后行政处理程序不停止，立案、调查、告知、处罚、执行程序继续进行；案件移送后，行政执法机关要与公安机关、检察院、法院及时沟通、通报和工作衔接，根据案件审理和判决情况及时调整行政处罚措施；在检察机关内部，公益诉讼部门要加强与刑事检察部门的工作衔接，加强对行政执法与刑事司法程序双向衔接的监督。

第二节　行政公益诉讼的举证成本和预防激励

在行政公益诉讼中应如何分配举证责任，是法、检两院在试点之初的办案实践中困惑最大的一个问题。随着实践的不断深入，到了试点中后期直至正式入法，无论是文本规定还是理论认识上，基本达成了一个共识，即在行政公益诉讼中，对国家利益和社会公共利益受到侵害的事实由检察机关承担初步证明责任，由行政机关承担自身行使职权合法性的举证责任，对行政机关不履行法定职责的事实（不作为）由检察机关承担举证责任。但从检察机关一线办案人员的反映来看，无论是在试点期间还是全面推开后，办理行政公益诉讼案件最大的困难就是检察机关承担的举证责任过重，甚至已成为“不能承受之重”。下面，借助法经济学研究中著名的汉德法则,分析检察机关在行政公益诉讼中的举证成本及举证责任分配对行政机关违法行为的预防激励。

一、汉德法则与最优预防

(一)汉德法则

汉德法则是美国法官勒尼德·汉德在"美利坚合众国诉凯洛拖轮公司"一案的裁判中形成的。[1] 这个案件涉及的是纽约港一个驳船及所载货物的损失问题。有人租被告所有的拖船将凸式码头上的一艘驳船拖出港口,一根系泊缆绳系着包括这艘驳船在内的很多驳船。因为所有驳船上都没有船员,被告拖船上的船员为了将该驳船解开,就自行调整了系泊缆绳。但由于没有采用正确的调整方法,其中一艘驳船松动后与另外一艘船相撞,驳船连同货物一起沉入了海底。沉入驳船的主人认为拖船主的雇员调整系泊缆绳时存在过错,以拖船主为被告起诉,要求其承担侵权责任。拖船主在庭审答辩时提出驳船主也有过错,驳船上的船员作为其代理人,本该在拖船船员调整系泊缆绳时在驳船上守候,就因为驳船船员离开了岗位才会导致调整系泊缆绳时采用了不恰当的方式,造成了这起事故。在这一案件的裁判中,勒尼德·汉德法官形成了著名的汉德法则。

根据汉德法官的分析,处理该案争议的前提在于,假设驳船船员或者其他参与人员不在船上时,该驳船冲出其泊留位置造成其他船只的损害,驳船主是否应当承担责任。每只驳船都有可能冲出其泊留位置造成周围船只损害,为避免风险的发生,所有的驳船主都有责任采取措施防止损害的发生。

将事故发生的概率、事故产生的损害和预防成本用 P、L、B 表示,汉德法则得出的汉德公式就是 $B < PL$。PL 是事故发生的概率和事故产生

---

〔1〕 有关形成汉德法则的案例和汉德公式,参见[美]罗伯特·考特、托马斯·尤伦:《法和经济学》,史晋川、董雪兵等译,格致出版社、上海三联书店、上海人民出版社 2012 年版,第 202~205 页。

的损害的乘积，就是预期事故成本。汉德公式的基本含义就是，如果意外事故的预防成本小于预期事故成本，则施害人便构成过失。[1]

根据汉德公式，施害人是否承担责任取决于预防事故发生的成本是否小于预期事故成本。在驳船案件中，由于预防驳船沉船事故发生的成本小于预期发生事故的成本，所以驳船主人需要就自己没有在白天的工作时间留置船员于船上的过失承担责任。汉德法则的基本原理就是对预防成本和预期事故成本做比较分析。如果事故的预防成本小于预期事故成本，就意味着施害人如果增加预防水平就能降低事故发生的可能或避免事故发生，相应地，整体社会成本就会降低，所以施害人如果没有做到充分预防，就要承担造成损害的责任。

（二）最优谨慎预防水平

汉德法官在对沉船事故分析过程中并未明确 P、L、B 这三个变量是边际值还是总值。波斯纳法官对汉德公式进行了修正，从预防的边际成本和边际收益的对比关系来理解汉德公式。[2] 把预防成本 B 变作预防的边际成本，用符号 wi 代替，把表示事故产生的损害 L 变作事故伤害的成本，用 A 代替，事故发生的概率 P 变作边际概率，用 p′代替，把这些符号代入汉德公式就可以得到边际汉德法则的公式：$wi < -p'(xi*)A =$ 施害人的过失责任。

边际汉德法则就是指，若施害人的边际预防成本低于相应的边际收益，那么施害人就应该承担过失责任。在确定侵权责任时，如果其中一方采取进一步预防措施的边际成本低于边际收益，那么就意味着其采取进一步预防措施是成本有效的，此时，就应认定这一方应承担侵权责任。这就意味着，这一方实际采取的预防水平低于有效率的预防水平（$x < x*$），所以，其进一步采取预防措施是成本有效的，而这一方本该采取这样程度的预防水平却没有采取，就应当承担相应的责任。

---

〔1〕 参见卢现祥、刘大洪主编：《法经济学》，北京大学出版社 2007 年版，第 127 页。
〔2〕 参见卢现祥、刘大洪主编：《法经济学》，北京大学出版社 2007 年版，第 128 页。

根据汉德法则，这一方如想不承担责任，就必须提高预防水平直到汉德公式里的不等式变成等式 $w = -p'(x*)A$，即边际预防成本等于边际收益。如果施害人的实际预防水平符合效率标准，即 $x = x*$，那么边际社会成本就会与边际社会收益相等，即 $w = -p'A$。[1] 当然，对施害人要求达到的预防成本也只会到这个程度，如果在这一程度之上进一步采取预防措施，也是无效率的。

美国法院反复应用汉德公式裁判侵权案件过失责任问题，使法官逐渐发现了最有效率的最优谨慎预防水平的法律标准。在判案中，法官总会设问，要求施害人采取进一步的预防措施是否是成本有效的，若答案是肯定的，则施害人没有满足最优预防水平标准就应当承担责任。在人们普遍对这样的裁判规则形成认知后，所有潜在的责任主体就会采取措施提高他们的预防水平，以避免将来因此被追责。最终，整个社会各个领域潜在的责任主体采取的预防水平都是符合效率标准的，边际社会成本都与边际社会收益相等，社会整体的机制运行就是有效率的。

要使汉德法则得到准确运用，需要立法者、施害人、法官等准确判断预防成本和预期的事故成本之差，而要准确测算成本和收益就需要大量的信息。所以，在确定责任主体时需要考虑谁是获得事故信息的最佳人选。对此，可以通过立法明确有效率的预防水平的法律标准，或形成社会习俗、行业惯例后通过裁判加以认可。法官在审判过程中为获得准确的事故信息，还需要听取专家意见。比如，在测算草原上的非法挖沙行为对草原生态造成危害的程度时，需要将该区域草原植被及土壤性质的承受力、修复的时间、成本及有无完全修复的可能性统筹考虑。在应用汉德法则时容易出现一个逻辑错误，即法院在施害人的预防成本和采取预防措施所带来的全部收益之间进行衡量时很容易忽略施害人自身风险降低带来的价值。其实，施害人采取预防措施带来的收益既包括降低他人风险的收益，也包括施害人自身风险降低的收益。如果不重视施害

〔1〕 参见卢现祥、刘大洪主编：《法经济学》，北京大学出版社 2007 年版，第 128 页。

人采取预防措施对降低本身风险所带来的价值,全部收益的计算值就会降低,从而导致对施害人采取预防措施的标准相应降低。

通过以上分析可知,在侵权案件中,采取不同的举证和归责原则会对潜在施害人产生不同的预防行为激励。侵权案件的举证归责原则主要有严格责任原则和过错责任原则,相比过错责任,严格责任原则更能够对潜在施害人产生正向有效的预防激励。原因在于,从举证难易程度看,相较于过错责任原则要证明施害人存在过失,严格责任原则只需要证明致害事实和损害结果之间的因果关系。比如,可乐瓶爆炸造成餐馆的工人身体伤害,在确定责任时证明爆炸和身体损害之间存在因果关系,要远比证明生产厂家是否遵循了标准瓶装程序、是否存在过失要容易得多。如果法律规定这类案件由受害人就施害人存在过失承担举证责任,可能会有很多生产厂家不采取任何风险预防措施,因为在这样严苛的举证要求下,受害人很难完成证明责任,那么法院判决生产厂家承担责任的概率就很小。如果这类案件只要求受害人就因果关系承担举证责任,生产厂家因举证不能而被判承担责任的概率就很大,生产厂家就会通过采取更多的预防措施避免事故风险。

综上,不同的举证归责原则对诉讼当事人来说意味着不同的诉讼成本和诉讼结果,而预期诉讼成本和可能的诉讼结果会对潜在的施害人形成不同的行为激励。适当的举证归责原则将对那些潜在的施害行为人形成正向的行为激励,为避免在潜在诉讼中遭受不利后果,他们会尽可能采取更多的预防措施以避免造成事故。反之,如果举证归责原则设计不当,就会对潜在的施害行为人形成错误的行为激励,他们会放弃那些自身能力范围内能够做到的预防措施,最终影响整体社会效率。这一原理对分析行政公益诉讼举证规则对诉讼成本的影响,以及对潜在的被告人——行政机关的行为激励具有重要的借鉴意义。

二、当前检察机关的举证成本和反向预防激励

(一)检察机关在行政公益诉讼中的举证成本

综合《行政诉讼法》第49条、最高人民检察院《人民检察院提起公益

诉讼试点工作实施办法》第 45 条和《检察公益诉讼司法解释》第 22 条、《人民检察院公益诉讼办案规则》第 71 条的规定,检察机关提起行政公益诉讼除了要求符合普通行政诉讼的起诉条件外,还需对三项事实承担举证责任:(1)国家和社会公共利益受到损害并持续处于受损害状态的事实;(2)针对行政机关履职违法问题,检察机关已经提出了诉前检察建议,但行政机关仍未及时纠正或完全纠正违法行为的事实;(3)行政机关违法履职行为与国家和社会公共利益受损害的关联性。显然,检察机关在行政公益诉讼中承担的举证责任重于传统行政诉讼的起诉人。但考虑诉前程序是行政公益诉讼的法定前置程序,国家和社会公共利益受侵害是公益诉讼成立的必要条件,规定上述两项事实的证明责任由检察机关承担有其合理性和必要性,且检察机关对于行政机关违法行为或不作为造成国家和社会公共利益损害的事实只需提供初步证据。

根据《行政诉讼法》第 34 条和《关于行政诉讼证据若干问题的规定》第 1 条第 1 款的规定,被告就涉诉行政行为合法性问题举证的内容包括被告职权依据、涉诉行政行为程序、涉诉行政行为事实、涉诉行政行为所依据的规范性文件。对于行政公益诉讼中的举证责任分配,《行政诉讼法》并未与行政私益诉讼作出区分。2017 年,检察公益诉讼正式入法时除了在《行政诉讼法》第 25 条中增加了第 4 款规定外,并未在该法的其他章节增加有关行政公益诉讼程序的规定,“可以视为国家立法机关默认了行政公益诉讼可以适用行政私益诉讼程序”,[1] 由此可以认为,行政公益诉讼中的举证责任分配应当适用行政私益诉讼程序的一般规定,行政公益诉讼被告对涉诉行政行为合法性承担举证责任,举证内容包括被告法定职权、行政行为程序、内容及所依据的规范性文件等。

但从行政公益诉讼办案实践看,地方检察机关在实际办案中对内部工作部门和工作人员要求的调取证据范围、庭审中的举证要求远超过现

---

[1] 章剑生:《论行政公益诉讼的证明责任及其分配》,载《浙江社会科学》2020 年第 1 期。

行法律和司法解释的规定，几乎事无巨细地对诉讼中所有事项负责举证。虽然翔实全面的举证可保证以“确凿、充分的证据支持自己的诉讼请求，谨慎、妥当地处理好每一起案件”，[1]但繁重的举证责任负担已经成为很多基层检察院开展行政公益诉讼“无法承受之重”。

下面，以最高人民检察院第八检察厅编写出版的《行政公益诉讼典型案例实务指引》中选编的湖北省荆州市公安县人民检察院诉公安县环保局不依法履职案[2]为例，分析检察机关在行政公益诉讼中支出的举证成本。该案由公安县人民检察院于2016年12月向该县人民法院提起行政公益诉讼，法院于2017年4月作出一审判决。2016年，公安县人民检察院发现该县佳乐佳豆制品加工厂（以下简称佳乐佳厂）在缺乏水污染防治配套设施的情况下，将生产废水直接排入长江，县环保局对此未依法履职，经调查核实向县环保局发出诉前检察建议。鉴于县环保局虽对该企业作出了罚款的行政处罚，但该厂仍继续向长江排污，违法行为未得到及时制止，公益仍处于受侵害状态，公安县人民检察院提起行政公益诉讼。从有关案件调查核实过程的介绍及起诉时提供的证据材料看，检察机关在办案中开展了翔实而艰辛的取证工作。起诉时检察机关向法院提供了六组证据：(1)证明公安县人民检察院作为公益诉讼起诉人，主体资格合法的证据材料；(2)证明县环保局对本县环境保护负有监管职责的证明材料；(3)证明检察院发出检察建议前，佳乐佳厂存在违法排污行为的事实及县环保局未依法履职的证据材料；(4)检察院向县环保局发出检察建议及县环保局回复的证据材料；(5)证明县环保局收到检察建议后仍未依法履职，国家和社会公益仍处于受侵害状态的证据材料；(6)鉴定意见、专业人员对专门问题的意见。为核实该厂在检察建议发出后是否仍继续生产，办案人员在该厂所在地昼伏夜出进行彻夜蹲

[1] 王玎：《检察机关提起行政公益诉讼的举证责任》，载《上海政法学院学报（法治论丛）》2017年第4期。

[2] 参见最高人民检察院第八检察厅编：《行政公益诉讼典型案例实务指引》（生态环境资源保护领域上册），中国检察出版社2019年版，第131～152页。

守,用红外摄像机等器械收集其继续生产、不断向长江排污的行为。检察机关还调取了该厂用电、用水情况作为该厂持续生产的佐证,取得了污水处理公司有关该厂未将生产污水运去处理的证言。办案人员在3个月内拍摄了该厂向长江排污的7组视频和照片,证明县环保局履职行为不完全、不充分、不依法致使违法排污行为持续问题。检察机关起诉时向法院提供的证据内容具体包括:佳乐佳厂营业执照、企业登记信息;县环保局在收到检察建议前向该厂作出的《责令改正违法行为决定书》《行政处罚决定书》;县环境监测站监测报告;收到检察建议后县环保局作出的《限期治理事先告知书》《行政处罚决定书》;供电公司、自来水公司出具的用水用电情况表;检察建议书及回复函;县环保局对该厂的调查询问笔录;检察院拍摄的现场排污视频、现场勘验笔录;长江大学化工和环境保护学院专家意见、武汉净澜有限公司出具的《检测报告》、武汉工程大学出具的《环境污染分析报告》。从上述证据内容及意欲证明的问题看,检察机关除了对举证证明起诉符合起诉条件外,对县环保局承担法定职责、佳乐佳厂违法排污及县环保局对佳乐佳厂违法排污存在不完全履职的事实、因违法排放超标污水造成长江水体生态破坏的事实也提出证据加以证实,对国家和社会公共利益受到侵害事实的证明程度也远高于初步证明的要求。在诉前检察建议发出后的调查核实时间长达3个月,检察院调取了企业的工商登记材料和县环保局行政执法材料,走访了供电公司、自来水公司、污水处理厂调取证据,拍摄现场排污视频、形成现场勘验笔录,聘请专家出具专家意见,聘请鉴定机构形成相应的鉴定报告。

从公安县人民检察院的办案过程及其向法院提交的证据材料看,检察机关为案件举证耗费了大量的时间、人力、物力。从办案时间看,从发出诉前检察建议后到提起诉讼的调查核实时间长达3个月,加上获取案件线索、立案后开展初步调查、决定制发诉前检察建议的时间,起诉前检察机关的办案时间至少在6个月以上。从人力成本看,办案人员除了准备起诉人和被告主体资格适当的证据材料、证明佳乐佳厂存在违法排污行为、县环保局未依法履职的初步证明材料外,为证明该厂在检察建议发出后仍继续生产，在该厂周围“昼伏夜出”“彻夜蹲守”，用红外摄像机等器械拍摄现场排污视频，制作现场勘验笔录。走访询问供电公司、自来水公司、污水处理公司人员，通过该厂用电、用水情况佐证该厂持续生产，未将生产污水运去处理。联系高校和专业检测机构，获得专家意见和鉴定报告等。这期间必然需要大量办案人员付出艰辛的努力，付出的人力成本之大不言而喻。从直接金钱成本看，办案人员的工资、办公车辆费用、拍摄视频器械、专家出具专家意见的报酬、鉴定机构出具鉴定报告的费用等，最终都是由国家财政负担支出的。

最高人民检察院认为，检察机关实际承担较重举证责任的原因：一方面，与检察机关监督的对象主要是行政机关的不作为违法有关；另一方面，这也体现出了检察机关代表国家提起诉讼的公诉特性，固与一般原告存在不同。[1] 也有观点认为，检察机关本身具有检控职能，拥有法律专业人才和专业优势，具备较强的举证能力，由其负举证责任更加合理，也有利于防止其滥用行政公益诉讼起诉权。[2] 的确，根据《检察公益诉讼司法解释》第 6 条规定，检察机关办理公益诉讼案件时有权向行政机关、其他组织、公民调查收集证据材料，行政机关、其他组织、公民有配合的义务，必要时还可以采取证据保全措施。检察机关在办理公益诉讼案件时的确具有不同于普通行政私益诉讼原告调查收集证据的权力和能力。但是，具备调查收集证据的权力和能力并不意味着检察机关需要承担超出法律和司法解释规定范围的举证责任，“被诉行政行为的合法性”这一行政诉讼核心问题仍应由被告承担举证责任。

对于自身履职行为的程序、内容的合法性事实及依据，相较于检察机关去查证取证，行政机关更易于证实，长期的行政诉讼实践也证实了这种举证责任承担机制的科学性。虽然说，无论是检察机关还是行政机关承担主要举证责任，支出的都是国家的管理成本，但管理成本的不同

---

〔1〕 参见徐全兵：《检察机关提起行政公益诉讼的职能定位与制度构建》，载《行政法学研究》2017 年第 5 期。

〔2〕 参见傅国云：《行政公益诉讼制度的构建》，载《中国检察官》2016 年第 5 期。

分配方式直接影响着最终支出成本的大小。同样一个事实，检察机关要获取证据加以证明需要耗费大量的人力、物力、财力及办案时间，原因在于虽然相比普通原告“有非凡的获取证据的能力”，[1]但检察机关难以获得基于案件当事人的亲历性才能获取的案件全部信息。而在行政机关角度，可能只需将既成事实展现即可，无须另行耗费资源。行政公益诉讼所有参与主体支出的管理成本都属于为促进依法行政的纯粹花费，因此，由行政机关来证明自身履职行为合法性，相比检察机关去证明更能够降低管理成本，从而达到收益纯增的效果。

（二）对行政机关的反向预防激励

汉德法则中的举证归责原则对潜在诉讼当事人行为产生预防激励的原理，同样适用于行政公益诉讼举证规则合理性的研究，即研究通过合理的举证规则对行政公益诉讼案件潜在被告人，即行政机关形成正确的行为激励。行政公益诉讼案件庭审过程要解决的核心问题就是涉案行政行为的合法性审查和判断。行政机关掌握着大量的公共资源，承担了最重要的公共事务管理职责，为确保其依法正确高效行使公共管理权，行政行为的司法审查和判断过程必须考虑预防激励因素。一方面，如果行政公益诉讼案件举证责任主要由检察机关承担，就意味着免除了行政机关在潜在的诉讼中需要承担的举证责任，长此以往，行政机关在履行公共事务管理过程中就会忽略对自身行为合法性的考量。检察机关相较于普通原告而言获取证据的手段更多、能力更强，但要搜集行政机关履职行为在依据、程序、方式上的违法证据，还是会面临很多客观阻碍。如果检察机关承担行政公益诉讼主要举证责任的情形长期持续，就会对行政机关造成反向的预防激励，很多行政机关会放松对履职行为合法性要素的注意，对促进依法行政有害无利。另一方面，由于检察机关工作人员对不同行政执法领域专业知识的缺乏、信息获取的不足，在确

[1] 章剑生：《论行政公益诉讼的证明责任及其分配》，载《浙江社会科学》2020 年第 1 期。

定行政行为违法和公益受损害事实的原因、程度、因果关系时,难免会出现一些失误。如果审理程序的推进过多依赖检察机关的举证,一旦检察机关在取证程序、方式上出现瑕疵,或者在证据选择、证据审查、事实判断过程中出现偏差,将直接影响审理程序和裁判结果的正当性和准确性。行政公益诉讼的败诉结果实质上是对行政机关公共事务管理行为的否定性评价,败诉机关很有可能面临上级机关和公众的责问。行政公益诉讼程序和结果出现任何偏差或不当,都会对行政机关依法履职造成预防扭曲,对这些潜在的公共利益施害人形成错误的预防激励。

三、行政公益诉讼举证规则的改进

行政公益诉讼举证规则的科学性、合理性直接影响行政公益诉讼的管理成本及潜在的行政机关违法行为的预期控制。行政公益诉讼中两造承担的举证责任越经济越准确,国家为此支出的管理成本就越少,对真正负有责任的违法行为人追责的准确性就越高,越会增加行政机关遵守法律行使权责的动机。但是,对行政机关遵守法律行使权责的激励不能简单等同于对行政行为违法的预期制裁,而是在于行政行为违法的预期制裁和错误的预期制裁两者之间的差异。假设由于举证规则不合理导致裁判结果错误,不应被追责的行政机关受到的预期制裁是10,违法的行政机关面临的预期制裁是50,那对违法行政机关的有效制裁就是40,而不是50,因为40是由违法者造成的附加制裁。通过避免不应被追责的行政机关受到错误制裁,行政机关依法行政的激励就能得以提升。提高责任判定的准确性,会带来一个额外的社会收益,即改进了有关是否从事特定行为的决策。[1] 要提高行政公益诉讼责任判定的准确性,就要提高举证机制的准确性、科学性及合理性,被错误追责、受到错误打击的行政机关越少,就意味着由于追责偏差让真正有责任的监管机关逃脱

---

〔1〕 参见[美]斯蒂文·沙维尔:《法律经济分析的基础理论》,赵海怡、史册、宁静波译,中国人民大学出版社2013年版,第403页。

责任而受到错误激励的人越少。合理分配举证责任,让真正适宜的主体承担举证责任,会使行政机关将防范违法行为水平保持在与违法责任标准相当的程度,行政机关会采取与之相当的精力采取措施改进行政行为合法性,采取的措施会和履职违法承受的负面结果相当,从而增加整体社会收益。

因此,管理成本和预防激励应当成为举证规则的重要考量因素。对检察机关在行政公益诉讼中的举证责任承担规则,笔者建议进行以下改进。

1. 检察机关作为公益诉讼起诉人起诉时提供符合起诉条件的证据材料,主要包括:(1)证明起诉检察院是适格起诉主体的证据材料,如《统一社会信用代码证书》、法定代表人身份证明、出庭人员身份证明等;(2)证明被告是适格主体的证据材料;(3)证明检察机关提出诉前检察建议前被告履行职责违法或不作为事实的证据材料;(4)证明已经向被告提出了诉前检察建议,且建议内容合法合理具有可操作性的证据材料;(5)被告收到诉前检察建议后仍然未纠正违法行为或未完全纠正违法行为的证据材料;(6)初步证明国家和社会公共利益受损害事实的证据材料。

2. 检察机关对公益受损害事实,只承担初步证明责任,其全面性、翔实性和准确性程度无须太高。能够用询问笔录、周边群众反馈意见、现场照片说明问题的,就无须制作视频,更无须每案必出鉴定报告或专家意见。因为行政公益诉讼不同于民事公益诉讼需要鉴定或专家意见确定损害赔偿数额,只要行政机关纠正了违法履职行为、采取措施恢复了受损害的公益即可。

3. 在作为类行政公益诉讼中,行政机关应对其具体行政行为的合法性承担举证责任,需要对具体行政行为事实、程序、决定及其法律依据提供证据证明。在不作为类行政公益诉讼中,行政机关应对其没有“不作为”或者“不依法履行职责”承担举证责任,如举证不能,应承担败诉的不利后果。要改变目前检察机关不区分行政机关作为违法和不作为违法情形,对行政机关行为违法与国家和社会公共利益受侵害事实之间具有因果关系及国家和社会公共利益受侵害的程度等事项，几乎承担全部举证责任的现状。在作为类行政公益诉讼中，检察机关主要就违法行政行为与国家和社会公共利益受损害事实之间的因果关系承担举证责任；其中，对国家和社会公共利益受损害的具体程度只需初步证明，无须对组织修复公益的方式、资金额度等专业性问题提出证据。在不作为类行政公益诉讼案件中，检察机关应当对行政机关收到诉前检察建议前后无正当理由一直不履行法定监管职责的事实承担举证责任，但行政机关也应当对其不作为的理由和依据承担举证责任。

第三节　公共选择理论在行政公益诉讼判决执行中的运用

建构完整的行政公益诉讼程序，需要坚实的理论基础和严谨的制度设计，还需要综合考量程序运行过程中可能出现的一系列具体情况。研究行政公益诉讼除需要分析案件审理过程的问题，判决执行阶段的问题也是不可忽视的重要内容。由于行政公益诉讼案件多数在诉前程序得以解决，起诉案件总体比例不高，且绝大多数诉讼案件均以检察机关胜诉结案，检察机关发布的典型案例、媒体公开报道的一些案例也都是检察机关胜诉后完全修复了被毁坏被污染的生态环境，完全追回了流失的国有财产等结果，造成了检察机关起诉后全部能够胜诉，且胜诉后判决也能得以顺利执行的印象，当前的理论研究很少涉及行政公益诉讼案件的执行环节。行政公益诉讼生效判决对监督行政权、保护公共利益只能产生间接作用，执行前通过判决产生的期待利益仍存在不确定性，如果无法确保行政公益诉讼判决得以全部执行，这项制度确立的初衷将无法得到实现。行政公益诉讼的判决执行阶段，涉及行政机关对违法行为人采取行政处理措施的行政决策，检察机关、法院就督促行政机关尽快履行判决、整改修复等方面的司法决策，这些都属于国家的公共决策。

根据公共选择理论，这些公共决策都是一个个机构内部的决策者在追求自身目标的决策基础上形成的，不可避免地存在行使具体职权的个人追求个人利益过程中与整个社会追求公共利益之间的冲突。下面，针对行政公益诉讼判决执行面临的现实困境，借助公共选择理论有关集体选择规则的分析原理，分析如何形成科学的判决执行阶段公共决策。

一、行政公益诉讼判决执行的现实困境

（一）行政公益诉讼判决"执行难"的原因分析

行政诉讼判决"执行难"问题由来已久。《行政诉讼法》第 96 条规定，针对行政机关拒绝履行生效行政判决、裁定、调解书的情况，法院可以采取划拨罚款或其他款额、对负责人罚款、公告、向监察机关或其上一级行政机关提出司法建议等措施。此外，对于拒不执行判决造成恶劣社会影响的，法院有权对主管人员和直接责任人员予以拘留；构成犯罪的，可移送犯罪线索追究其刑事责任。对于行政机关不执行裁判或调解书的情形，法律赋予法院可采取的执行措施极为有限，且缺乏相应的实施保障机制。行政私益诉讼中有关判决执行的规定自然适用于行政公益诉讼。但是，由于行政公益诉讼的特殊性，这类案件判决在执行中存在不同于一般行政私益诉讼案件的特征：

1. 行政公益诉讼起诉案件，都已经过诉前程序，向行政机关发出过检察建议要求纠正违法履职或不作为。经过了诉前程序，行政机关仍未能完全履职，[1]仍不能达到全面修复受损害的国家利益、社会公共利益目标的案件，多存在多部门职能交叉、历史成因、修复需要大量资金、破坏程度太大难以全面修复等复杂因素。所以，当行政机关败诉后，当现实矛盾和困难无法解决时，一些行政机关在执行判决问题上显得"有心无力"。

---

[1] 很少出现行政机关对检察机关的检察建议不闻不问、拒不回应的情况。

2. 行政公益诉讼多为给付之诉,提出的诉讼请求多为确认行政机关未依法履行职责违法、请求判令行政机关依法履行监管职责、全面恢复受损害的公共利益(如治理环境污染,恢复受损害的草原、林地、耕地,恢复生态等)。直接造成公共利益损害的是违法的行政相对人,判决内容为行政机关通过履行监督违法行为人停止违法行为,采取措施修复受损害的公共利益;这种制止、纠正、整改的行为很难通过法院的强制执行达到目的。因为公益诉讼涉及的生态环境、资源管理、食品药品安全行政管理具有很强的专业性、系统性、技术性特征;这些领域公共事务管理、公共利益修复问题需要作出科学的专业规划,采取合理的措施推进实施,更适合相应的职能机关组织实施,不适宜由其他机关去代替。

3. 从试点期间的办案经验看,与刑事案件相关联的行政公益诉讼案件更易于执行。试点期间,检察机关的行政公益诉讼案件来源主要依靠侦监、公诉、自侦等刑事检察部门的线索移送。刑事检察部门将办案中发现的公益诉讼案件线索移送到公益诉讼办案部门,公益诉讼案件起诉、审理和判决过程基本与刑事案件同步或相差无几。因为刑事案件的被告停止、纠正侵害公益的违法行为,足额赔付公益损害的积极性较高,提起行政公益诉讼后行政机关履行判决过程也较为顺利。行政公益诉讼全面推开后,各地检察机关遇到与刑事犯罪案件关联的公益诉讼线索,基本以刑事附带民事公益诉讼案件立案办理,很少考虑是否存在法定监管机关违法履职或不作为问题而另立行政公益诉讼案件。而单独的行政公益诉讼案件因违法行为人没有刑事追诉的压力,不主动配合的单位或个人往往给行政机关执行过程带来很大阻碍。

在司法实践中,行政公益诉讼案件难以执行的具体原因和情形不一而足。有些是行政机关不积极,可以采取措施却不采取,如判决追缴国有土地出让金的案件,在违法行为人拒不缴纳的情况下,国土局不采取申请法院强制划拨,也不收回涉案土地使用权。有的案件是行政机关对违法行为人拒不履行先前行政处罚决定的行为没有强制执行权,又失去了先前向人民法院申请非诉执行的机会。还有些法院对于行政机关的强制执行不予受理，即使受理也存在执而不决、超期执行的问题。还有些客观原因，如一审裁判后当事人上诉的、判决恢复植被但时节不适于种植等。

自2019年起，最高人民检察院要求各地开展常态化公益诉讼“回头看”，围绕“行政机关履职整改不到位，未有效整改落实，整改成效未能有效巩固，存在反弹回潮”等问题逐渐核查，深入排查整治，要求对行政机关形式落实、承诺落实但不作为，出现反复的问题进行全面排查，从是否有效制止违法行为、受损公益是否真正得到保护、是否用尽行政监管手段等方面判断案件效果。[1] 这也从另一侧面反映出行政公益诉讼案件判决作出后，存在一些行政机关只在形式上执行，但实际未完成整改或者整改成效没有得到有效巩固，存在反弹等现实问题。

（二）“裁执分离”解决判决执行难的局限性

《行政强制法》第10条规定，行政强制执行权必须由法律设定。没有法律授予强制执行权的行政机关，其作出的行政决定必须申请人民法院强制执行。根据现行法的规定，县级以上人民政府、公安、税务、海关、市场监督管理、国土等职能机关具有不同程度的强制执行权。但行政公益诉讼涉及的环保、生态、食药等行政机关均无行政强制执行权，市场监督管理局、国土局这样的行政机关，仅有部分的强制执行权，如市场监督管理部门只有查封、扣押的权力，国土部门仅有强制拆除违章建筑的权力，法律赋予行政机关强制执行的空间极其有限。同时，根据《行政强制法》第53条的规定，行政机关申请人民法院强制执行必须在3个月期限内提起，且期限从行政相对人不履行行政决定又不申请行政复议或者提起行政诉讼期限届满之日起算。以湖北省十堰市郧阳区林业局案[2]为例，郧阳区林业局对吴某等三人未经许可占用生态公益林开采石料的行为作出行政处

[1] 参见《要常态化开展公益诉讼“回头看”》，载《检察日报》2019年9月2日，第1版。

[2] 参见最高人民检察院第八检察厅编：《行政公益诉讼典型案例实务指引》（生态环境资源保护领域下册），中国检察出版社2019年版，第547～549页。

罚决定，责令三人停止违法行为，恢复所毁林地原状，并处以罚款。吴某等三人仅缴纳部分罚款，在法定期限内未申请行政复议，也未提起行政诉讼，未将被毁公益林地恢复原状。郧阳区林业局未在法定期限内督促三名行政相对人履行行政处罚确定的义务，也未加处罚款，致使被毁公益林地未能得以恢复。在检察机关提起行政公益诉讼后，法院判决郧阳区林业局继续履行收缴加处剩余罚款的法定职责，继续履行被毁林地生态修复工作的监管法定职责。但由于郧阳区林业局并无法定的强制执行权，又因错过申请执行期限丧失了向法院申请执行行政处罚决定的机会，造成判决履行困难，只能通过督促三名行政相对人的方式追缴剩余罚款，并设立了专门机构，安排了专人督促三人在被毁林地上培土栽苗。

对于没有行政强制执行权的行政机关如何履行行政公益诉讼判决的两难问题，有研究者提出可以比照"非诉执行"，法院根据判令行政机关履职的具体内容另行在行政公益诉讼判决书中专门赋予行政机关强制执行某项行政措施的权力，行政机关可以据此对违法行为人采取强制措施。[1] 这种解决方法实际上是行政强制执行"裁执分离"的另一种表现形式。的确，最高人民法院积极推行的"裁执分离"模式，从统筹发挥司法机关专业优势和行政机关资源优势的角度，不失为解决"执行难"问题的一项有益探索。这种非诉行政执行的制度是以强化行政权司法特征的方式，有效保证没有行政强制执行权的行政机关作出的具体行政行为得以实现。但是，非诉行政执行制度设计和实施过程还存在很多不规范、无效率的问题。由于和公益诉讼有关的非诉执行案件大部分集中在自然保护区违法建筑物拆除、环保处罚等涉及不特定群体利益的案件，行政机关或出于地方经济发展考虑，或出于维护稳定等因素，作出处罚决定后怠于申请执行；或者在程序上提出申请后不积极提交相关证据材料，拖延法院裁决过程；或者将能执行但不愿执行的案件推给法院，无端

〔1〕 参见马萌萌：《行政公益案件的执行问题及对策》，山东大学 2017 年硕士学位论文，第 18 页。

增加执行成本。从法院的角度看,目前,法院在非诉执行中采取的是书面审查的方式,审查标准过于宽泛。根据 2018 年最高人民法院《关于执行〈中华人民共和国行政诉讼法〉若干问题的解释》,行政非诉执行的司法审查标准是“一个主体 + 三个明显”,具体指“实施主体不具有行政主体资格”“明显缺乏事实根据”“明显缺乏法律依据”“其他明显违法并损害被执行人合法权益”;与《行政诉讼法》第 75 条确认无效判决的情形完全对应,实践中难以把握,不便操作。此外,虽然行政机关与法院通过“裁执分离”将非诉行政执行中的权限进行了划分,但两机关在行政强制执行的权限划分标准不明确,不同地方的执行模式不统一,导致了实务中的混乱。由于不同的单行法赋予职能部门可采取的行政处罚决定种类不同,相同或相类似的行政决定可采取的方式、手段也不相同,通过“裁执分离”模式很难有效解决行政公益诉讼案件执行问题。

行政强制权包括查封、扣押、加处罚款或滞纳金、代履行、申请法院强制执行等。很多行政公益诉讼案件的判决,都会涉及行政执法机关采取代履行措施,先行代违法行为人履行治理环境污染、修复生态环境、拆除耕地或草原上的非法建筑物、补种树木等义务,再向违法行为人追偿支出的费用。但是,我国涉及行政执法各领域的单行法就行政执法部门代履行的职能规定有限。如《森林法》只在第 81 条就林业主管部门补种树木恢复植被问题规定了代履行;《草原法》只在第 71 条规定了代履行,规定草原行政主管部门在临时占用的草原上修建永久性建筑物、构筑物的,依法强制拆除。而且,代履行作为行政上的强制执行手段也并非适用于所有相对人不履行义务的情形。代履行的对象从性质上来说,只能是行政人员能够代替义务人履行的义务,即能够代替的作为义务。在不可代替的作为义务及不作为义务的履行方面,只要特别法不认可执行罚或直接强制,就不能采取行政上的强制执行,只能认为是行政处罚中的一般性制止的依据。[1]

---

〔1〕 高橋滋『行政法』(弘文堂,2018 年)172 頁。

二、公共选择理论对集体决策规则的分析

根据公共选择理论，国家公权力机关在作出政治决策或公共决策过程中，职能部门的具体决策者不可避免地会考虑其个人利益或小集团利益。为了有效调节决策者和具体职能部门的个人利益、小集团利益与社会公共利益之间的冲突，公共选择理论对不同的集体决策规则的利弊问题进行了对比分析。公共选择理论的这一研究成果为我们研究行政公益诉讼判决执行阶段的决策形成和实施提供了有益的思路。

公共选择理论以理性经济人和政治交易市场为假定前提，对公共决策领域不同的集体决策规则进行了比较分析，以布坎南为代表的公共选择学派主要考察的是多数同意规则和一致同意规则的优劣。一致同意规则可以避免集体内部多数成员形成局部利益共同体损害少数成员的利益，这一规则的目的就是要保护所有成员的利益。但在现实中，一致同意适用需要较为苛刻的条件，其实施前提是每个人在集体决策中都要诚实投票；而要让所有参与人不隐藏个人偏好，避免出现“搭便车”等问题，需要规则设计者投入大量的精力进行测算和分析。而且，要让全体成员一致同意，需要成员间反复的商讨过程，决策成本较高。鉴于一致同意规则的前提条件和决策成本太高，人们在多数情况下会采取多数同意规则，但决策效率的提高却不能说明其决策过程和结果是完美的。

（一）多数同意规则的优劣

多数同意中的多数一般指的是过半数，也可称之为简单多数。过半数规则的确能够节省决策成本，因为一项议案只需赞成人数超过半数就可通过，避免了为达成一致同意在成员间进行反复协调的时间和精力，决策成本与外在成本都不会太高，相应的决策效率就会提升。按简单多数规则，在只有一项议案需要决策的情况下，只要参与表决的人不是偶数，就一定能够有结果；如果是二选一，只要其中一项议案得到过半数票就能通过，一般来说也能决出结果；如果是多选一，按照两两表决程序，最终也会有一个议案获得通过。但在现实中，存在两

个以上选项时还需要考虑一个重要因素，就是参与者的选择偏好问题，参与投票成员的选择偏好是“单峰”或“双峰”会直接影响决策形成过程和结果。

假设某位投票者在面对几种备选方案的情况下，有一种方案处于其最高偏好点上，其他几种选项按顺序排列也是可以接受的，按此类推，就可能出现“多峰”情况。如果参与投票者中有很多存在两个或两个以上的偏好，票数就会相对分散，其中一种方案获得过半数投票就会很难，偏好种类越多越是如此。孔多塞侯爵最早发现了过半数规则可能导致不可预测的后果；在此基础上，美国经济学家阿罗提出了著名的“阿罗不可能性定理”。阿罗指出，无法将个人偏好次序等同于社会偏好次序，多数规则投票方法不可能做到既尊重个人偏好还能保证效率，并且不依赖程序。如果参与投票的部分成员偏好是双峰的，采用过半数规则就不能得出唯一的结果，不同的投票次序、不同的备选方案排列都有可能导致不同表决结果，会使投票走进循环的死胡同。[1] 总之，在现实的决策环境中，加总选票的方法无法准确地表达社会全体成员的个人偏好。

另外，公共选择理论还根据集体决策投票循环和投票者偏好空间模型，提出了一个重要定理，认为当投票人的偏好是单峰时多数同意投票规则下均会产生均衡结果，这个均衡点就是中间投票人的单峰偏好点。也就是说，在多数同意投票规则下，中间投票人的选择会最终被通过，集体决策其实就是中间投票人的偏好。“中间投票人定理”原因在于，在投票人数为奇数且单峰偏好的情况下，必然有一个人的偏好位于所有选项的中间。在公共事务决策中存在多项选一时，无论是中间投票人、希望标准低一些的投票人还是希望标准高一些的投票人都会投给中间方案。因此，集体决策如果采用多数同意规则，最终的决策结果并非最有利于

---

〔1〕 参见杨龙：《公共选择学派关于集体决策规则的理论评析》，载《中共福建省委党校学报》2003 年第 1 期。

社会公共利益，一些人可能不会按照真实意愿作出选择，甚至可能为了达到目的改变投票策略。

史蒂文斯提出，不能将集体选择仅理解为所有集体成员都具有充分的归属感和责任感，都会以共同体利益为前提开展活动。[1] 实行多数同意原则虽然相对节省成本便于操作，但其决策结果并不一定是最科学、最合理、社会效益最高的。过半数投票可能是民主的，但也可能是无效率的，因为循环投票本身意味着重复、没有结论和浪费。任何集体选择机制可能都是不完善的，“要么有效率，但有独裁；要么有民主，但无效率，我们必须选择”。[2]

（二）一致同意规则的可能优势

通过以上分析可知：在集体决策中，无论是采取一致同意还是多数同意规则都不会完美；只能根据具体决策事项、客观环境、公共事务目标的实际，选择更适宜的集体选择规则。

布坎南认为，不同的个人利益之间、个人和团体之间的利益或价值之间不可避免存在冲突，而政治学的机能之一就是建立起“道路规则”，解决这些利益和价值之间的冲突，使怀有不同利益的个人和团体能追求差异极大的目标而不会出现公然冲突。政府在制定规则时可以确立合法的权利结构，用制定明显和适当界限的办法来消弭利益和价值之间的冲突。拥有合法权利结构内容的法律因代表广泛持有和普遍共有的道德价值的政治转化就可以接近于普遍的同意。政治过程的同意反映的是个人利益、价值或爱好的一致，在制定规则或规章的商议阶段，全体或接近全体的预期参加者在集体相互作用中可能会出现同意；如果有预期参加者没有被允许参加，这部分人的利益就无法得到保证。在规则制定后阶段，出于个人利益间的一致性或通过必要的联盟成员之间的交易也

---

〔1〕 参见［美］乔·B. 史蒂文斯：《集体选择经济学》，杨晓维等译，格致出版社、上海三联书店、上海人民出版社2014年版，第2页。

〔2〕 ［美］乔·B. 史蒂文斯：《集体选择经济学》，杨晓维等译，格致出版社、上海三联书店、上海人民出版社2014年版，第99页。

可能会出现同意。布坎南提出,全体同意或符合要求人数的同意是走向真理的近似中间站。政治的职能性人物就是同时在几个层次解决个人利益和价值间的冲突;这一过程不仅存在于制定规则或法律阶段,还存在于规则或法律制定后资源分配阶段。[1]

现代社会公共事务决策往往需要考虑两个问题:一是效率,即尽可能把"蛋糕"做大;二是公平,即"蛋糕"在社会成员间如何分割合理。公平、道德、平等、正义等价值取向都属于第二个标准。当同一议题上的效率和公平不能在相同方向起作用时集体决策就需要对二者进行取舍。针对效率与公平的两难取舍,英国经济学家尼古拉斯·卡尔多和J.R.希克斯提出了一种分析理论,被称为卡尔多-希克斯补偿标准。按照这一标准,要判断一项新的公共政策较之以往是否有所改进,根据就是新政策的实施在改善某些人境况的同时其他人的境况有无恶化,如果一部分人境况得到了改善,且这部分改善具有补偿其他一部分人的潜力,就被认为总体社会福利增加了。也就是说,只要政策获益者的受益部分大于受损者的受损部分,就意味着政策的改进;因为这表示获益者的受益足以补偿受损者的损失,有一个潜在的帕累托改进。[2] 这一标准在经济学家中有很强的适用上的吸引力;因为几乎任何一项政策都会产生受益者,也会带来受损者。如果以帕累托改进作为效率标准,就要求一项政策必须做到在不使他人过得更差的条件下让某些人过得更好,这一点又很难达到。卡尔多-希克斯补偿标准提出了一个潜在的帕累托改进可能。但我们要明确的是,卡尔多-希克斯补偿标准中强调的获益者补偿受损者只是一个假定,只要获益者的收益比受损者的损失数额高,就意味着整个社会增加的收益总额比损失总额要高,整个社会效率就提升了,至于受损者是否真的能够获得补偿,就是另一个问题了。所以,卡尔

---

〔1〕 参见[美]詹姆斯·M.布坎南:《自由、市场和国家:20世纪80年代的政治经济学》,吴良健、桑伍、曾获译,北京经济学院出版社1988年版,第49~54页。

〔2〕 参见[美]乔·B.史蒂文斯:《集体选择经济学》,杨晓维等译,格致出版社、上海三联书店、上海人民出版社2014年版,第31页。

多－希克斯标准的好处是强调了效率标准，主要局限也在于仅仅强调了效率标准。它只问是否收益超过了成本，是否受益者能够补偿受损者；它不问实际的再分配是否合理，从而轻易忽视了平等问题。因此，在公共事务决策中，倾向于效率标准的多数同意规则并非最佳选择；多数同意规则在带来效率的同时，无法保证公平分配和平等保护。在忽视了部分成员利益可能受损问题又缺乏社会补偿机制的情况下，社会公共利益是没有保障的，是有所欠缺的。在公共事务决策领域，适用一致同意规则才可能指向帕累托标准，即出台的每一项公共决策都做到在不使部分人过得更差的条件下让其他人过得更好，所有人都能够从这项决策中获益。从成本收益看，只要一项决策方案的总收益超过总成本，实行一致同意规则能够确保方案通过，因为即使有部分成员的利益会因此受损，但因此受益的成员为了使议案通过，可能会提出以其他方式作出补偿，直到每一个成员都能因此获益，且收益增加的程度要大于原来的状态，这项方案就会获得通过。而且，根据宪法选举权规则的研究，在选举中运用全员一致同意规则下产生的意思决定费用是最少的，因为在这种情况下任何一人都没有必要为维护自身行为自由而起诉寻求权利救济的必要，如果有不同意见只需要在之后召开的会议中行使否决权即可。〔1〕从这两点看，一致同意规则最为理想。

三、一致同意规则在行政公益诉讼判决执行中的运用

通过对多数同意规则和一致同意规则实施过程的分析发现，集体选择中采取什么样的决策规则需要考虑参与决策成员人数、成员之间是否存在交换或妥协的可能、决策方式和提供保护的程度是否存在控制必要、是否存在选择一致结果的可能等因素。相较而言，行政公益诉讼的判决执行决策更适合运用一致同意规则，由行政机关、检察机关、法院、违法行为人、公众代表共同参与共同决定执行决策，并共同参与和监督

〔1〕 伊藤泰「憲法の選挙権条項の公共選択的基盤」公共選択 70 号(2018 年)6 頁。

决策实施过程。

(一)判决执行阶段适用一致同意规则的理由

1. 从参与决策成员人数看,集体选择的参与者可以很多也可以很少,需要考虑的是不同决策程序中参与人数的增加或减少对决策成本和外在成本的影响。多数同意规则的优势在于,在成员人数相对较多的情况下,可以减少反复协商、讨价还价、调整方案等方面花费的人力、物力和时间成本,而且这些会随着参加决策人数的增加而递增。如果减少参与决策成员的人数,外在成本即对没有参与决策的人产生的不利影响或效用损失就会增加。但需要参与或有必要参与行政公益诉讼判决执行决策的成员范围是有限的,只有败诉行政机关、提起诉讼的检察机关、一审法院、违法行为人或先前行政行为中的行政相对人、公众代表。公众代表的范围也仅限于受到损害公共利益违法行为影响的公众,如受到水资源污染影响的当地居民代表、购买不合格食品药品的消费者代表等。

2. 从成员之间的关系看,如果采用一致同意规则,行政机关、检察机关、法院、违法行为人、公众代表都知道自己的选择直接关系到执行方案能否通过,如果一项执行方案只对某些成员有利,对其他成员不利或者无法达到公益保护最大化,就会遭到否决。一致同意规则有助于所有参与决策成员之间的合作,对任何成员而言,如果自己因一项执行方案的收益超过自身需要支出成本就会选择同意;当然,某些时候方案的执行可能会存在额外增加某些成员的负担、增加工作量等情况,但获益较多的其他成员,如工作任务较轻的成员可以采取帮助措施补偿,尽量使每一个成员的收益都超过成本,使这项方案获得一致通过。一致同意规则实施的前提是承认社会中有共同利益,全体成员利益一致,其目的在于保护每个成员的平等权利。在现代社会中,个人之间、不同利益集团之间的利益追求不尽相同,但在公益诉讼涉及的生态环境、资源保护、食品药品安全等领域的公共目标上,无论政府、司法机关、公众都有着共同的目标和追求,在选择最适当的执行方案、最有利于提升社会效益的执行手段方面达成一致是完全可能的。

所以,由全体成员共同参与行政公益诉讼判决执行的过程是最为理想的方式,也是最可能实现帕累托效率的途径。所有参与决策及其实施过程的成员都会认真对待,衡量利弊,发表最有益于公共利益、有利于提升整体社会效益的建设性意见。一致同意规则下产生的决策能够确保每一个成员受益而不受损,无论是检察机关,还是行政机关、法院,都不会同意自身成本高于收益的方案获得通过;但是方案如果只考虑成本,无益于公益保护也不会获得全体成员同意,这样,就可能达到不使任何一人受损而至少使一人受益的帕累托最优状态。

3. 也许有人会问,行政机关为什么会同意与检察机关、法院、公众组成集体,共同决策共同实施执行方案呢?这是因为行政机关的专业能力和技术优势,即便执行方案由集体决策集体实施,站在执行工作最前方的仍然还是行政机关,职责最重的也是行政机关,除非行政机关拥有组成集体形成决策的动机。

在行政机关完全自行决定执行方案并自行实施的情况下,假设其从独立判断独立实施中能够获益,包括公益得以修复等社会公共利益,也包括工作效率、上级评价、公众评价提高等直接的自身利益,但获益的程度是不确定性的,判决执行的程度受到违法行为人的态度、相关职能部门的配合、客观执行内容的差异等多种因素影响。行政机关会担心违法行为人拒不履行行政处罚决定,申请法院强制执行遭拒,组织治理时相关职能部门不配合、公众不满意、上级机关予以否定性评价等。如果选择与其他机关、公众形成执行决策集团需要行政机关付出 1000 元的成本,但其预期的收益仅有 800 元,行政机关进行利益衡量后就不会同意加入这个决策集团;但如果其成本能够降到 800 元以下,显然其加入这个决策集团的收益大于成本,就是有效率的。

(二)集体决策与预期成本

不同的利益方愿意选择加入决策集团形成集体决策必定有其自身的预期成本考量,愿意加入的前提一定是意识到加入决策集团是有效率的。而加入决策集团的人数多寡、规模大小与决策的组织成本和外部成本大小直接相关。下面,以布坎南和塔洛克在他们最有影响的著作《同意的计算》中用来说明集体行动的范围和限度的参照图[1]为蓝本,以图3－1来说明行政公益诉讼相关主体作为理性经济人为何会选择加入决策集团。

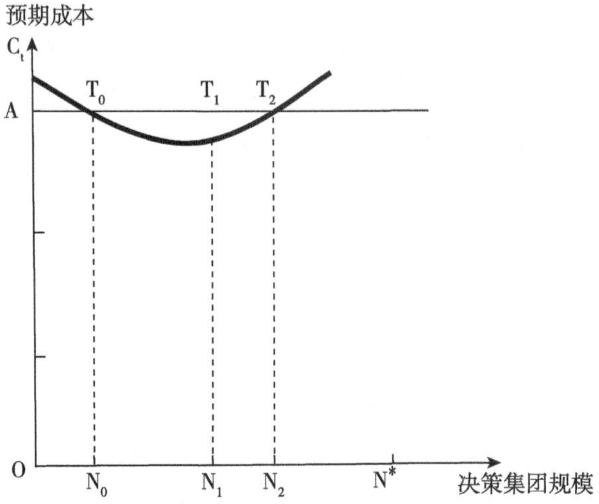

图3－1 加入执行决策集团与预期成本的关系

图3－1表示的是执行决策集团人数规模与预期成本——外部成本加上决策成本之间的关系。假定执行决策集团人员范围可以从1到N^*,即从一个人到所有人,而初始阶段对增加每一名成员在集团决策中的作用是未知的,但公益修复的成本会因决策集团的不同规模有很大不同。预期成本包括决策成本和外在成本。OA表示外部成本,决策成本则指成员在参与决策集团决策时所花费的时间和精力。由于决策数量和人类交互活动的复杂性,决策成本会随着参与决策人数的增加而递增,达到N^*点时可能急剧增加,因为参与人数越多,用于讨价还价和协商沟通的成本就越多,从而造成时间和资源的耗费。与此同时,当至少

[1] 参见[美]詹姆斯·M.布坎南、[美]戈登·塔洛克:《同意的计算:立宪民主的逻辑基础》,陈光金译,上海人民出版社2017年版,第202～204页。

有一个人未加入决策集团成员时就会出现外部成本，因为决策集团作出的决策方案很可能对集团外的利益有所忽视，可能会使其承受一些损失，外部成本会随着参加成员数的增加而递减，但前提是决策必须是所有成员共同意志的体现。这是因为如果决策过程不民主，只由个别成员武断地作出，外部成本可能就非常高。从图 3－1 可知，集团规模达到 N_2 至 N^* 范围时决策成本比 N_0 至 N_2 阶段明显升高，意味着会有很多成本用于成员间的讨价还价，集团规模保持在 N_0 至 N_2 范围时预期成本会相对较少。

由此可知，集体决策集体实施的执行方案，关键在于控制好利益代表方及具体参与决策的人数，不同的利益方都要有相应的代表参加，每个利益代表方参与人数还要有所控制，协商、形成决定及实施执行方案的过程必须让所有参与方全程参与，充分表达意见。只有这样，才能有效控制决策成本和外部成本，也只有意识到这种工作方式的预期成本会低于预期收益，行政机关才会有动机选择加入此决策集团。即使加入决策集团会降低其工作实施中的主导程度，最终选择的执行方案可能增加其部分工作量；但与执行相关联的各方主体的共同决策和协作，会提升整个执行工作的效果，预期的成本收益之比是有效率的，行政机关同意的计算会使其作出正确的选择。

（三）集体决策规则的可行性

从湖北省武汉市青山区长江武惠堤段违法堆存固体废物破坏生态环境系列案[1]的办理过程可知，由检察机关、地方政府及相关职能部门共同参与公益损害的修复和治理，往往能够起到事半功倍的效果。武汉长江武惠堤新集码头岸线堆存了大量矿渣、煤渣等固体废物，不仅造成了长江汛期行洪安全风险，矿渣、煤渣产生的有毒有害滤液还直接危害到长江生态环境。对此，武汉市青山区人民检察院分别向具有环境执法

〔1〕 该案被评为检察公益诉讼全面实施两周年典型案例，参见《最高检发布 26 件公益诉讼典型案例》，载人民网 2019 年 10 月 11 日，http://legal.people.com.cn/n1/2019/1011/c42510－31393997.html。

职责的青山区环保局和流域管理职责的青山区水务局制发诉前检察建议,要求环保局和税务局在各自职责范围内对堆存固体废物的违法行为作出处理。另外,建议环保局加强固体废物和其他污染物的监管,税务局加强因倾倒垃圾、渣土等危害堤防安全和妨碍行洪活动的监管。检察建议发出后,检察机关反复与水务局、环保局沟通座谈,明确了责任分工,细化了整改目标任务,环保局依法对违法公司处以 15 万元人民币的罚款。在检察机关主导下,相关职能部门组成联合执法专班,用一个多月彻底清除了长江武惠堤段堆存的 22 万余吨固体废物。环保局对土壤进行了勘验检查,确认达到环保标准。为巩固整治成果,检察机关督促区水务局继续采取管控措施,水务局组织开展了长江武惠堤岸线复绿工作,使长江岸线流域生态得到彻底改善。

下面,拟通过对一件最高人民法院发布的生态环境保护典型案例——江苏省宿迁市宿城区人民检察院诉沭阳县农业委员会不履行林业监督管理法定职责行政公益诉讼案〔1〕判决涉及相关问题的分析,探讨行政公益诉讼判决执行中采取集体决策集体协作方式的可行性。在该案中,第三人仲某某于 2016 年 1 月至 3 月在江苏省沭阳县林地保护利用规划范围内盗伐杨树合计 253 棵,2017 年 3 月 7 日以盗伐林木罪被判处有期徒刑 7 年 6 个月,并处罚金 3 万元,追缴违法所得 24,000 元。宿城区人民检察院向沭阳县农业委员会发出检察建议建议其依法履行行政职责,但沭阳县农业委员会认为第三人仲某某因盗伐林木行为已被追究刑事责任,包括有期徒刑、罚金、追缴违法所得,再对其处以行政处罚违反一事不再罚原则。在诉讼中,被告沭阳县农业委员会和第三人均提出,仲某某因盗伐林木行为被追究刑事责任后再对其处以责令补种树木等行政处罚与现行行政处罚法以及两法衔接制度相违背,亦违反一事不再罚原则。罚金刑是典型的财产刑,要求第三人继续补种树木或者承担

---

〔1〕 参见《宿迁首例行政公益诉讼案当庭宣判,检察机关诉讼请求得到全部支持》,载江苏检察网 2018 年 4 月 3 日,http://www.jsjc.gov.cn/yaowen/201804/t20180403_338142.shtml。

有关补种树木的费用也是一种财产处罚,其因盗伐林木已被追究罚金刑等刑事责任后,依法不应当再就同一违法行为承担行政责任。行政机关就同一违法行为作出两次财产处罚无法律依据。法院经审理后,判决被告沭阳县农业委员会60日内作出责令第三人仲某某补种盗伐杨树株数10倍树木的行政处理决定。

1. 此案判决内容非常具体明确,不同于大部分行政公益诉讼案件要么确认行政机关不作为违法,要么判决行政机关继续履职之类表述笼统的判决。当然,基于对行政机关公共事务管理中的首次判断权的尊重,如果涉及裁量性行政行为,检察机关的诉讼请求和法院判决内容都不宜过于具体。但如果涉及的行政决定是羁束性行政行为,则应当允许检察机关的诉讼请求和法院判决具体明确,便于执行实施。根据2009年《森林法》第39条第1款的规定,盗伐森林或者其他林木,由林业主管部门责令补种盗伐株数10倍的树木。2019年修订后的《森林法》第76条规定,盗伐林木的,由林业主管部门限期在原地或异地补种1倍以上5倍以下的树木,并处罚款。故2019年修订前,责令补种树木这种行政命令系羁束性行政行为,林业主管部门在具体实施该行为过程中关于补种的倍数不具有裁量空间。

2. 对于责令补种树木的树种、规格、补种时节、补种地点等,属于被告沭阳县农业委员会的专业判断范围,具体补种方案的拟定和实施应当由沭阳县农业委员会主导,检察机关和法院不应过多干预,但林地所属集体经济组织的成员如村民委员会、村民代表应当参与方案拟定和实施工作。被破坏林地如何修复、补种地点的确定、补种的树种和规格、时节选择等,与林地所属集体经济组织的成员利益密切相关,检察机关和法院应当支持和帮助村民委员会、村民代表充分参与,表达意见,并保障其利益不受损害。从2020年9月生态环境部联合最高人民法院、最高人民检察院及八个部委机关共同印发的《关于推进生态环境损害赔偿制度改革若干具体问题的意见》看,中央相关国家机关认可并鼓励各地在生态环境赔偿磋商及修复过程中引入公众参与,邀请专家和利益相关主体共同参与。[1]

3. 直接造成公共利益损害的主体是实施违法行为的单位或个人,而不是行政机关,所以行政公益诉讼判决行政机关依法履职对公共利益保护只能产生间接作用,不能直接改变公共利益受损状态。判决执行的顺利与否在很大程度上取决于违法行为人的态度和配合程度。如果违法行为人不开展实质性的整改和治理,采取应付性、表面化措施,加之地方行政机关在经济发展和生态环保中难以取舍,可能就导致"污染—治理—污染"的不良局面。[2] 还有一些违法行为人经济能力不足,如一些破坏耕地、草原、林地的案件,违法行为人为增加经济收入滥采滥挖、盗伐林木后,没有能力支付补种林木、恢复植被所需费用。同时,违法行为人被追究刑事责任后会认为自己已经承担了最为严厉的刑事责任,行政责任自然应当被包含和吸收。仲某某承担的刑事责任中罚金和追缴违法所得应吸收行政责任中罚款和没收违法者盗伐的林木或者变卖所得,但违法行为人补种盗伐株数十倍树木的义务并未履行,补种责任不能被刑事责任吸收,且责令补种树木也并非行政处罚。如果违法行为人暂时没有能力补种,林业主管部门可先行代为补种、修复被破坏的林木资源,再采取分期追缴或劳务替代等方式让其承担行政责任。

(四)建立判决执行合议制的建议

笔者将检察机关主导下相关主体一致同意后作出执行决策并共同实施的工作程序称为判决执行合议制,即指在行政公益诉讼判决执行过程中,针对客观原因造成行政机关履职困难或公益修复需要相关职能部门协力完成等实际情况下,由检察机关组织被执行机关及相关职能部门、法院执行部门、违法行为人(行政相对人)、社会组织、群众代表等,按照一定的规则和程序,充分听取各方主体的意见,共同研究决定执行方

---

〔1〕《关于推进生态环境损害赔偿制度改革若干具体问题的意见》第 13 条规定:赔偿权利人及其指定的部门或机构可以积极创新公众参与方式,可以邀请专家和利益相关的公民、法人、其他组织参加生态环境修复或者赔偿磋商工作,接受公众监督。

〔2〕参见史绪广:《行政公益诉讼运行中的难点》,载《中国检察官》2017 年第 9 期。

案和执行措施，共同组织实施，推动判决执行更有效率，受损害的公益得到更及时、更好的修复。

有关执行合议制的实体及程序要求如下：

1. 执行合议的组织主体应当由该行政公益诉讼案件的原承办检察官或检察官办案组担任。

2. 执行合议的参与主体应当包括被执行机关、相关职能部门、负责公益诉讼案件执行的法院执行机构、违法行为人（行政相对人）、相关社会组织（如环保组织或消费者协会等）、直接受损害地区的群众代表。此外，根据案件实际需要，可以邀请本地区人民代表大会代表、政治协商会议委员、违法行为人所在单位工作人员、居住地村民委员会、居民委员会委员以及专家学者等其他社会人士作为观察员参加；观察员可以就执行方案提出意见建议，也可以就合议达成做释法说理工作，但无权就执行方案进行表决。

3. 执行合议分为合议前准备程序、合议程序和执行验收程序。

（1）合议前准备程序。检察机关在决定是否启动执行合议程序前，应当由原承办检察官或检察官办案组完成以下工作：①通过电话或面谈方式听取各方主体意见，进一步了解执行过程中存在的困难；②根据案件情况开展进一步调查核实；③承办检察官或检察官办案组进一步研究案情，决定是否启动执行合议程序；④决定启动执行合议程序的，研究确定参与执行合议的具体人员，其中，被执行机关、相关职能部门、法院执行机构应当派主要负责人参加；⑤提前 7 日向各方参加人发送通知书，向观察员发送邀请函；⑥继续研究案情，确定执行焦点；⑦准备适当的合议场所，合议场所一般应当安排在检察机关办公场所。

（2）合议程序。合议程序一般按照下列顺序进行：①检察官宣读行政公益诉讼裁判文书内容，指出执行焦点。②被执行机关陈述初步执行方案、存在的困难和问题。③法院执行部门就执行方案提出意见。④受损害地区的群众代表就执行方案提出意见。⑤违法行为人陈述纠改方案、措施及存在的困难。⑥有关社会组织主要就执行方案涉及公益修复的科学性、客观性、可行性提出意见。⑦观察员就执行方案提出意见建议。⑧在检察官的组织下，各方主体就执行方案进行磋商、修改、完善，直至达成一致意见。根据需要，磋商过程可以宣布休会。检察官可以组织各方主体“面对面”磋商，也可以组织各方主体“背靠背”磋商，可以邀请观察员就各方顺利达成合议做释法说理工作。⑨各方主体就修改完善的执行方案进行表决；如达不成一致意见则继续修改，直至一致同意。执行方案经各方签署后，连同被执行机关的执行承诺书交检察机关和法院各一份。

(3)执行验收程序。被执行机关按照执行方案执行完毕后，应当在3日内向检察机关通报情况。检察机关邀请和组织法院执行机构、相关社会组织、直接受损害地区的群众代表就行政机关履职和公益修复情况进行验收。经验收，能够认定执行方案得以完全落实，受损害的国家利益或者社会公共利益得到有效修复的，执行合议程序终结。

第四章　行政公益诉讼工作机制的法经济学分析

法学是一门实践科学，有关行政公益诉讼的文本规定要在现实社会生活中发挥作用，“落到实处”，离不开检察机关内部上下级机关之间，相关职能部门、检察机关与其他机关如监察机关发生相互作用和影响。维系和调整行政公益诉讼相关主体间关系的工作机制很多，如案件线索发现移送机制、立案审查机制、案件审批机制、沟通协调机制等。但在诸多内外部工作机制中，法经济学关注的成本收益、效率问题最为集中的当属因检察机关内部案件审批、行政公益诉讼与行政检察的职能分设、行政公益诉讼与监察监督的职能交叉而产生的相关主体之间的工作机制，故本章重点讨论这三个工作机制的法经济学问题。

第一节　案件层报审批机制的成本收益分析

检察机关作为行政公益诉讼这一公共法治产

品的提供者，不仅要与行政机关、法院等其他公共产品提供者之间合理配置公共资源，尽量降低交易成本，还需要在内部实施环节上最大限度地降低交易成本，使所有社会成员从行政公益诉讼这个公共产品中的获益达到最大。本节运用公共选择理论有关公共政策形成和实施过程的成本收益分析原理，分析目前在各地方检察机关实施的公益诉讼案件层报审批中的成本收益问题，以期找到交易成本更低、效率更高的内部资源配置形式和内部实施机制。

一、公益诉讼案件层报审批机制的变迁过程

（一）试点期间的最高人民检察院统一审批

公益诉讼在 2015 年 7 月经全国人民代表大会常务委员会授权试点后成为检察机关的新增职能。在基本制度规范尚未确立、没有前例可循的情况下，为确保试点期间的案件质量，统一案件标准和尺度，最高人民检察院对全国 13 个试点省（区、市）拟提起公益诉讼案件采取了统一由最高人民检察院审批的方式。试点之初，最高人民检察院在《检察机关提起公益诉讼试点方案》和《人民检察院提起公益诉讼试点工作实施办法》中均规定，地方各级检察院拟决定向人民法院提起公益诉讼的，应当先行层报最高人民检察院审查批准。《检察机关提起公益诉讼试点方案》提到的"统筹谋划""顶层设计""积极推动""指导督促""稳妥慎重""严格程序"等关键词也体现出检察机关在实施公益诉讼改革之初强调检察一体化，通过严格统一审批制来指导和推动这项改革的初衷。在试点阶段，各试点基层检察院拟提起行政公益诉讼案件，需向市级检察院、省级检察院逐级汇报审查，最后向最高人民检察院汇报，经最高人民检察院审查批准后方可向法院提起。最高人民检察院在审批过程中对案件事实认定和法律适用问题进行全面审查，对案件起诉的必要性、可行性进行分析研判，对被诉主体、诉讼请求确定、文书写作、庭审技巧等进行全方位的规范和指导。根据《人民检察院提起公益诉讼试点工作实施办法》，拟提出诉前检察建议的办案期限是自决定立案之日起 3 个月，拟提起行政公益诉讼

的办案期限是自决定立案之日起 6 个月。对于拟提起行政公益诉讼案件的审批期限,《人民检察院提起公益诉讼试点工作实施办法》另行规定“应当自收到案件请示之日起一个月内办理终结”,也就是说,基层检察院报请的起诉案件,市级检察院、省级检察院和最高人民检察院审批期限分别为一个月。至试点阶段后期,随着试点改革的不断深入,试点地区案件量明显增多,最高人民检察院下发通知,将提起公益诉讼案件的起诉审批权下放至省级检察院;但对于撤诉案件,仍要求层报最高人民检察院统一审批。

（二）正式入法后的层报审批情况

2017 年 7 月检察公益诉讼正式入法后,最高人民检察院要求 13 个试点地区检察机关拟提起诉讼的案件,层报省级检察院审查批准,非试点地区办理的前 5 个案件需要层报最高人民检察院批准,之后的案件由省级检察院自行把握。随着公益诉讼全面开展,全国各地方检察机关办案量大幅增加。最高人民检察院在 2018 年 3 月下发的《检察机关民事公益诉讼案件办案指南(试行)》《检察机关行政公益诉讼案件办案指南(试行)》中进一步下放审批权,规定省级检察院可以根据本地情况,建立拟起诉案件和撤诉案件的审批、备案制度;重大、疑难、复杂的公益诉讼案件,可以向最高人民检察院请示。其中,有重大影响的案件和省级检察院办理的案件拟决定撤回起诉的,应当层报最高人民检察院审查批准。2021 年《人民检察院公益诉讼办案规则》只在第 10 条规定了上级检察院对下级检察院案件决定的撤销和变更权;第 104 条规定了案件请示,并未规定下级检察院办案需经过上级检察院审批,但这并不意味着层报审批制已经终结。

自最高人民检察院授权各省级检察院根据本地区实际建立拟起诉和撤诉案件的审批备案制后,各省对本地区公益诉讼案件建立了不同的案件审批机制:有的地区以案件类型和领域作为划分基准,有的地区根据案件办理的不同程序环节作为划分基准,还有的地方以案件涉及诉讼标的数额作为审批权限基准。案件审批规定属于检察机关内部工作文件,收集资料存在客观难度。为尽可能获得研究所需的实证资料,截至 2022 年 3 月,笔者通过多方渠道收集和整理了 20 个省(区、市)检察机关目前正在实施的有关案件审批的规范性文件，并听取走访了多地多名一线办案部门检察官对案件审批的意见建议。为避免产生一些不必要的误解，笔者在对相关情况进行汇总梳理和分析时将不直接提出相关地方检察机关的具体名称。通过对20个省级检察院公益诉讼案件审批制的分析，发现目前检察机关的案件层报机制从严格程度上可分为三档，分别为最严、相对放开和较宽松的审批，见表4－1。

表4－1　部分省（区、市）检察机关公益诉讼案件审批规定

<table>
<tr><th>分档</th><th>共性规定</th><th>个性规定</th></tr>
<tr><td rowspan="3">最严（9个省级检察院）</td><td rowspan="3">基层检察院和市（分）院办理的新领域（或表述为“等”外案件）立案、提出检察建议、拟起诉民事（含刑事附带民事）或行政公益诉讼起诉案件层报省级检察院批准；起诉后撤诉或者变更诉讼请求的案件层报省级检察院批准</td><td>同一公益受损结果涉及多个行政机关或者侵权人，以及同机关作出多个不同性质行政违法行为的情形，立案需要追加对象的，需层报省级检察院审批</td></tr>
<tr><td>民事公益诉讼或刑事附带民事公益诉讼案件调解或和解，需报上一级检察院审批</td></tr>
<tr><td>重大影响、疑难复杂案件及跨区域性质案件的立案和制发诉前建议均需层报省级检察院审批</td></tr>
<tr><td rowspan="3">相对放开（8个省级检察院）</td><td rowspan="3">刑事附带民事公益诉讼案件由市（分）院审批；基层检察院和市（分）院办理的新领域（或表述为“等”外案件）立案、提出检察建议、起诉案件需层报省级检察院审批；所有撤诉案件需层报省级检察院审批</td><td>拟提出惩罚性赔偿诉讼请求的民事公益诉讼和刑事附带民事公益诉讼起诉案件需层报省级检察院审批</td></tr>
<tr><td>辖区内部分工作基础较好的检察院办理的起诉案件，由上一级检察院审批</td></tr>
<tr><td>需要指定管辖的案件需层报省级检察院审批</td></tr>
<tr><td rowspan="3">较宽松（3个省级检察院）</td><td rowspan="3">基层检察院和市（分）院办理的所有拟起诉民事、行政公益诉讼案件和刑事附带民事公益诉讼案件均上提一级审批；全省有重大影响案件、少部分新领域案件、起诉后撤诉案件层报省级检察院审批</td><td>部分领域的刑事附带民事公益诉讼案件，如常见的资源领域类、涉野生动植物的刑事附带民事公益诉讼案件均由拟起诉院的上一级检察院审批；其他刑事附带民事公益诉讼起诉案件仍需层报省级检察院审批</td></tr>
<tr><td>各市、州办理的第一起行政公益诉讼起诉案件、重大疑难复杂的起诉案件层报省级检察院审批</td></tr>
<tr><td>各市、州办理的前五件民事和行政公益诉讼起诉案件层报省级检察院审批</td></tr>
</table>

从表4－1可知，20个省级检察院在公益诉讼案件审批中有共性规定，即"等"外案件和所有类型的撤诉案件均需层报省级检察院审批。"等"外或新领域案件指除《行政诉讼法》明确授权检察机关开展的四个领域以外的行政公益诉讼案件和《民事诉讼法》明确授权检察机关开展的两个领域以外的民事公益诉讼案件。目前，各省级检察院对"等"外领域公益诉讼案件贯彻的是"积极稳妥"的态度，要求"等外"领域案件的立案、诉前程序和起诉、撤诉所有环节均需层报省级检察院审查批准。

在实行最严审批制的省级检察院中，除了少数省提出市（分）院、县（区）院对案件事实认定、证据采信独立承担办案责任，对报请案件的事实认定问题不进行审查外，大部分省对下级检察院报批案件的事实认定、证据采信、法律适用甚至文书制作等方面都进行全面审查。

相对放开审批的8个省级检察院在总体上将刑事附带民事公益诉讼起诉案件审批权下放到了市（分）院，但部分地方以诉讼标的额作为划分两级检察院审批权的标准，标的额规定为100万元、50万元、5万元不等。市（分）院批准起诉的案件，都要求在审查批准后的一定工作日内，向省级检察院报送案件材料进行备案。此外，重大疑难复杂的刑事附带民事公益诉讼案件，仍需层报省级检察院批准。重大疑难复杂案件的标准包括诉讼标的额，社会关注度，涉港澳台或涉外，市、县两级检察院意见不一致，与法院存在重大分歧等多种情形。

实行较宽松审批制的3个省级检察院一般只负责审批全省有重大影响、疑难复杂案件、部分新领域案件和市（分）院请示的民事公益诉讼起诉案件、所有撤诉案件。其中，相对严格的一个省要求，每个设区市检察院辖区内提起5件以上行政公益诉讼案件的，此后的行政公益诉讼起诉案件由该设区市检察院审批。

任何一项法律制度改革被接受、被采纳的经济原因，就在于其存在能够节约社会活动中的交易成本，不同的规则调整和实施程序下的交易成本也会有所不同。检察机关内部实施严格的公益诉讼案件审批程序，初衷应该是加强检察机关内部的业务领导和监督，充分发挥检察一体化优势,最大限度释放检察公益诉讼制度改革的潜在效益。但是,社会从一项制度改革中获取的效益总量取决于为此支出的成本和收益之差,一些支出成本是否属于制度实施过程中的必要支出也需要进一步检视。对于上级检察院直接对下级检察院发出办案指令的问题,虽然是以检察一体化作为理论来源,但也需要考察其经济意义,分析这种办案指令与司法体制改革目标是否一致以及上级检察机关的办案指令权控制在多大程度上才符合制度实施的效率原则。

二、检察一体原理下的检察指令

(一)"检察一体化"对上级检察机关指令权的强调

"检察一体化"作为"当下世界检察制度组织构建的基本原理",[1]深刻体现了上下级检察机关之间、同一检察机关内部组织格局。在我国,检察机关作为法律监督机关,由本级人大产生,对本级人民代表大会及其常务委员会负责并报告工作。从共和国检察制度发展史看,"垂直领导""双重领导"是对检察制度组织构建的特色性、经典性表述:既体现了检察机关自身定位及同国家其他政治制度之间的关系,也体现了检察系统内纵向和横向的紧密联系。从 1949 年《中央人民政府最高检察署试行组织条例》(已失效)到 2018 年修订的《检察院组织法》对检察机关组织体系、领导体制的规范性表述,从检察机关恢复重建以来历次检察改革文件中对"检察一体化"工作机制的力推,都体现出检察系统内对上下级检察院之间"领导关系"的重视。1949 年《中央人民政府最高检察署试行组织条例》(已失效)第 5 条规定,各级检察署由最高人民检察署指挥;最高人民检察署检察长主持全署事宜。1951 年《中央人民政府最高人民检察署暂行组织条例》(已失效)第 5 条、《各级地方人民检察署组织通则》(已失效)第 6 条都对各级地方人民检察署接受上级人民检察署

---

〔1〕 邹绯箭、邵晖:《"检察一体"与中国上下级检察院组织关系构建》,载《中国刑事法杂志》2013 年第 8 期。

领导作出了明确规定。根据1954年制定的《人民检察院组织法》(已失效)第6条,地方各级人民检察院和专门人民检察院一律接受最高人民检察院的统一领导,并在上级人民检察院的领导下进行工作。1979年出台的《人民检察院组织法》(已失效)第10条保留了这一内容,在1983年修订该法时也没有发生变化。检察机关领导体制的这一规定在1995年制定的《检察官法》(已失效)第5条中再次出现,并在2001年修改该法时继续保留。2018年修订的《检察院组织法》在原"最高人民检察院领导地方各级人民检察院和专门人民检察院的工作,上级人民检察院领导下级人民检察院的工作"前增加了"最高人民检察院是最高检察机关"。2019年修订的《检察官法》删除了原文中有关检察机关领导体制的规定,但其第17条规定了上级检察院检察官从下级检察院检察官中逐级遴选的程序,第18条规定了地方各级检察院检察长由上一级检察院检察长提请本级人民代表大会常务委员会任免的程序。上级检察院的检察官从下级检察院逐级遴选,下级检察院检察长由上级检察院检察长提请任免,体现出检察系统内加强了上级检察机关在下级检察机关用人方面的掌握程度,可以认为是检察一体原则和垂直领导体制从人事任免权角度的进一步强化。

随着司法责任制改革的全面深化,作为司法体制综合配套改革内容之一的省以下地方检察机关人财物统一管理改革持续推进,上级检察机关对下级检察机关人、财、物的领导权也得以持续强化。省以下地方检察机关人财物的统一管理,在无形中进一步强化了上级检察机关对下级检察机关业务工作的指令权。强化检察机关内部上级机关对下级机关的业务领导和监督,当然有其积极的经济意义,能够避免不同地方检察机关在政策理解、法律适用方面的不一致,避免由于潜在的不确定造成不必要的管理成本,避免因地方政府干预给检察机关办案带来额外的管理成本和错误成本。但是,检察机关内部上级对下级办案工作的直接指令权如果缺乏适当的控制,也会带来不经济、无效率问题。

(二)上级检察机关指令权的现实隐忧

强调检察工作一体化,强调上级检察机关对下级检察机关办案工作的指令权,初衷在于通过上下级检察机关之间业务领导与被领导关系的加强,实现对下级检察机关办案工作的监督,保证检察权公正、统一、高效行使。广义的检察指令,指上级检察院以及本院检察委员会、检察长、部门负责人等主体对下级检察院、检察官作出的一系列有关职务行使的指示。上级检察机关的检察指令包括办案业务方面的指令和事务管理方面的指令。公益诉讼案件审批属于上级检察院对下级检察院公益诉讼案件办理过程及结果决策的指示方式。长期以来,检察指令权因其在行使过程中的不规范、不科学、不透明、无序性和随意性大而广受诟病。在党的十八届四中全会提出推行司法责任制为核心的司法改革前,我国检察机关实行的是“行政审批、集体负责为主要特征的办案机制”,〔1〕即检察人员承办、部门负责人审核、检察长(分管副检察长)或者检察委员会决定的“三级审批制”。带有明显行政管理特征的“三级审批制”不符合司法办案规律,导致相关办案主体之间权责不清,决定者不负责、办案者负不了责,一旦出现责任倒查的情况,执法过错责任往往难以厘清和追究。

当然,检察一体的组织原则和突出检察官办案主体地位,厘清办案责任制之间并不是对立的关系,检察官独立和检察一体应当是相互协调的状态,“两者相互协调,并行不悖”,〔2〕但检察一体并非要通过上级检察院对下级检察院办理的案件直接发布指令才能体现。上级检察院对下级检察院办理案件的直接指令权存在以下现实弊端:

1. 不利于突出检察官办案主体地位。2015 年 12 月,最高人民检察院发布《关于完善人民检察院司法责任制的若干意见》,明确了推行检察官办案责任制、办案组织形式及运行、独任检察官、主任检察官、检察官办案组、检察长、检察委员会等办案主体的职责权限、办案工作的领导和监督、办案责任的认定和追究等内容,为落实党的十八届四中全会“决

---

〔1〕 周晓霞:《上下级检察院办案指导关系研究》,载《华东政法大学学报》2017 年第 4 期。

〔2〕 杜磊:《检察指令权的程序性规制》,载《国家检察官学院学报》2016 年第 4 期。

定”出台的规范司法人员司法办案行为的“三个规定”[1]也已在法、检两院全面实施。根据“让审理者裁判,让裁判者负责”的司法改革核心要求,检察机关在前期员额制改革的基础上开始全面落实办案责任制改革。办案责任制改革要求对检察长、检察委员会、部门负责人、员额检察官列明权力清单,不同的办案主体都需要在授权范围内独立行使决定权并承担相应责任,即“谁办案谁决定,谁决定谁负责”。列明权力清单,明确不同办案主体的职责权限,落实办案责任制,就是要将原来的三级审批办案模式转变为“纵向扁平化办案模式,减少指令中间层级”,[2]使司法办案行为真正体现亲历性的特征,更符合司法办案内在规律。党的十九大报告提出要“深化司法体制综合配套改革”,意味着完成员额制改革后,重点是建立更加精细化、科学化、体系化的配套制度和长效机制,优化司法职权配置、完善司法管理体制机制,促成改革成果系统化、常态化和规范化。因此,在突出检察官主体地位的同时,加强对检察官司法办案行为的监督,完善配套制度,继续厘清不同办案主体的办案责任界限将是今后一段时期司法体制综合配套改革的核心。

让每个办案主体享有对自己所办理案件的决定权,并在决定范围内承担相应责任的经济学意义在于,通过减少理性主体作出行为决策的不当影响因素,提高主体的行动效率。办案人员作为一个理性个体,生活在行动相互影响且行动时不得不考虑相互影响的组织环境当中,任何一个办案人员的行为选择不仅受到自身因素影响,也会受到办案组织内部的部门负责人、检察长、检察委员会的行为因素影响。如果知道自己的行为将受制于组织内的其他人,其作出行为选择时可能就不会是真正符合法治偏好的理性最大化选择,而是考虑上级偏好的策略选择,自然会影响办案效率,与保障检察权公正高效运行的改革目标发生矛盾。上级

---

[1] 是《领导干部干预司法活动、插手具体案件处理的记录、通报和责任追究规定》《司法机关内部人员过问案件的记录和责任追究规定》《关于进一步规范司法人员与当事人、律师、特殊关系人、中介组织接触交往行为的若干规定》的简称。

[2] 郑青:《论司法责任制改革背景下检察指令的法治化》,载《法商研究》2015 年第 4 期。

检察机关对下级检察机关执法办案活动的直接指令显然与突出检察官主体地位、提高办案效率、促进检察权公正高效运行存在冲突。

检察一体是各国检察制度的普遍特征。域外检察官的办案行为虽然也受到检察一体的制约,但还是会严格控制上级对下级直接作出办案指令。一般来说,大陆法系国家普遍强调检察官办案中的独立自主性,支持检察官对所办案件享有自主决定权并对办案结果承担责任。[1] 即便是在存在检察指令的情况下,其有遵守检察指令和不遵守检察指令的自由。我国检察机关长期以来实行的“垂直领导”“双重领导”体制使得“检察一体原则的特征在我国检察机关表现得尤为突出”;[2]不可否认,检察一体原则与检察官个体独立客观上存在冲突。从行政公益诉讼起诉案件审批实践来看,基层检察院检察官在办案中的程序性和实体性事项多次向部门负责人、分管检察长、检察长请示汇报的基础上,经本院检察委员会审议后作出拟提起行政公益诉讼的建议,之后按照审批规定逐级向上报批。基层检察院向市(分)院作出请示后,市(分)院公益诉讼部门对案件进行审查,或同意继续向省级检察院报批,或对案件事实认定或法律适用问题提出调整、重新审查等意见建议。市(分)院在办理报批请示案件时仍要确定承办检察官,该承办检察官仍会就办案中的程序性和实体性事项向部门负责人、分管检察长、检察长进行请示汇报才能提出相应意见。案件报送到省级检察院后,如此过程还要循环发生一次。在案件的每一个审批阶段,拥有指令权的人员都会对案件发出直接指令,不同的指令还可能相互矛盾,也难避免上级在对案件事实和证据了解不够充分的情况下就作出相应指示。不够审慎的案件指令不仅会影响案件办理的效率,还会影响案件质量。当然,突出检察官的主体地位,并不意味着排斥部门负责人、检察长、检察委员会、上级检察院对其办理案件的监督;但监督的范围、形式、内容、程序应当进行科学规范的

---

〔1〕 参见杜磊:《检察指令权的程序性规制》,载《国家检察官学院学报》2016 年第 4 期。

〔2〕 郑青:《论司法责任制改革背景下检察指令的法治化》,载《法商研究》2015 年第 4 期。

厘定,不能以加强“检察工作一体化”为由,实际上稀释了检察官办案决策中的主体作用,使其办案决定不再是根据客观事实作出的符合法治偏好的理性最大化选择,最终降低了这项司法体制改革的制度效益。

2. 难以厘清司法责任。如果不同司法办案主体之间权限不明、责任不清,就会导致办案责任制难以落实。深化司法责任制改革,就是要遵循“谁办案,谁决定,谁负责”的原则,厘清不同司法办案主体的职责、权限和办案责任,让承办案件的检察官在法律授权范围内有权就案件作出相应的决定,使其自主办案、自负其责。根据检察工作一体化原则,上级有权就下级办案行为及最终决定进行监督,也有权作出改变承办案件检察官原意见的决定;但这样的上级指令必须在法律授权范围内运行,并在作出决定范围内依法承担办案责任。

在公益诉讼案件层级审批工作模式下,基层检察院承办案件的检察官对所办案件只有建议权,而在一般情况下有权就案件作出最终决定的检察长、检察委员会也只拥有建议权。市(分)院办理报批请示案件的检察官、检察长、检察委员会就案件提出的意见也同样是建议该案提起诉讼,继续向省级检察院报批。省级检察院承办该报批请示案件的检察官也无决定权,根据审查情况提出或同意起诉或不同意起诉的意见,也可能会就案件被告确定、诉讼请求、法条引用等方面存在的问题提出修改意见,但都只是建议,最终作出起诉或不起诉决定的是省级检察院的检察长(包括检察长授权的副检察长)。这样的层级审批制造成了公益诉讼案件实质上是由基层检察院一名承办检察官或办案组办理,基层检察院检察长和检察委员会、市(分)院承办检察官、检察长和检察委员会、省级检察院承办检察官及部门负责人都在进行案件审核,最终审批决定权在省级检察院的检察长(或副检察长),中间至少存在七个审核环节,远胜于原来的“三级审批制”。厘清司法责任首先强调的是司法主体在司法过程的亲历性,处于不同司法办案环节的司法主体要承担与其岗位职责相适应的责任。虽然各省对公益诉讼案件报批也作出了一些工作要求,如下级检察院需报送全部案卷材料,有必要时上级检察院应当面听取案件汇报,或直接到案发地点开展调查核实等;但毕竟只是内部要求,在实践中并无严格规范,上级检察院很少会实地调查,在多数情况下以书面材料审查为主。在这样多层级审批的工作模式下,有权提出意见的层级过多,而享有最终决定权的省级检察院检察长和基层检察院承办检察官之间相隔了众多层级和环节,实际上很难当面沟通听取意见。这样的“审者不定,定者不审”,无论是直接承办案件的检察官、中间负责审核的各层级办案主体,还是发出最终指令的省级检察院检察长,责任都极其模糊,难以分清。

在司法办案的任何环节,任何人就案件提出意见或作出决定,都必须在对案件事实和法律问题有充分了解的基础上形成自己判断的情况下提出。通过调阅案卷、听取汇报等方式也可以了解到案件的事实和法律问题,但这些渠道获取的案件信息难以做到全面充分,且在上级和下级缺乏充分沟通的情况下难免出现“以偏概全”“一叶障目”的问题。上级在审核案件时如果提出意见不适宜,出现误导或错误指示,会直接改变案件走向,造成不可挽回的损失;而因为提出案件处理建议者和审核审批者的责任界限不清,就错案追责时仍由基层检察院办案检察官承担办案责任,显然不符合权责相适应原则。虽然一些省提出案件事实认定由办案检察院负责,法律适用问题由负责审批的上级检察院负责,但案件事实认定和法律适用的区分并非总是一清二楚的。如果上级检察院改变了下级检察院提出的案件处理意见,虽说案件事实认定是由下级检察院办案检察官在调查核实证据的基础上完成的,上级检察院检察官的决策意见是以其事实认定为基础的,但上级检察院检察官作出判断时也要经过审查事实证据并形成内心确信的过程,不能因为上级检察院只负责审批就免除其事实认定责任。

保证检察权公正统一高效行使的司法体制改革目标,“突出检察官的主体地位”“谁办案谁决定,谁决定谁负责”的司法改革要求,显示出最大限度减少不利于办案主体正确决策的影响因素,提高司法体制运行效率的经济意义。但是,检察机关内部实行的公益诉讼案件多层级审核决定的办案模式,烦琐的案件报请审核审批过程似乎已与改革目标渐行渐远。

三、层报审批的成本收益分析

(一)为什么要分析层报审批制的成本收益

所有人都希望国家、政府提供的法律制度规范及其实施机制是公正且有效率的。法律制度本身是一种资源配置制度,法律实施过程就是资源配置过程,司法改革目的也是对不合理的资源配置制度和机制进行改进。检察公益诉讼是没有经验可循的"中国式"制度改革,检察机关内部对公益诉讼案件实行多层级审核审批机制,体现出检察机关稳妥慎重、统筹推动这项制度改革的态度;但同时也体现出检察机关设计公益诉讼内部工作机制时缺乏效率观念,忽视了合理配置公共资源的需求。公共选择理论有关公共政策成本收益的分析提醒我们,有必要对公益诉讼案件审批决策过程进行成本收益分析。

在公共选择理论出现之前,人们似乎都想当然地认为,政府一定存在公正且有效率地配置资源的初衷,也有能力创造出一个公正且有效率的社会,但公共选择理论对这样想当然的观念提出了疑问。公共选择理论产生于20世纪40年代末50年代初,由美国当代著名经济学家、诺贝尔经济学奖获得者詹姆斯·布坎南等人创立;经过70年的发展,其研究的范围和深度都取得了很大的进展。公共选择理论的基本特征是经济人假设和方法论上的个人主义,运用新古典经济学的基本假设和分析方法来研究政治问题。[1] 公共选择理论是经济工具在政治上的应用与扩充,将人们从互相交换中各自获益的经济概念应用于经济决策领域,为社会科学研究打开了新的图景。公共选择理论有两个最基本的要素:一是研究交换的过程、交易、协议和契约的交换经济学;二是个人行为的经

---

〔1〕 参见[美]詹姆斯·M.布坎南、[美]戈登·塔洛克:《同意的计算:立宪民主的逻辑基础》,陈光金译,上海人民出版社2017年版,第11~18页。

济人假设。将交换经济学的方法和观点运用到人们集体相互作用的制度环境,为观察和研究政治和政府制度提供了方法,为研究政治决策运用提供了一个崭新的窗口。布坎南认为,政治和政治制度可主要归因于复杂交换、契约和协议。经济人的行为假设意指,个人天生就是要追求和增进自己的利益,但追逐自身利益的行动会无意识地产生有利于整个社会利益的结果;将经济人假设扩展到集体制度环境领域,就要考虑如何改进或改革规则,将公共选择者塑造成促使效用最大化者。〔1〕 布坎南和塔洛克在《同意的计算》第一部分概念框架的讨论中指出,集体行动必定由个体行动组成,公共选择理论建构的第一步就是为个人在社会活动中的动机与行为提出某种假设,将组织群体选择过程中的个体行为当作其核心特征;从这个意义上说,这一理论也可归类为方法论的个人主义。〔2〕

公共选择理论采取的是与传统的集体主义方法论完全不同的分析范式,将"政府决策或公共决策的分析建立在个人决策的基础上",〔3〕将个人作为评价、检验行为决策的最基本单位,将经济学中的经济人假定和交易费用理论引入政治活动分析过程,"用个人的动机和目的来解释政治、经济以及其他社会现象"。〔4〕 在这里,个人成为集体活动或政治过程中最终决策者、选择者和行为者。布坎南和塔洛克认为,政治活动是一种特殊形式的交易过程:根据经济人假定,个人在政治市场中的追求和经济市场中的追求一样,都是追求自身利益的最大化。因此,政治市场也不应要求个体牺牲自己增加其他人的效用,但也不能牺牲其他人

〔1〕 参见[美]詹姆斯·M.布坎南:《自由、市场和国家:20世纪80年代的政治经济学》,吴良健、桑伍、曾获译,北京经济学院出版社1988年版,第18~26页。

〔2〕 参见[美]詹姆斯·M.布坎南、[美]戈登·塔洛克:《同意的计算:立宪民主的逻辑基础》,陈光金译,上海人民出版社2017年版,第3页。

〔3〕 陈振明:《政治与经济的整合研究——公共选择理论的方法论及其启示》,载《厦门大学学报(哲学社会科学版)》2003年第2期。

〔4〕 陈振明:《政治与经济的整合研究——公共选择理论的方法论及其启示》,载《厦门大学学报(哲学社会科学版)》2003年第2期。

以增强自己的效用,理想追求是所有参与者在政治活动过程中都互有收获。[1] 公共选择理论把政治舞台模拟为一个经济学意义的市场,分析所有公共选择者(选民、政治家和官僚等)作为自利经济人对不同决策规则和集体制度的反应及可能作出的决策。如果说,政府是用来满足人类需求的一种创造物,所有社会成员对政府的要求就是提高公共物品配置的效率,努力实现公共物品配置的帕累托最优;因此,必须发挥政府在集体选择过程中的主导作用。但是,政府中的政治家、官僚在公共选择过程中,无法保证一定会以公共利益最大化为目标,因而他们的决策也很难实现帕累托效率。必须促使政府对每一种公共物品的数量和支付的方式作出精心选择,使政治过程中分配集体行动的利益更加清晰。[2]

公共选择学派认为,通过改进投票决策的规则,可以起到控制政治组织行为的作用。提供公共物品中的一致同意规则似乎更有利于所有人从中受益。但由于公共物品的非排他性质,每个参与者都可能有隐藏自身偏好进而"搭便车"的想法;如果一个人可以通过不正确地显示偏好能够获得更大的利益,就不会有诚实自愿显示偏好的动机。因此,如何通过更好的规则设计促使公共物品的提供者提高公共物品的数量,激励他们提供更好的公共物品,改变他们在集体决策中的地位,改进决策形成的规则至关重要。在集体决策中,个人地位的改变会改变其策略的选择。[3] 如果公共物品的提供者认识到提供公共物品的过程中自身支出的成本和获得的收益之差还有改进的空间,就会产生改进决策规则的激励。基于此,有必要对公权力机关作出的政治决策或公共政策进行成本收益分析,以提高政策效益。

公共选择理论有关公共政策的成本收益分析为我们研究公益诉讼

---

〔1〕 参见[美]詹姆斯·M.布坎南、[美]戈登·塔洛克:《同意的计算:立宪民主的逻辑基础》,陈光金译,上海人民出版社2017年版,第22页。

〔2〕 参见[英]丹尼斯·C.缪勒:《公共选择理论》,韩旭、杨春学等译,中国社会科学出版社2010年版,第49~50页。

〔3〕 参见[英]丹尼斯·C.缪勒:《公共选择理论》,韩旭、杨春学等译,中国社会科学出版社2010年版,第81~83页。

层报审批制提供了有益的思路。检察机关内部就公益诉讼案件实行层报审批的决策属于国家公权力机关的公共决策,是检察机关内部决策者在追求自身目标的个人决策基础上形成的,而行使具体职权的这些个人在追求个人利益并努力使其最大化过程中与整个社会追求公共利益及社会福利最大化之间会存在冲突。一项好的政策至少是收益大于成本的政策,有必要对这项公共政策的作出和实施过程进行成本收益分析,找出最有益于节省成本、提高政策效益的决策模式。

(二)层报审批的直接成本、机会成本和错误成本

案件层报审批的成本包括直接成本、机会成本和错误成本。直接成本加机会成本也可称为管理成本。

1. 案件层报审批的直接成本。直接成本,是指由于建立和运行层报审批程序而导致的直接物质成本,即国家为该工作程序出台和运行而耗费的人力、物力、财力。检察机关在建立公益诉讼案件层报审批制过程中的耗费和支出包括:(1)最高人民检察院、各省级检察院就案件审批工作机制提出规划、拟定目标、收集相关信息资料、调研论证的费用;(2)系统内外征求意见、协调联络的费用;(3)起草、审核、征求意见、审议批准层报审批文件的费用;(4)制作正式文件并公布实施的费用;(5)最高人民检察院、各省级检察院在案件审批工作机制出台过程中支付机关运转费用及其工作人员的劳动费用,包括维持机关的办公费用、文件制作的费用及工作人员的工资待遇、津贴、物质奖励、福利、保险等各种费用。

层级请示、汇报、审核、批准,往往带来办案时间、事务性活动运转时间的延长,参与工作人员的增加,协调事务的增多。检察机关在建立公益诉讼案件层报审批制实施中的耗费和支出包括:(1)层报审批制实施前就工作要求、办理程序等,培训各级检察机关工作人员的费用;(2)基层检察院、市级检察院就准备请示报批案件而支出的机关办公费用、案卷材料打印复印及请示文稿起草审批的费用;(3)基层检察院、市级检察院到省级检察院当面汇报案件支出的差旅费用;(4)基层检察院、市级检察院为请示报批案件支出的工作人员劳动费用;(5)市级检察院、省级检

察院办理下级检察院请示报批案件而支出的办公费用、批准文件制作费用及工作人员劳务费用;(6)因请示报批案件增加的事务性联络所耗费的各种资源。

2. 案件层报审批的机会成本。机会成本,是指由于公益诉讼案件实施层报审批制而非其他审核批准方式所放弃的可能带来的收益。任何制度、程序或工作机制的遵守都存在机会成本,即行为人遵守了此方式而非彼方式所放弃的可能收益。在公益诉讼案件起诉时,如果不采取层报审批,办案检察院有权自行决定起诉与否,可能会产生相应的政策效益。机会成本的考量点主要在于此方式和彼方式哪一种收益更大的问题。

3. 案件层报审批的错误成本。错误成本,是指由于案件批准行为的错误而带来的对社会资源的耗费与无效配置。检察机关就国家或公益损害向行政机关或民事侵权主体提起公益诉讼,以国家强制力为后盾。如果审批出现错误,不仅造成国家诉讼资源的无端耗费;更重要的是,由于激励机制扭曲带来巨大的社会成本,造成消极的社会影响。从这一点考虑,基于稳妥审慎起诉的考量,就公益诉讼案件设置严格层级审批的工作机制似乎是有必要的。因为,从以上分析可知,公益诉讼案件层报审批制的建立和实施,必然带来办案直接成本和机会成本的增加。如果直接成本和机会成本的增加能够换来错误成本的减少,层报审批制仍有其存在和保留的合理性。但从目前了解到的情况看,各省级检察院对辖区下级检察院报请起诉的案件基本都会批准同意,极少出现不批准起诉的情况。原因可能有两点:一是公益诉讼检察已是检察机关"四大检察"之一,作为一项新增的重要职能,检察机关从上到下都极为重视,上级检察院对下级检察院开展这项工作普遍持支持、扶植的态度;即便案件存在一些瑕疵,也会尽量提出修改完善或继续与行政机关、法院充分协调沟通后起诉的意见。二是当公益诉讼案件起诉率成为检察机关一项业绩考核指标后,在审查报请起诉案件时不可避免地会考虑业绩考核结果问题。公益诉讼起诉案件数在检察机关内部工作业绩考核中是一项重要的考核指标,各地对这项数据增加或下降都极为看重。尤其是行政公益诉讼案件多数都在诉前检察建议阶段办结的情况下，对基层检察院拟提起行政公益诉讼的请示，市、省两级检察院都是鼓励和支持的。可见，由各省级检察院对本辖区起诉案件进行审查批准的工作机制，并未起到降低错误成本的作用。

多数地方坚持在公益诉讼案件办理中由基层检察院向市（分）院、省级检察院层报审批的原因，还有一部分是出于部门及其人员工作量的考虑。检察机关内设机构改革后，市（分）院、省级检察院均单独设立了公益诉讼检察部门，且各地检察机关从平衡发展“四大检察”及公益诉讼工作在当前检察工作中的重要程度出发，均配备了足额的员额检察官、检察官助理及书记员。但根据公益诉讼案件级别管辖规定，行政公益诉讼案件、刑事附带民事公益诉讼案件管辖权都在基层，单纯民事公益诉讼案件管辖权在设区的市一级；如果全部取消案件的层级审批，市（分）院只能自行办理少量的民事公益诉讼案件，省级检察院就将处于无案可办的状态，只能开展对下级检察院公益诉讼案件指导工作。虽然检察机关内部开展业绩考核时普遍认为，对下进行业务指导也属于一项重要工作，但毕竟与亲历性办案存在很大差异，核算工作量时采取的标准也与直接办案有所不同。第三章分析诉前程序时提到的延吉市环保局不履行法定职责案就受到了上级检察院内部审批的影响。延吉市人民检察院向法院起诉后，因行政机关对违法行为人作出了行政处罚并执行完毕，诉讼请求已实现，该院曾向最高人民检察院层报申请撤回起诉，但申请被否，后法院根据检察院一年之前的诉讼请求判决驳回。[1] 要最小化内部办案运转程序的成本，就是要在确保预期办案效益的前提下，追求办案运转程序的直接成本、机会成本和错误成本的最低。办案效益，指的是通过科学合理的工作机制设计而获得的社会效益的总和，即办案收益与办案过程中支出成本之差。

---

〔1〕 参见刘艺：《检察公益诉讼败诉案件中的客观诉讼法理》，载《行政法学研究》2020 年第 6 期。

四、指向效益的审批机制改进

如果把司法机关司法办案活动比作一个司法资源配置的市场，所有的司法工作制度和机制在配置资源时都应当进行成本收益分析，并以效益为其追求目标。钱弘道教授在研究司法资源配置时使用的是“效率”这一概念，认为“司法效率的重要含义应当是司法资源的节约和有效利用”。[1] 制度机制的设计者都应具备成本收益分析意识，以降低成本、增加效益为其考量因素。如果一项工作机制的实施所能增加的收益大于或者等于所增加的成本，那么这项工作机制就是有效益的，应该存续并得到支持。相反，如果因为一项工作机制的存在带来了更多的管理成本支出，同时增加了机会成本，也并未降低太多错误成本，并未因实施了这项工作机制而相应增加社会收益；那么这项工作机制显然是没有效益的，这种工作机制就应当被放弃或者进行必要控制。

检察公益诉讼实现上下工作一体化，并非一定要通过具体个案的汇报、请示和审批来体现上下级之间领导与被领导的关系。为提高公益保护效益，提升办案时效性，突出承办检察官办案主体地位，明确上下级检察机关责任划分，真正落实“谁办案，谁决定，谁负责”，应当尽量尊重办案检察院、承办检察官在其职权范围内的案件决定权，上下级检察机关之间要定位准确、权限清晰、责权相符。基于各地刑事附带民事公益诉讼已办结案件量，一般刑事附带民事公益诉讼案件无须再提级审批；民事公益诉讼、行政公益诉讼在起诉、撤诉案件决定和审批问题上，应确立非有必要不提级审批原则；“等”外领域公益诉讼案件也不应事无巨细全程审批。对此，具体提出以下建议：

1. 各级检察机关拟提起刑事附带民事公益诉讼的，由拟提起诉讼的人民检察院自行审查决定。

2. 行政公益诉讼案件拟提出诉前检察建议的，由拟提出检察建议的

---

〔1〕 钱弘道：《法律的经济分析》，清华大学出版社2006年版，第171～172页。

人民检察院自行审查决定。

3. 每个县、市辖区检察机关第一件行政公益诉讼起诉案件报请上一级检察院审查批准，其后拟提起诉讼的行政公益诉讼起诉案件自行审查决定。

4. 每个设区市检察机关第一件民事公益诉讼案件报请上一级检察院审查批准，其后拟提起诉讼的行政公益诉讼起诉案件自行审查决定。

5. 刑事附带民事公益诉讼、民事公益诉讼、行政公益诉讼起诉后拟撤诉的案件，由拟提起诉讼的人民检察院自行审查决定。

6. "等外"公益诉讼案件(含刑事附带民事公益诉讼、民事公益诉讼、行政公益诉讼)的立案、诉前程序，报请上一级检察院审查批准；拟提起诉讼的，层报省级检察院审查批准。

7. 各级检察机关办理的重大疑难复杂公益诉讼案件的起诉、撤诉，报请上一级检察院审查批准。符合下列情形的，应当认定为重大疑难复杂的公益诉讼案件：

(1)社会关注度高，具有较大社会影响的案件；

(2)案件事实认定难度大，证据复杂的案件；

(3)检察机关内部或法、检两院在法律适用问题上存在较大争议和分歧的案件；

(4)其他重大疑难复杂的案件。

在严格控制案件层报审批范围的前提下，应该明确规范上级检察机关办理报批案件的方式和程序，厘清司法责任，确保审批权依法依规行使：

1. 对下级检察机关请示报批的案件，上级检察机关应对案件事实和法律适用进行全面充分审查，认真审阅案卷，并听取下级检察院承办检察官对案件情况的汇报，必要时重新进行调查核实。无论作出批准或不批准的决定，或是提出部分纠正的决定，都应当采取办案的方式，由上级检察机关指定承办检察官按照办案的程序、方式和要求来办理请示报批案件。虽然在检察一体化组织原则下，检察官只是相对独立，检察上级的指挥监督权需得到认可和保障，但在案件事实和证据判断方面，仍应突出承办检察官的独立性。检察官作为公共利益的代表，要秉持客观立场，遵守正当程序，尽最大努力去追求实体真实。对下级检察机关承办检察官已经形成内心判断的事实证据问题，上级检察机关的检察官如果要提出修正意见或直接提出不同认识，必须遵循司法亲历性原则，另行立案，重新办理。未经过亲历办案即对下级检察院及其检察官发出案件指令是不符合司法办案客观规律的。另外，上级检察机关就案件发出的指令必须采用书面形式，意见明确，具有可操作性。

2. 上级检察机关拟提出纠正或改变下级检察机关办案意见前，应设置沟通协商程序，并允许下级检察机关向上级检察机关提出管辖权变更，下级检察机关的承办检察官有权提出不再办理该案、更换承办检察官的要求。上级检察机关拟纠正或改变下级检察机关办案意见前，应当经过充分的沟通协商程序，听取原办案机关和检察官的意见；经过沟通，上级检察机关仍作出纠正或改变决定的，下级检察机关原则上应当执行。如果下级检察机关仍坚持原办案意见，上级检察机关应当作出改变案件管辖的决定。在本轮司改实施过程中，也有学者就规范检察指令、建立职务收取与移转制度提出了建议，认为变更管辖的权力也属于广义的职务收取与移转权范畴。[1] 在不影响公益保护时效、公益损害没有持续扩大的情况下，在法定办案期限内，应当允许原办案检察院提出变更管辖或提级管辖要求，由同级其他检察院或直接由上级检察院办理该案。原承办案件检察官应有权向本院检察长或检委会提请职务转移和职务收取，再由该院检察长或检委会继续向上级检察院提请，由上级检察院指派检察官负责办理该案，以充分尊重原承办检察院和承办检察官的意见。

3. 确立权责对应的司法责任落实机制，每一个就案件办理提出处理

[1] 参见杜磊：《检察指令权的程序性规制》，载《国家检察官学院学报》2016 年第 4 期；郑青：《论司法责任制改革背景下检察指令的法治化》，载《法商研究》2015 年第 4 期。

意见的主体,都应当承担相应的责任,真正做到"谁办案,谁负责"。在司法办案过程中,无论在哪一个环节就事实认定或法律适用提出过意见的主体,其意见如果对案件最终处理决定产生过影响,就应依法承担相应的责任。上级检察机关或本院检察长,无论其作出的决定是同意原承办检察官的办案意见还是部分改变或全部改变原办案意见,都要承担与其指令权相适应的那部分责任。如果上级检察机关同意了下级检察机关的办案意见,应当共同承担责任。如果上级检察机关全部改变了原办案意见,下级检察机关不再承担办案责任。如果上级检察机关部分改变了原办案意见,下级检察机关对改变部分不承担责任。有学者提出,在上下级检察院办案指导关系中,如果承办检察官听从上级指令,由该承办检察官承担最后有利或不利的办案后果。[1] 笔者认为,在目前下级检察院、下级检察官无正当理由(即便之后被定性为错案,但在此之前下级很难违抗上级指令)违反上级指令时需承受严格的纪律追究风险的情况下,应当区分情况界定责任:如果上级检察院改变了下级检察院的原办案意见,之后被认定为错案的,下级检察院不应承担办案责任;如果上级检察院部分改变了下级检察院的原办案意见,之后被认定为错案的,下级检察院对改变的部分不应承担责任。

根据公共选择理论,个人理性和集体理性存在冲突,但理性个体在追求和增进自己利益的同时也能够产生增进整个社会利益的效果。如果将检察机关在行政公益诉讼中的自主行为看作个人理性行为,通过这项制度的实施来实现社会总体福利增长就是集体理性。因此,在符合"检察一体化"原理的前提下,应该通过更好的规则设计努力将检察机关这一公共产品提供者塑造成促使效用最大化者,使其不损害个体利益的前提下增加整个集体的效用,最终让所有的制度参与者都能在行政公益诉讼活动中有所收获。

---

〔1〕 参见周晓霞:《上下级检察院办案指导关系研究》,载《华东政法大学学报》2017 年第 4 期。

第二节 行政公益诉讼与行政检察的职能整合机制

一、行政公益诉讼与行政检察的关联关系

制度是人们在社会生活中选择和决定的用以确定交易活动和相互关系的行为准则,反映着特定社会的特征和人们的行为方式。任何一种制度安排和制度结构都有其独特的功能,能够发挥其独特的作用,因而现实中的多种制度安排可以从不同角度向社会提供多种制度服务。但是,现实往往比较复杂,在可供选择的两种以上制度安排和制度结构中并非有你无我的关系,在相关联或类似的社会交易或社会行为上往往会存在不同的制度规则,从不同角度进行规制,行政公益诉讼与同属于检察机关内部职能之一的行政检察之间就是如此。

(一)行政公益诉讼与行政检察的关联特征

2019 年,在最高人民检察院主导下,全国四级检察机关从上到下实施了内设机构改革:原有的民事行政检察部门一分为三,行政检察部门单独分设,与刑事检察、民事检察、公益诉讼检察共同构成"四大检察"并行格局,改变了以往民事、行政和公益诉讼检察三项职能由一个民事行政部门负责的局面。[1] 本轮内设机构改革被称为"改革开放 40 年来检察机关内设机构前所未有之大变革,是系统性、重塑性的改革,是战略性调整"。[2] 改革后,在检察机关内部,公益诉讼检察部门和行政检察部门分别行使行政公益诉讼职能和行政检察职能。表面上,行政检察部门职能与行政公益诉讼职能有着明确的界限,主要是以开展行政诉讼监督为主,具体包括裁判结果监督、审判违法行为监督和行政执行监督[3]。

---

〔1〕 2019 年 1 月 17 日,时任检察长张军在全国检察长会议讲话中提出"四大检察"全面协调充分发展这一新的检察工作要求。

〔2〕 张相军:《关于做好新时代行政检察工作的思考》,载《中国检察官》2019 年第 7 期。

〔3〕 包括裁判执行监督和非诉执行监督。

但是,行政检察职能和行政公益诉讼职能本质上属于同一业务门类,二者有以下共性:从身份地位看,检察机关作为法律监督机关,无论是在参与行政诉讼活动的场合,还是在监督行政违法行为的场合,都是国家利益和社会公共利益的代表,检察官出庭履行职责时也是以公益代表者的身份;从履职方式看,无论是监督行政诉讼活动,还是提起行政公益诉讼,检察机关主要是通过启动行政诉讼的方式履行职能的;从职能目标看,检察机关通过行政诉讼监督欲达到保证行政诉讼活动依法进行,提升依法行政水平的目的,而提升依法行政水平和维护公共利益在行政公益诉讼目标中同样重要。因此,维护客观法律秩序、监督行政机关依法行政是二者的共同目标。从法律制度供求原理看,行政公益诉讼和行政检察属于国家检察机关为满足社会同一类法律制度需求的法律服务,具体特征表现如下:

1. 从制度供给主体看,行政公益诉讼和行政检察属于检察机关作为制度供给主体提供的法律制度服务。国家机关是法律制度供给的垄断者,法律制度供给内容不仅包括立法程序出台的实体和程序法律文本,还包括国家机关在法律文本执行过程中制定的司法解释、规范性文件等。法律制度供给主体包括立法机关、行政机关和人民法院、检察机关。而检察机关根据《人民检察院组织法》的职能规定,设置不同内设机构,确定其具体的职能和履职程序也属于其为社会提供的制度供给。

2. 从法律制度需求看,行政公益诉讼和行政检察都属于检察机关作为制度供给主体为满足行政执法行为的检察监督需求的制度安排,只是监督的角度和侧重点不同。我国现行行政检察是由 1989 年《行政诉讼法》(已被修改)确立下来的;[1]一开始只能通过审判监督程序启动对生效裁判的抗诉权,因此,也可称之为行政诉讼监督。2014 年,《行政诉讼

---

〔1〕 1949 年 12 月颁布的《中央人民政府最高人民检察署试行组织条例》第 3 条有关最高人民检察署职权的规定"……五、对于全国社会与劳动人民利益有关之民事案件及一切行政诉讼,均得代表国家公益参与之……",可以认为是最早的检察机关被赋予行政诉讼监督职权的文本;但在 1989 年《行政诉讼法》出台前,并不存在严格意义的行政诉讼检察监督制度。参见最高人民检察院研究室编:《检察制度参考资料(第一编)》(1980 年),第 125 页。

法》修改实施,行政诉讼检察监督范围扩展到了对法院行政审判全过程的监督,即生效裁判监督、审判程序监督和执行监督,并增加了检察机关针对同级法院行政生效裁判提出再审检察建议权(《行政诉讼法》第93条第1款和第2款、第101条)。目前,检察机关内部行政检察部门的职能权限就来自2014年《行政诉讼法》修改后的这部分内容。行政检察部门是通过对法院行政立案、庭审、裁判和执行活动的全过程监督,间接构成对行政行为的监督,属于末端监督;公益诉讼部门的监督是在法定授权的领域对行政执法行为进行的中端过程和末端纠正的监督。

3. 从要素投入看,行政公益诉讼和行政检察作为检察机关的制度投入品,存在一定程度的互补性。法律制度的供给受法律的生产要素影响,而法律各生产要素的相对稀缺程度不同、相对价格不同,就使各生产要素之间作为投入品存在一定程度的互补性。虽然《行政诉讼法》的修改使行政检察在监督范围和监督方式上形成了诉讼监督领域的多元化监督,但其针对的主要是经过法院一审、二审、再审之后的行政裁判,而引发行政机关与公民之间行政争议的违法行为只占行政违法行为的很少部分。受《行政诉讼法》受案范围和原告资格的限制,行政执法部门不执行法律、上级决策违法、超越职权、无序争权或互相推责等违法行为中能够进入行政诉讼环节的数量更加稀少。在检察系统内部,长期以来存在"重刑轻民"的倾向,相较于公诉、转隶之前的反贪、反渎等业务工作,各级检察机关普遍存在民行检察工作机制不健全、人员配备和专业能力不足等突出问题,导致行政检察办案不规范,办案质量和办案效率总体水平不高,加上行政抗诉案件办案时限过长,曾被形容为"受理一阵风,审查马拉松,结果无影踪"。[1] 相较于行政检察通过监督法院的行政审判和执行活动间接构成对行政行为的末端监督,行政公益诉讼通过监督行政机关在重点公共事务管理领域造成重大公益损害的违法行为或不

---

〔1〕 邵世星、安晓玉:《民事行政检察工作现状与发展思考——来自部分地区检察机关的调查与研究》,载《人民检察》2005年第16期。

作为，形成对行政行为前端预防和中端过程监督，具有一定的互补性。

(二)职能分设造成的实践冲突

同一个主体的两种制度供给，应该考虑社会对不同法律资源的主观要求和客观承受能力，也应该考虑自身的制度供给能力。行政公益诉讼和行政检察属于检察机关为满足同一类需求的制度投入，要考虑每一制度的稀缺程度及相应的价格；不仅要控制两种制度分别运行的成本，还要在考虑两种制度同时运行的情况下使检察机关内部资源配置如何才能达到最优状态。本质上，行政公益诉讼与行政检察都是检察机关针对行政权行使过程的监督，只是分别监督了行政权行使的不同阶段；但行政检察和公益诉讼检察业务职能分别隶属两个部门，导致在司法实践中一些检察机关办理的公益诉讼案件引发了其他行政争议，在维护公共利益方面出现了救济不足甚至结果冲突的问题。比如，在一些国有土地出让金追缴案或人防工程易地建设费追缴案中，检察机关提出检察建议或提起行政公益诉讼要求行政机关采取措施收缴国有土地出让金或人防工程易地建设费后，可能会出现行政机关对欠缴的相对人作出行政处罚，相对人不服再向该行政机关提起行政诉讼的问题。如果行政机关接受检察建议后作出的行政决定存在瑕疵，行政机关作出的行政决定很可能因不具有合法性而被法院撤销。而行政处罚超过 2 年的追究时效，提起行政诉讼超过 1 年最长保护期的根本性瑕疵将导致此类追缴欠费的主张得不到现行法的支持，除非欠缴方主动缴纳，国有财产的流失将很难挽回。[1]

---

〔1〕 浙江省海盐县人民检察院办理的监督住房和城乡建设局追缴人防易地建设费案就存在这样的问题。海盐县某公司于 2010 年竣工交付使用的商住楼未修建防空地下室，也未足额缴纳人防费，海盐县人民检察院于 2017 年 12 月向县住房和城乡建设局制发诉前检察建议，住房和城乡建设局于 2018 年 5 月对该公司作出警告、责令限期缴纳人防费的行政处罚，该公司遂向县人民法院提起行政诉讼。法院一审驳回该公司诉讼请求后向嘉兴市中级人民法院上诉，嘉兴市中级人民法院二审认为县住房和城乡建设局超过追诉期限作出行政处罚决定，判决撤销一审判决，并撤销县住房和城乡建设局的行政处罚决定。在县住房和城乡建设局向浙江省高级人民法院申请再审期间，经检察院联合相关职能部门多次调处磋商，该公司主动缴纳人防易地建设费。参见柏屹颖、翁芳洁：《行政检察监督与公益诉讼检察监督衔接机制研究》，载《中国检察官》2020 年第 18 期。

对违法行为的行政处罚必须在2年内作出,提起行政诉讼必须在知道或者应当知道作出行政行为之日起6个月内提出,最长不超过2018年最高人民法院《关于适用〈中华人民共和国行政诉讼法〉的解释》第65条规定的1年最长保护期,均是出于保证行政法律关系的安定性,保护公众对行政行为信赖的考量;从维持法律秩序和社会安定的角度,也有利于公共利益的实现。但是,国有土地出让金收缴和人防工程易地建设费收缴都关涉重大国家利益和社会公共利益保护问题,这类案件很多还属于历史遗留问题,涉及一些人为因素和地方政府政策变化,案件线索发现难,调查收集证据难,办案周期也较长。如果因为行政机关未及时采取行政措施,检察机关启动监督程序超过法律规定的时效期而造成大笔国有资产流失,将造成更大的国家和社会公共利益的损失。

内设机构改革完成后,各地检察机关纷纷开展行政检察监督关口前移的探索,致力于改变行政检察"短、弱、小、冷"的局面,但目前行政检察部门的工作受制于其部门职能,主要还是围绕着诉讼监督业务开展,造成了监督任务与监督手段的矛盾。最高人民检察院在"四大检察"分立之初对行政检察的定位是"一手托两家",即监督对象是审判机关和行政机关,但这种仅限于诉讼活动的监督却留下了大量真空地带。行政检察在现实中处于极其尴尬的地位,仿佛又回到了行政诉讼监督制度初创时代"头戴一顶华丽的大帽子,手中却只拿着一根拐杖";[1]因监督方式和手段匮乏,无法支撑"监督人民法院行政审判活动,监督行政机关依法行使职权"这一制度职能的境地。在普通行政诉讼中,只有与行政机关之间形成行政处理与被处理的关系,认为自身合法权益受到具体行政行为侵害的行政相对人才是适格原告,对于和本人人身财产权益等无直接关联的国家利益、社会公共利益被侵害问题,机关、社团组织或公民个人无法提起诉讼。一直以来,我国的行政诉讼制度体现出的也是对相对人主

---

〔1〕 梁玉霞、沈志民:《走向公平正义——浅谈法律监督的意义与局限性》,载《广州大学学报(社会科学版)》2006年第1期。

观权利的保护功能，具有明显的主观诉讼特征。显然，以监督行政诉讼活动作为主要内容的行政检察制度在维护国家和社会公共利益方面具有局限性；行政公益诉讼能够弥补主观诉讼制度的不足，但检察机关行政公益诉讼职能发挥在现实中仍需要行政诉讼监督制度的支持。

（三）对检察机关内部资源配置的现实隐忧

制度是在社会中具有基础性作用的博弈规则，“是一些人为设计的，形塑人们互动关系的约束”。[1] 行政公益诉讼与行政检察虽然在检察机关内部机构职能设置上分属于两个平行部门的职能，但在实质上都属于检察机关通过启动纠正行政机关违法行为的程序对行政权进行司法监督的制度约束，都属于在检察机关内部业务职能划分时设计的，形塑监督行政法律关系的约束。

同一个主体的制度供给，也应该考虑需求法则下制度供给成本与需求量的关系。制度供给主体的要素投入，需要考虑不同生产要素的相对稀缺程度及相对价格。相对稀缺程度及相对价格与制度供给成本直接相关，制度供给成本决定着法律制度的供给数量和供给内容。根据微观经济学中的需求法则，商品的需求曲线向下倾斜，即某一商品的价格与消费者需求量之间成反比。目前，检察机关内部对行政检察和行政公益诉讼部门的资源倾斜体现出明显的制度需求法则。行政公益诉讼和行政检察制度属于检察机关为满足同一类需求的要素投入，检察机关必然会考虑两种制度在同时运行的情况下如何使其内部资源配置达到最优状态，如何从两种制度的运行中获取最大的制度效益。因立法赋权有限，行政检察制度效益主要通过办理行政抗诉案件体现，但现行法对检察机关办案中调阅法院审判卷宗及调查取证权缺乏明确规定，基层检察院又无直接抗诉权，只能提请上级检察院抗诉。从行政检察制度的运行成本看，为办理一件行政抗诉案件，需要上下两级检察机关投入大量人

---

〔1〕［美］道格拉斯·C. 诺思：《制度、制度变迁与经济绩效》，杭行译，格致出版社、上海三联书店、上海人民出版社 2014 年版，第 3 页。

力精力和时间，且在付出大量成本后提出抗诉的案件能否获得法院改判还是未知数。可见，通过行政抗诉来启动法院对生效行政裁判的审判监督程序，再通过对开庭审理和判决执行程序的监督间接纠正行政违法行为，制度运行成本较高；而受行政诉讼监督范围、程序和实际案件量所限，这一制度效益却并不明显。决定法律制度供给和需求的是该制度运行的成本和效益，成本包括制度适用者的个体成本和社会成本，效益也包括制度适用者的个体效益和社会效益。当然，制度适用者的个体成本和个体效益可以纳入社会成本和社会效益中进行整体考量。如果检察机关为维护行政诉讼监督制度安排和制度运转需要耗费较大的人力、物力和财力，但却得不到相应的制度效益，就会逐渐较少对这项制度运行的成本投入，转而将更多的人力、物力和财力投入行政公益诉讼制度运行中。这一点在各级检察机关内设机构改革后对公益诉讼和行政检察部门的重视程度、资源倾斜及两个部门的办案数量等方面可见一斑。内设机构改革后，各地方检察机关均将公益诉讼作为新时期检察工作的重要增长点，各级检察院在人员配备、办案用车、技术资金等方面均优先保障公益诉讼部门的办案工作。而反观行政检察业务，因办案基数小，抗诉案件还需上提一级，基层检察院并未单设行政检察部门；市级检察院和省级检察院虽然单设了部门，但员额检察官及检察官助理配备数量在各业务部门中是最少的。办案量方面，根据最高人民检察院 2020 年“两会”上所作的工作报告，全国检察机关 2019 年共办理行政抗诉案件 156 件，加上 83 件行政再审检察建议案件也只有 239 件，而同年度办理的行政公益诉讼案件达到了 119, 787 件。[1] 法律制度作为一种能够满足人们需求的产品，其需求不仅取决于适用其本身的代价，还取决于相关替代品或互补品的代价。内部资源的倾斜和办案数量之间相互影响，循环往复，内部资源越向公益诉讼倾斜，行政检察和行政公益诉讼部门的办

〔1〕 参见《最高人民检察院工作报告》，载最高人民检察院官网 2020 年 6 月 1 日，https://www.spp.gov.cn/spp/gzbg/202006/t20200601_463798.shtml。

案数量差距越大,而办案量差距的加大将继续加大检察机关内部对两项业务重视程度的差距。

二、行政公益诉讼与行政检察的渐进性变迁

(一)行政公益诉讼与行政检察的关键词变化

从20世纪90年代行政诉讼监督制度初创到检察机关提出"四大检察""十大业务"全面充分发展的今天,行政公益诉讼与行政检察在监督范围、监督方式、监督结构上相互影响、不断调整,经历了渐进性的制度演变过程。在行政诉讼监督制度初创时期,行政检察职能仅限于对生效行政裁判的监督,主要通过对生效行政裁判提出抗诉等方式监督行政裁判结果的合法性,间接构成对涉诉具体行政行为合法性的监督。随着对检察机关法律监督职能认识的逐步深化,学界和检察机关内部逐渐将履行反贪污贿赂、反渎职侵权职能中查处行政机关及其工作人员职务犯罪工作也纳入行政检察范围,刑事执行检察部门开展的对公安看守所、劳动教养场所的监督也被认为属于广义的行政检察内容。[1] 2013年《民事诉讼法》修改后,检察机关对民事诉讼活动监督范围和监督方式得以进一步拓展;由于行政诉讼参照适用《民事诉讼法》的相关规定,检察机关的行政诉讼监督活动也可参照适用《民事诉讼法》的新增内容。最高人民检察院方面也适时提出,民事行政诉讼监督格局从以往生效裁判监督为主,监督方式单一的一元化监督格局向包括生效裁判监督、审判程序监督、执行监督等多元监督内容,多元监督方式并存的多元化监督格局转变的工作目标。

检察机关20余年的行政检察实践探索为行政公益诉讼后续立法提供了经验指引,也为构建检察机关对行政权的监督运行机制提供了具体

---

[1] 有学者提出,检察机关通过对行政机关及其工作人员职务犯罪行为的侦查及对其提起刑事公诉的活动,虽然能够起到监督和制约行政机关及其工作人员的效果,但这些职能本身不应该属于法律监督。检察机关对监狱、劳动教养等刑事执行场所的监督可以纳入行政检察范围。参见肖金明:《建构、完善和发展我国行政检察制度》,载《河南社会科学》2011年第6期。

方案,人们逐渐接受了将担负专门监督职责的检察机关引入对政府行政行为监督体制的理念和做法。在行政诉讼监督逐渐被理论界和实务部门接受之后,加强检察权对行政权监督的呼吁不绝于耳。检察机关对民事和行政审判活动的诉讼监督职能得到了1989年《行政诉讼法》和1991年《民事诉讼法》的明确授权,诉讼法层面的规范依据也为检察机关提起公益诉讼制度提供了探索和实践的空间。从20世纪90年代后期开始,全国各地方检察机关开始了对保护国有资产、保护社会公共利益而主动提起诉讼的探索和实践。在1997年河南省方城县人民检察院以原告身份起诉该县工商局擅自出让房产致使国有资产流失案被判胜诉后,2001年至2003年,河南、湖南、山东、四川、贵州、广东、浙江、重庆、江西、福建等地检察机关办理了一系列以原告身份起诉低价拍卖(转让)国有资产造成国有资产流失、工厂造成严重环境污染问题的民事诉讼案件,获得了法院支持,也积累了一些通过检察监督保护国家和社会公共利益的经验做法。[1] 应当说,在2014年党的十八届四中全会就行政公益诉讼制度作出改革部署前,检察机关充分发挥了法律监督的主动性,在公益司法保护立法制度不完善的情况下,对检察机关提起行政公益诉讼制度的可行性、合理性进行了充分检验,为改革创新提供了实践样本。

同时,行政公益诉讼和行政检察的发展演变过程表明,适合国情的制度才是科学的制度;对这两种制度的分析和判断,不能孤立地进行,应当将其置于整个国家经济社会发展格局中,在国家治理现代化整体布局中加以综合分析。改革开放40余年,我国取得了耀眼的经济发展成就,创造了"中国奇迹"。随着注重经济增长速度到注重经济发展质量,我国的经济发展思路逐渐成熟,由"初始唯GDP论的发展思路过渡到可持续发展思路",[2] 提出以加强生态环境的高水平保护,更好服务经济社会

---

〔1〕 参见最高人民检察院民事行政检察厅编:《检察机关提起公益诉讼实践与探索》,中国检察出版社2017年版,第33~44页。

〔2〕 张建平、沈博:《改革开放40年中国经济发展成就及其对世界的影响》,载《当代世界》2018年第5期。

高质量发展。我国在经济发展思路和经济社会发展战略的变化与“政府对市场在资源配置中作用”[1]认识的不断深化密切相关。从1978年党的十一届三中全会后全面启动改革开放,1992年党的十四大确立了社会主义市场经济体制的改革目标,到2001年加入世界贸易组织,2007年党的十七大明确提出“全面认识工业化、信息化、城镇化、市场化、国际化深入发展的新形势新任务”,2013年党的十八大提出关于使市场在资源配置中起决定性作用的重大理论观点,市场在资源配置中的作用从“基础性作用”逐渐转变为“决定性作用”。与此同时,国家行政任务也随着“所在时代的社会、政治、经济、技术和文化状况”[2]不断拓展。行政公益诉讼和行政检察监督作为同样承载着拓宽我国行政权司法审查广度、深化行政权司法审查深度功能的关联制度,其不断探索和完善的过程,也与国家经济社会发展战略的变化息息相关。

表4-2 国家经济社会发展格局与行政公益诉讼、行政检察的关键词变化

时间段	经济社会发展关键词	行政公益诉讼和行政检察关键词
1978～1992年	家庭联产承包责任制、有计划的商品经济、推进企业改革、扩大对外开放	行政诉讼监督制度初建
1992～2001年	建立社会主义市场经济体制、国有企业股份制改革、民营经济全面发展、全面对外开放、政府管理职能重要转变	行政检察相当于行政诉讼检察、行政生效裁判监督、对行政执法活动的间接监督、救济相对人合法权益
2001～2012年	加入世界贸易组织、深化市场化改革、完善社会主义市场经济体制	两法衔接、行政执法活动监督探索、督促履职、以民事诉讼方式保护公益探索

---

〔1〕 李晓西、林永生:《改革开放40年的中国市场经济发展》,载《全球化》2017年第7期。

〔2〕 [德]哈特穆特·毛雷尔:《行政法学总论》,高家伟译,法律出版社2000年版,第14页。

续表

时间段	经济社会发展关键词	行政公益诉讼和行政检察关键词
党的十八大至十九大	加快转变经济发展方式、“五位一体”总体布局、“四个全面”战略布局、生态文明建设、五大发展新理念	多元化监督格局、三项行政检察改革、检察公益诉讼试点到正式赋权
党的十九大后	新时代中国特色社会主义、深化行政执法体制改革、加快推进生态文明建设	检察官是公共利益代表、分设行政和公益诉讼检察部门、双赢多赢共赢、“四大检察”“十大业务”全面充分协调发展
党的十九届四中全会至五中全会	国家治理体系和治理能力现代化、经济高质量发展、供给侧结构性改革、满足人民日益增长的美好生活需要	积极稳妥拓展公益诉讼范围、国家治理体系重要组成部分
党的二十大报告	中国式现代化、新发展格局，高质量发展、坚持全面依法治国、绿色发展	加强检察机关法律监督工作、完善公益诉讼制度

从表4－2可知，如果将改革开放40余年间我国经济社会发展中的重要节点和行政公益诉讼、行政检察制度的发展脉络串联起来加以对比分析，就会发现这两项检察制度的每一个发展节点制定出台的重要法律文件，都是为了落实党中央提出的改革举措，集中体现了国家经济社会发展大局；都是为了保障改革举措的切实推行，为了以法律监督手段更好地促进国家治理，完善中国特色社会主义制度的制度初衷。

党的十九届四中全会《决定》有两处直接表述了公益诉讼，分别是“拓展公益诉讼案件范围”和“完善生态环境公益诉讼制度”，这不仅是对公益诉讼制度实践的准确研判，还体现了对公益诉讼实践成效的充分肯定。[1] “拓展公益诉讼案件范围”出现在党的十九届四中全会《决定》

〔1〕 参见胡卫列：《国家治理视野下的公益诉讼检察制度》，载《国家检察官学院学报》2020年第2期。

第四部分“坚持和完善中国特色社会主义法治体系，提高党依法治国、依法执政能力”的第4项“加强对法律实施的监督”部分，“完善生态环境公益诉讼制度”被写入“严明生态环境保护责任制度”部分，凸显出公益诉讼作为国家治理体系中法律实施监督重要组成部分的特殊地位，也体现出公益诉讼制度在生态环境这一重点领域的特殊作用，还表明了现有制度机制还需要进一步完善。党的十九届五中全会《中共中央关于制定国民经济和社会发展第十四个五年规划和二〇三五年远景目标的建议》将国家治理体系和治理能力的现代化作为我国实现社会主义现代化的一项具体目标提出，也进一步表明，面对新时代社会主要矛盾的变化，为更好地满足人民日益增长的经济、政治、文化、社会、生态等方面的新需要，国家在提供制度供给时应当考虑如何更好地促进人民获得更多更优质的物质产品、精神产品和生态产品。中共中央于2021年1月印发的《法治中国建设规划(2020—2025年)》第五部分第17项“加强对司法活动监督”部分涉及检察公益诉讼和公益监督的内容有5句话74个字：“完善民事、行政检察监督和检察公益诉讼案件办理机制。……拓展公益诉讼案件范围，完善公益诉讼法律制度，探索建立民事公益诉讼惩罚性赔偿制度。完善检察建议制度。”党的二十大报告强调，“加强检察机关法律监督工作。完善公益诉讼制度”。

（二）从制度供给的整体性上界定行政检察的范围

机构改革后的“四大检察”将行政诉讼检察和行政公益诉讼检察分立，是“基于机构、履职阶段与履职方式的区分”，[1]无论是行政诉讼检察还是行政公益诉讼检察，都是检察机关基于政府、国家或公共利益的代表这一身份定位，以不同的监督方式从不同的环节监督着行政执法活动。从对行政执法行为形成全过程监督的制度需求看，对于行政检察的界定不能简单以检察机关内部职能划分为基准。从制度供给的整体性看，行政诉讼检察和行政公益诉讼检察都应当在行政检察概念统合下进

[1] 刘艺：《公益诉讼检察与其他检察业务的融合发展》，载《人民检察》2019年第Z1期。

行规划和考量。

1. 从制度供给的初衷看，党的十八届四中全会《决定》提出的三项行政检察改革都明确指向了强化行政执法不作为、乱作为等行政执法领域突出问题的司法监督这一目标任务。习近平总书记在关于党的十八届四中全会《决定》的说明中也进一步指出，检察机关的行政违法行为监督权不仅限于查处职务犯罪案件，构成刑事犯罪的只占少数，“行政违法行为更多的是乱作为、不作为”。党的十八届四中全会《决定》中提出的行政违法行为监督、强制措施司法监督和检察公益诉讼制度都是为了完善我国权力运行制约和监督体系制度结构，形成对行政权层次分明、科学有效的监督机制。

2. 职能分离无法满足对行政执法行为开展全方位全过程监督的制度需求。法律制度作为一种能够满足主体需求的产品，如果两种以上的制度之间存在功能上的共同点，就可以互为替代产品；这种相关替代产品还可以具体分为替代品和互补品。替代品是可以用来代替另一种产品需求的产品，互补品是指其效用可以用来弥补另一种产品的效用缺陷。但从上述分析可知，行政公益诉讼和行政检察两种制度之间既无法用其中一种制度产品完全替代另一种产品的需求，也无法用其中一种制度产品完全弥补另一种制度产品的不足和缺陷。

一方面，行政检察在强化行政系统的监督与控制、维护中央权威与法治统一方面的功能长期受到忽视。内设机构改革前，检察机关民行部门同时承担民事诉讼监督和行政诉讼监督工作；由于民事生效裁判监督案件体量大，有限的人力大多集中在民事审判监督上，对行政诉讼监督应有的特点、重点、难点问题很难投入精力深究。由于民事生效裁判监督案件往往更突出其救济功能，检察机关办理民事诉讼监督案件时直接将《民事诉讼法》第 207 条有关当事人申请再审的条件等同于民事抗诉标准。受惯性思维影响，检察机关将《行政诉讼法》第 91 条规定视为启动行政抗诉的理由，办理行政诉讼监督案件也更重视对相对人合法权益保护功能，忽视了更为重要的客观秩序维护功能。检察系统内部的学者曾提出“行政抗诉过分拘泥于个案公正，尚未发现通过个案抗诉创建行政规范的案例”。[1] 检察机关的行政诉讼监督关注更多的是行政诉讼纠纷解决和救济相对人、控制行政权的一面，却忽视了行政诉讼监督作为国家法律监督方式与国家治理手段的一面，忽视了行政检察在强化行政系统的监督与控制、维护中央权威与法制统一方面的功能。另一方面，行政公益诉讼的监督范围目前仅限于“4＋2”个涉及重大国家利益和社会公共利益的行政执法领域，无法涵盖所有具体行政执法领域，更无法触及具有普遍性影响的公共管理领域重大行政决策及规范性文件。因此，在对行政系统、行政行为的全过程监督与控制方面，行政检察和行政公益诉讼各自都存在“先天不足”，而两种职能的分机构行使又人为造成了协同发力的困难。

3. 任何一项制度安排的效益都必定内在地联结着同一制度结构中其他制度安排的效益。制度供给的决定因素是制度的成本和效益之差。检察机关不仅是行政公益诉讼和行政检察制度的制度供给者，也是制度适用者，如果其提供和适用的法律制度效益减去成本后剩余净效益不是可供选择的制度产品中最大的一个，从制度供给者和适用者的角度看就意味着产生了人为非均衡，应当进行相应的制度改革。行政公益诉讼和行政检察监督是相互联系、相互影响、相互依赖、相辅相成的关系；无论是理论层面还是实践层面，这两项职能都应当加强联系，互为支撑。在行政检察这一概念下进行统筹考量：在诉讼监督维度，行政检察包括裁判结果监督、审判违法行为监督和执行监督在内的诉讼活动全过程的监督；行政执法活动的监督维度，包括对履行职责过程中发现的违法行为提出纠正违法或者改进工作的建议，根据行为不同性质移送有关部门追究刑事责任或党纪政纪处理，对损害国家和公共利益的违法履职行为直接起诉等在内的行政活动全过程的监督；在监督方式上，包括抗诉、再审检察建议、检察建议、提起行政公益诉讼等多种监督方式。因此，要避免

[1] 张步洪：《略论完善行政诉讼检察监督制度》，载《人民检察》2004年第4期。

或减少公益保护救济冲突,必须打破行政检察和公益诉讼检察部门职能的樊篱,使行政公益诉讼诉前程序、诉讼程序与后续行政机关履职程序之间有序衔接,相互支撑,确保检察机关对行政执法监督和公共利益保护的整体监督功能和最佳效果。

三、行政公益诉讼与行政检察职能的协同整合

(一)制度变迁中的路径依赖

出现法律制度的非均衡是法律变动和发展的动因,法律供给者必须通过自我调整以适应发展中的需求。在制度变迁过程中有一种重要现象即路径依赖,是指在制度变迁过程中,人们先前的或过去的制度选择对其现在可能的制度选择所具有的重大的甚至是决定性的影响。换言之,在制度变迁过程中,人们现实的制度选择在很大程度上受先前的或过去的选择所影响,揭示出人们对现实及将来的决策对过去、对历史的依赖关系或被支配、被影响的关系。最先创立制度变迁路径依赖理论的是诺思,他认为制度的报酬递增和不完全市场两个方面是影响制度变迁路径依赖的主要因素。[1] 报酬递增的基本含义是,任何制度规则的设计都要立足于其现实条件,与市场(包括经济和政治市场)实际需求相适应,要充分考虑市场的复杂性,否则,制度规则出台之后会缺少可行性。制度结构中的多种制度安排形成制度矩阵,不同制度规则之间相互支撑互补的构造会使制度效益持续递增,致使制度按照原有轨迹继续发展。因此,制度体系中相互关联的制度安排的发展和改革也会相互影响和相互依赖,而之前的制度发展方式和特点对其现在可能的制度选择具有重大的影响。制度变迁具有多种类型:根据制度变迁的规模,可分为某个方面或某个层面制度的单独变迁和特定范围内各种制度协调一致的整体变迁;根据变迁的速度方式等,可分为变迁过程相对平稳、新旧制度之

---

〔1〕 参见[美]道格拉斯·C.诺思:《制度、制度变迁与经济绩效》,杭行译,格致出版社、上海三联书店、上海人民出版社2014年版,第110~113页。

间衔接平稳的渐进式制度变迁和在较短时间内采取果断和强制措施进行的激进式制度变迁;根据制度变迁的主体,分为社会群体自发倡导组织和实行的诱致性制度变迁和由政府命令或颁布新法实现的强制性变迁。[1] 从行政公益诉讼和行政检察的产生发展过程看,这两项制度的确立发展和完善经历了立法—探索—政策文件—探索—立法—再探索的漫长而曲折的过程,制度产生发展的整个过程都体现出对以往司法经验累积的承袭性和延续性;从制度变迁类型看,属于典型的变迁过程相对平稳,新旧制度之间衔接平稳的渐进式制度变迁。根据制度变迁的路径依赖理论,行政公益诉讼和行政检察今后的改革也更适合渐进式变迁路径,不适合采取颁布新法、改变机构职能、在较短时间内采取果断和强制措施的激进式强制性的制度变迁。作为同一类型制度结构中的相互关联的制度安排,行政公益诉讼和行政检察沿着渐进式变迁路径继续发展,不仅能够保证两种制度规范得以顺利实施,相互依赖、相互支撑的制度构造将带来更大的报酬递增。

有效的制度变迁是基于一种效益更高的制度对另一种制度的替代过程。行政检察和行政公益诉讼都是在社会主要矛盾发生变化,因应人民群众日益增长的美好生活需要的时代背景下应运而生,都旨在弥补缺失行政违法侵害公共利益的司法监管治理漏洞,以法律监督嵌入国家治理体系,通过有效地发挥监督行政、维护公益方面的检察治理效能,推进国家治理体系和治理能力的现代化。从党的十九届四中全会、十九届五中全会到“十四五”规划、《法治中国建设规划(2020—2025 年)》、党的二十大报告,法律监督作为国家治理体系中法律实施监督体系组成部分的定位更加明晰,行政检察在推进国家治理体系和治理能力现代化中的重要性也更加凸显。最高人民检察院提出的公益诉讼“双赢多赢共赢”、行政检察“一手托两家”监督理念,也充分体现出检察机关利用中国特色社

[1] 参见冯玉军主编:《新编法经济学:原理·图解·案例》,法律出版社 2018 年版,第 143~144 页。

会主义检察制度优势,与法律实施和监督事项关联的各方主体协同配合、协同治理,共同保障国家治理体系良好运行的发展愿景。在渐进式制度变迁中,不存在也不可能存在预先设计好的终极制度模型;因此,行政公益诉讼和行政检察职能的协同整合应采取逐步累增与阶段性突破的方式,在较长的时期内逐步推动整体制度效益的提升。

(二)行政公益诉讼和行政检察之间的协同整合

1. 要明确检察机关在公益诉讼和行政检察两种分立的部门业务中究竟是要指向"监督"还是"诉"。如前所述,检察机关在以往的行政诉讼监督活动中相对注重救济相对人合法权益,对立足自身法律监督定位,维护行政诉讼秩序有所忽视。实际上,无论是在普通行政诉讼还是在公益诉讼活动中,检察机关都是以法律监督者的身份履行职务,两种检察职能指向的都是避免国家客观法律秩序受到不利影响。因此,"'诉'与'监督'不能竞合,相反,'诉'与'监督'的地位相互矛盾,必须分割"。[1] "诉前检察建议""提起公益诉讼""抗诉"这些提法都只是监督的具体方式;如果因此把工作重心放在"诉"上,就属于本末倒置了。无论是在行政诉讼监督还是在公益诉讼活动中,检察机关并没有自己的"诉求",是基于国家或公共利益代表人身份参与诉讼;即便在公益诉讼中享有和承担一定的诉讼权利与诉讼义务,但与基于自己的利益参与诉讼的主体性质完全不同。公益诉讼和行政检察过多强调"诉",不仅会在检察机关内部带来不必要的误解,也容易引发与行政机关、审判机关之间的认识分歧。当前,最高人民检察院正在主导全国检察系统开展行政争议实质性化解专项行动;检察机关应当尝试通过磋商、调处,促进行政检察与行政调解、行政裁决、行政复议制度之间的衔接,通过参与和促进多元化行政争议解决机制凸显法律监督职能。而在这一过程中,检察机关不应过于强调自己是对"诉"的监督,而应立足公共利益代表的身份,以维护正常的公法秩序为目的监督行政诉讼活动的过程和结果。

---

〔1〕 王鸿翼:《谈民事行政检察权的配置》,载《河南社会科学》2009年第2期。

2. 对造成重大公益损害的无效行政行为或不作为,行政公益诉讼检察和行政检察应探索开展协同监督。行政行为具有重大而明显的瑕疵,属于绝对无效,“不应当发生公定力,不应当发生不可争力”。[1] 无效行政行为不受起诉期限限制,针对此类案件检察机关仍应当启动公益诉讼程序,监督行政机关及时作出撤销或重新作出行政行为、采取补救措施的决定。如果违法行为人针对行政机关新的处理决定以超过起诉期限为由提起诉讼,检察机关应发挥行政检察多元监督方式开展实质性争议化解。像前述海盐县人防易地建设费案件,行政机关未追缴人民防空易地建设费属于不作为违法,虽超过起诉期限或处罚时效,该行政行为的违法性并不一定会因此而消解;如果放任此类欠缴不予追缴的违法状态持续,将使人防领域国家利益遭受重大损害。对于此类案件,应协同发挥公益诉讼检察和行政检察职能,在对国家利益、社会公共利益、行政相对人的合理诉求等进行全面衡量的基础上,同时采取行政公益诉讼诉前检察建议和行政争议实质性化解调处的监督方式。应建议违法的行政机关依职权撤销或者改变具有瑕疵(违法或者不当)的行政行为,同时调处行政机关和行政相对人之间的行政争议,解决撤销违法行为后的损害赔偿等方面的问题。总之,与行政处罚案件、行政许可等相关联的公益诉讼案件在办理过程中要在部门间及时衔接和转换,两个部门要及时全面了解案件信息,并对后续行政行为及时进行指导,对可能导致的行政复议或行政诉讼及早研判,提前采取措施。

3. 从部分与整体的角度来看,行政公益诉讼检察处于行政检察的中心位置:既可以将监督触角延展至行政执法行为,也可以通过提起公益诉讼进行专门监督,还可以向行政诉讼监督部门移送诉讼监督案件线索。同时,检察机关在行政诉讼监督活动中,本质上仍是国家利益和社会公共利益的代表人身份;提出行政抗诉、行政再审检察建议也不应只

---

[1] 杨建顺:《“过期之诉”与行政检察监督的价值追求》,载《检察日报》2020 年 12 月 30 日,第 7 版。

注重解决个案争议,局限于监督个案裁判结果的合法与公正。对行政生效裁判的监督,应该把关注点放在具有重大社会治理意义、对提升行政机关依法行政水平有引领价值的行政裁判,应当关注涉及公民、组织重大权益和重大社会公益的行政裁判,以及因地方保护和行政干预导致违法的行政裁判。在诉讼监督案件中极易发现公益诉讼检察线索。以非诉执行监督案件为例,公益诉讼检察和行政检察部门之间办理此类案件时应相互保障相互支撑,以作出行政行为的行政机关是否具有法律授权的强制执行权为部门职能划分的标准。如果有最终决定权的行政机关具有法律授权的强制执行权但未依法行使强制执行权或未完全执行的案件,属于行政公益诉讼范围。如果作出行政决定的行政机关自身并无强制执行权,应当由行政诉讼检察监督部门启动非诉执行监督程序。进入非诉执行监督范围的案件,检察机关有权对行政机关应申请而未申请、法院应受理而未受理、应裁定执行而未依法及时作出裁定、应交付执行而未执行(如果是裁执分离的案件,裁定由行政机关执行而该机关未执行、违法执行)等整个过程进行监督。因此,建议检察机关应消除对此类案件线索分析研判和立案时的部门壁垒,在综合考量案件事实、证据因素的基础上,选择更有利于解决行政争议、更有利于充分保障国家和社会公共利益的部门和案件处理方式,用更有效的内部资源配置达到维护公益的目的。

这里需要明确的是,如果作出行政决定的行政机关本身无强制执行权,但在其上级机关具有强制执行权的情况下,检察机关不应以上级机关没有履行相应的业务领导职责,造成公益损害为由向上级机关提出行政公益诉讼诉前检察建议。[1] 原因在于,从行政机关内部工作关系看,上级行政机关对下级行政机关业务工作固然具有领导、指导和监督的职责,但为保证行政管理的及时快捷有效,下级行政机关在本辖区内具有

〔1〕 行政公益诉讼案件一般只能由基层检察院向基层法院起诉,因此,针对上级行政机关的行政公益诉讼一般也只限于制发诉前检察建议。

相对独立的行政管理事务决策权。如果检察机关以保护公益为由对上下级行政机关之间的业务指导直接提出要求,极有可能扰乱行政机关内部对公共管理执法资源的配置,使行政机关无所适从,最终影响执法效率。

4. 将行政诉讼监督、行政公益诉讼监督职能与职务犯罪侦查职能相衔接。监察体制改革全面推开后,《检察院组织法》和《刑事诉讼法》均在2018年对检察机关自行立案侦查职务犯罪的职权进行修改,将检察机关职务犯罪案件的管辖范围确定为"司法工作人员利用职权实施的侵犯公民权利、损害司法公正的犯罪",管辖的罪名具体包括非法拘禁罪、非法搜查罪等共14项。涉嫌这14项罪名的司法人员职务犯罪案件也并非全部由检察院负责侦查:如果犯罪嫌疑人同时还涉嫌其他如贪污贿赂等由监察委员会管辖的罪名,一般由监察委员会管辖。上述14项罪名中的涉嫌徇私枉法罪、民事行政枉法裁判罪、执行判决裁定失职罪、执行判决裁定滥用职权罪的侦查活动与检察机关办理的行政诉讼监督案件、行政公益诉讼案件存在关联可能。但根据涉嫌职务犯罪的公职人员职业身份,行政诉讼监督、行政公益诉讼与职务犯罪侦查职能之间的衔接需要区分三种情况:第一,如果检察院在办理行政诉讼监督案件中发现作为被告的行政机关负责人及责任人员存在行政案件事实以外的问题线索,或者被告机关所属人员以外的其他公职人员涉嫌违纪、职务违法或职务犯罪线索,应当将线索移送监察机关,同时,就其中涉重大国家和公共利益的行政违法线索移送行政公益诉讼部门。第二,检察院在办理行政诉讼监督案件中发现审理案件的法官存在涉嫌违纪、职务违法或职务犯罪线索的,应当将线索移送刑事执行检察部门,法官涉嫌民事行政枉法裁判罪、执行判决裁定失职罪的案件如涉及行政机关工作人员打招呼、插手案件等违法违纪或者贪污贿赂等职务犯罪的,应当将线索移送监察机关。第三,检察院在办理行政公益诉讼案件中发现行政机关负责人及责任人员违法插手行政诉讼案件等违法违纪或者职务犯罪线索的,应当将线索移送监察机关;如果负责审理该行政诉讼案件的法官涉及职务犯罪,一并移送监察机关,并将行政诉讼案件移送行政诉讼监督部门,针对已生效的行政裁判启动抗诉程序。

第三节 行政公益诉讼和监察监督的职能衔接机制

一、行政公益诉讼和监察监督实际运行中的交叉

根据党的十九大报告"深化国家监察体制改革,将试点工作在全国推开"的改革要求,2016 年 11 月,中共中央办公厅印发监察体制改革试点方案,在北京、山西、浙江 3 个省、市先行试点;2017 年 11 月,经全国人民代表大会通过全国试点决定后在全国各地推开。2018 年 3 月,第十三届全国人民代表大会第一次会议通过《监察法》,该法赋权监察委员会依法履行监督职责,对公职人员依法履职、秉公用权情况进行监督检查,有权对违法的公职人员依法作出政务处分决定,对履行职责不力、失职失责的领导人员进行问责,同时,可以对监察对象所在单位履行职责存在的问题等提出监察建议。而行政公益诉讼是检察机关在法律规定或允许探索的涉及重大国计民生、涉及重大公共利益的行政执法领域,行政主体履职违法或不作为导致国家利益或社会公共利益损害行为开展的监督。一方面,在当前提高保障和改善民生、加强社会治理、加快生态文明体制改革的历史进程中,监察委员会必定要强化涉及民生、生态环境治理等领域公权力的监察职能;另一方面,面对监察体制改革后自侦职能转隶的现实,检察机关将行政检察、公益诉讼检察业务视为新的工作增长点。虽然在理论上可以说"行政检察监督系对人权,后者系对事权",[1]但监察机关被定位为"公权力监督机构"。无论是从法律文本分析还是从办案实践看,人们总会对监察职能与行政公益诉讼职能是否重合问题带着疑虑,而监察机关在其监督权的具体运行中也不可避免地与

〔1〕 易亚东:《国家监察体制改革背景下的行政检察》,载《中国检察官》2018 年第 11 期。

检察机关的监督产生一定的交叉。

(一)职能重合的疑虑

根据斯密的政府"守夜人"理论,自由资本主义时期国家或政府的职责只在于国防、司法和公共设施的提供和维护。[1] 但是,在现代社会,政府承担了大量的公共服务职能,通过公共规范的制定、公共权力的运行介入了社会生活的方方面面,对社会公共事务的影响不言而喻。国家作为法律供给的主体,通过制定法律为市场经济提供制度基础,但也可以破坏和掠夺这一基础;对政府权力没有相应的制度约束,公共权力的异化则不可避免。从机构职能看,无论是在监察体制改革前还是在改革后,监察机关在国家权力结构体系中都具有制约和监督公共行政权力、防止权力滥用的职能。

国家监察机关监督范围包括辖区内所有行使公权力的公职人员,全面覆盖公职人员依法履职、秉公用权、廉洁从政以及道德操守等情况,属于对所有公权力机关内公职人员履职情况的全方位监督。而行政公益诉讼针对的公共管理重点领域的行政执法行为,显然属于行政机关工作人员作为公职人员履职的表现形式,这就容易使人对监察制度改革后的行政公益诉讼制度的存在必要性产生疑虑。从监察体制改革目标及职能定位看,"无论是改革前的行政监察,还是改革后的监察委员会,在国家权力结构体系中都承载着制约和监督公共行政权力,防止权力滥用的功能"。[2] 在行政公益诉讼正式入法前,无论是理论界还是检察实务部门在论及这项制度的必要性和可行性时,不约而同地集中在"行政权需要监督、行政权缺乏监督、检察机关有权监督"[3]等方面,认为检察机关的法律监督宪法定位、专业性、中立性是其有效监督行政机关滥用行政权、不作为、乱作为的保障。一些人认为,就行政权的监督现状而言,如

---

〔1〕 参见[英]亚当·斯密:《国富论》(下),郭大力、王亚楠译,译林出版社2011年版,第240页。

〔2〕 乌兰:《公共行政权监督的分野、补强与融合——一种基于监察与行政检察公益保护职能配置的思考》,载《政法论丛》2018年第2期。

〔3〕 易亚东:《国家监察体制改革背景下的行政检察》,载《中国检察官》2018年第11期。

今监察委员会也是监督机关,其专业化程度并不低于检察机关,监督范围、监督方式又远超行政公益诉讼。的确,检察机关对行政权的监督并非唯一,更非唯一有效,产生机构职能重叠、制度供给重合等疑问也在所难免。党的十八届四中全会《决定》涉及的三项检察改革内容中行政违法行为检察监督、行政强制措施检察监督至今踌躇不前与此不无关系。

(二)实际运行中的交叉

国家监察体制改革以"加强党对反腐败工作的集中统一领导,构建集中统一、权威高效的中国特色国家监察体制,实现对所有行使公权力的公职人员监察全覆盖"作为改革目标,将原属于检察机关的反贪污贿赂、反渎职侵权和预防职务犯罪职能整合到监察机关,这一改革给检察机关带来的直接影响是"监督对象的减少和监督方式的变化"。[1] 因为检察机关一直将对公职人员职务犯罪的监督视为法律监督最重要的组成部分,监察体制改革后检察机关原直接对职务犯罪的侦查和预防职务犯罪职能、机构和人员整体转隶,监督对象直接减少。在监督方式方面,因为失去了对行政机关工作人员职务犯罪行为侦查这一监督方式,检察机关内部普遍认为行政公益诉讼调查核实失去了强制力保障,将直接影响公益诉讼办案效果。

虽然从规范意义上能够将行政执法的监察和检察监督区分为"对人"和"对事"的监督,"不是规范意义上的交叉,只是结果意义上可能存在这样的可能性",[2] 马怀德教授也认为国家监察体制改革"虽然不提对公权力组织的监督,但实际上通过对公职人员的监督,也达到了对公权力组织监督的效果"。[3] 监察委员会的监察对象是所有行使公权力的公职人员。各级政府及其工作部门掌握着大量公共行政权力,在生态

---

〔1〕 朱孝清:《国家监察体制改革后检察制度的巩固与发展》,载《法学研究》2018 年第 4 期。

〔2〕 傅国云、胡卫丽、张剑锋:《检察监督与监察监督衔接机制研究——以民事行政检察为对象》,载《汕头大学学报(人文社会科学版)》2018 年第 2 期。

〔3〕 马怀德:《国家监察体制改革的重要意义和主要任务》,载《国家行政学院学报》2016 年第 6 期。

环境和资源保护、食品药品安全、政府财政资金使用等公共领域,行政机关提供公共产品和公共服务,其工作人员当然是行使公权力的公职人员。这些公共管理领域的公职人员能否依法依规行使公权力,直接决定了社会公共资源能否得到公平合理的配置和使用,公共利益能否得到有效保障,社会公共秩序能否得到有效维护。在实践中,大量行政机关失职失责,造成国家和社会公共利益受损的案件,往往都存在公职人员不作为、违纪违法行使职权,甚至滥用职权、失职渎职等现象。对公职人员的监察,必须围绕其是否依法全面履行法定工作职责来展开。监察监督和行政公益诉讼的法定监督对象不同。监察委员会的监察对象指向的是行使公权力的人:监督公职人员秉公执法、廉洁执法,通过对公权力行使者的违法违纪行为实行监察处置,促进所有公权力机关工作人员依法履职;其监督对象范围除了行政机关工作人员外还有其他公权力机关人员。行政公益诉讼的监督对象指向是行政主体的执法行为,且法律授权的范围也并非所有行政机关的行政行为,仅包括法律明确列举的涉及重大国家利益和社会公共利益的几个特定行政执法领域内的具体执法行为。但是,监察委员会对行政机关工作人员的监督必然要从其履职行为入手调查,通过对人的监督客观上对所属机关作出的行政行为构成监督,其监督对象不可避免要涉及"事"。而检察机关在行政公益诉讼案件调查核实中如发现行政人员违法违纪线索,需要将案件线索移交监察委员会处理,并可以提出相应的意见建议。显然,监察制度和行政公益诉讼无论在对人还是对事监督方面都互有交叉。

国家的法律制度供给最理想的状态是制度的供给与制度的需求基本相等;制度供给不足或供给过剩都会影响供给效率,增加制度运行的成本,降低制度运行的效益。基于此,我们需要根据法律制度供求规律和制度均衡理论,对这两种有着密切关联度的制度供求关系进行分析。

二、行政公益诉讼与监察监督的均衡需求

(一)制度供给过剩还是不足

法律制度供给不足和供给过剩这两种无效率的情况都会造成社会

福利增长迟缓、停滞、衰退等结果。监察制度和行政公益诉讼制度同属于国家权力监督制度结构体系中的不同制度安排：从加强行政权的外部监督、维护国家法律统一正确实施的制度供给角度，二者之间存在一定交叉；但两种监督在监督对象、范围、方式、效力等方面存在明显差异，从不同的切入点对行政权行使的不同阶段形成了监督。

1. 从监督目标看：监察体制改革的目标是"建立党统一领导下的国家反腐败工作机构"，可见，监察制度初衷在于保证公职人员的廉洁和勤勉；行政公益诉讼制度初衷在于弥补国家和社会公共利益损害的救济主体缺位，从法律监督职能定位的角度看，所有检察制度指向的都是维护国家法制的统一和法律的正确实施。

2. 从监督对象看：国家监察机关的监督对象主要是职务违法和职务犯罪的公职人员，监督的是行使公权力的"人"；行政公益诉讼的监督对象主要是行政机关造成公益损害的违法执法或不作为，监督的是国家权力机关的"行为"，而且只是行使国家行政执法权的部分机关的部分行为，检察机关是通过监督这些机关行使国家行政权的"行为"来实现对这些机关的监督。

3. 从监督范围看：国家监察机关不仅监督行政机关工作人员的履职合法性、公正性，而且还相对更"侧重于公职人员履行职务的廉洁性和勤勉性"。[1] 根据中共中央《深化党和国家机构改革方案》，国家监察委员会的机构职责除了监督检查公职人员依法履职、秉公用权、廉洁从政、道德操守情况外，还对具有中共党员身份的公职人员遵守党章党规、执行党的路线方针政策情况进行监督；行政公益诉讼的监督范围限于行政执法机关行政行为的合法性，且目前仅限于特定行政管理领域内的具体行政行为。显然，在监督的辐射广度和深度上，监察监督制度要远超行政公益诉讼，除了对所有公职人员的履职合法性和公正性外，对党的路线、

---

〔1〕 朱孝清：《国家监察体制改革后检察制度的巩固与发展》，载《法学研究》2018 年第 4 期。

方针、政策和决议的执行情况及道德操守等方面也要进行监督。

4. 从监督侧重点看：公职人员违反党章党规，违背执行党的路线方针政策，不廉洁、不勤勉、道德操守出现问题，这同时意味着违反了国家法律法规，因此，有学者提出国家监察机关已经是“一个执法监督机关”；[1]但监察委员会主要对“人”监督，即对公权力行使者的违法违纪行为实行监察处置，同时附带对事监督，对所涉的行政执法行为性质不作评价，是通过对公职人员监督实现对公权力主体的监督。行政公益诉讼以对事监督为主，监督对象主要是行政主体的违法行为；在办案中发现行政机关负责人或其他责任人员违法违纪情形的，可以根据调查核实情况将案件移交监察委员会处理。

5. 从监督方式看：监察委员会对涉嫌违纪违法的公职人员进行立案调查后，会根据调查情况直接作出警告、记过、降级、撤职、开除等处理决定，主要通过诉讼外的方式进行，包括对公职人员经调查认为构成职务犯罪的，移送检察机关审查起诉。对履行职责不力、失职失责的领导人员进行问责，对涉嫌职务违法和犯罪的行为进行调查并作出政务处分决定，都是诉讼程序外的监督方式；诉前检察建议、向法院提起行政公益诉讼是行政公益诉讼的两种具体监督方式，这两种监督方式在不同的办案阶段行使，只有少部分案件会全部适用，绝大部分案件只采用诉前检察建议这一监督方式即可达到办案目的。

6. 从监督效力看：从具体法律效力看，监察机关对公职人员的监督处理兼具程序性和实体性，将涉嫌职务犯罪的公职人员移送检察机关起诉只具有程序性效力，不具有直接的审理裁判权，但监察委员会对公职人员违法违纪行为的政务处分具有实体性效力；检察机关启动行政公益诉讼程序，无论是对行政机关制发诉前检察建议，还是提起行政公益诉讼，都只具有程序性权力。诉前检察建议督促行政机关自查自纠，提起

---

[1] 马怀德：《〈国家监察法〉的立法思路与立法重点》，载《环球法律评论》2017 年第 2 期。

诉讼是要求法院进行审理后作出裁断,无论是对人还是事都无实体处分权。监察体制改革建立了对公职人员进行全方位监督的监督体系,这一制度的存在本身就构成公职人员依法、公正、廉洁、勤勉履职的预防激励,且监察委员会主导各级国家机关开展的党风廉政建设、反腐败宣传教育也事实上对行政机关工作人员依法履职形成一种事前监督。监察委员会通过对公职人员履职行为的审查调查,也能起到监督行政机关行政决策、行政行为作出过程和行政决定的作用,也就是说,监察监督可以触及行政行为事前、事中和事后,且不限于具体行政行为。监察监督的部分强制力和延展性,可以弥补行政公益诉讼监督效力和延展性上的不足。

从上述分析可知,无论是从国家监察机制改革的目标,还是从国家监察机关与检察机关在诸多方面存在的明显差异看,监察体制改革不会改变检察机关作为法律监督机关的宪法定位,所改变的仅是法律监督的对象范围和方式。检察机关本就"不是全面监督法律实施的机关,也没有去'统揽法律监督权'",[1]而只是根据国家权力机关的明确授权,对法律的统一正确实施情况进行专门监督的机关。所以,监察体制改革后对一般国家公职人员职务犯罪侦查职能的转隶只是改变了监督对象范围和具体方式,检察机关在机构性质上仍然是专门法律监督机关。在行政机关执法行为的监督方面,监察监督无法涵盖行政机关工作人员行使公权力的所有领域和环节,所以监察和检察监督的同时存在并非制度供给过剩。相反,从目前两种监督的制度规则和实施机制看,相较于行政执法监督需求,目前的制度供给是不足的。

行政公益诉讼强调检察机关秉持"公共利益代表"的身份,基于监督谦抑性、对行政机关自我判断权的尊重,"一般只在公益遭受较严重损害结果时"[2]才启动监督。尊重行政机关的首次判断权,强调理性谦抑无

---

〔1〕 韩大元:《坚持检察机关的宪法定位》,载《人民检察》2012 年第 23 期。

〔2〕 秦前红、石泽华:《新时代法律监督理念:逻辑展开与内涵阐释》,载《国家检察官学院学报》2019 年第 6 期。

可非议。但一个关键问题是:国家公权力监督体系内部各项制度之间是否已经形成了科学合理的闭环,从制度供给的角度看,目前的监督体系是否满足了制度需求,达到了效率最优?对公职人员进行监督主要由监察机关负责,在理论上虽不分事前、事中还是事后,只要发现线索,监察均可介入,但事实上往往还是偏重于事后。在对行政行为的监督方面,"已完成理论证成、规范设计和实践积累的行政复议、行政审判、审计监督等制度"[1]也都属于事后监督,且监督并不强调公益属性,主要指向行政行为的合法性和合理性。显然,相较于行政权力监督全覆盖、公益保护全覆盖的制度需求来说,目前的制度供给仍属不足。

(二)行政公益诉讼与监察监督的均衡需要

从行政机关执法活动的监督需求看,行政公益诉讼与监察监督属于互补品,两种监督能够互相弥补制度效果上的缺陷。根据边际替代率递减规律,当其中一种制度的运行成本上升时,社会对另一种制度的需求就会扩大,对二者的选择适用取决于二者的成本和收益比较。但是,行政执法活动监督涉及的行为主体、法律关系都比较复杂,虽然在个别问题上行政公益诉讼与监察制度都可供选择,但两种制度安排和制度结构中并非有你无我的关系,在相关联或类似的监督过程中往往需要两种制度从不同角度进行规制。目前,检察机关仅被赋权在损害国家和社会公共利益的特定行政执法领域开展行政公益诉讼,在监督的行政执法范围上尚有局限性。在党政同责的情况下,即便在有法律依据的特定行政执法领域,仅靠检察机关的监督难以实现监督全覆盖,监察监督具有不可替代性。所以,两种监督之间完全替代不具有可行性,但在制度运行过程中会存在一定的职能交叉。监察监督和行政公益诉讼这样具有关联和互补属性制度之间的部分分歧和矛盾,在制度运行之初其影响不足以改变整个制度结构运行的成本效益关系,只需要采取一些补充和完善措

---

〔1〕 张步洪:《"四大检察"融合背景下行政检察的新方位》,载《人民检察》2019 年第 19~20 期。

施,遏制制度非均衡因素的不断累积势头。但如果任分歧矛盾不断发展,各种制度障碍和制度摩擦就可能不断发生,并逐渐成为制度运行的主要状态,制度成本不断增加,制度效益不断下降,制度非均衡就可能成为不可扭转的现实。[1]

三、行政公益诉讼与监察监督的动态均衡

(一)动态均衡的可行性

对于国家监察体制改革下行政公益诉讼面临的挑战与困境,有学者提出,从长远的视角展望,建立一种查、诉、审分立的行政公益诉讼模式,即监察机关承担行政公益案件的调查,检察机关专职承担公益起诉职能,由法院负责审理行政公益诉讼案件。[2] 笔者认为,将检察机关定位于专门公益起诉机关,实行查、诉、审分立的行政公益诉讼模式背离了监察改革和检察公益诉讼制度改革的初衷,在我国的国家机构设置框架下也不具备可行性。

法治国家、法治政府理论的经济学含义,可以概括为法律的生产者(国家机关)与法律的消费者(社会公众)之间效用函数的一致性。[3] 法律供给主体以国家机关为主;其在法律供给决策和实施过程中应避免不必要的耗费,提升制度效益。如果既有的法律制度运行没能使社会资源的配置达到帕累托最优状态,就意味着现行的法律制度供给应该通过改革使社会资源配置方式达到更优的状态,需要修改或增加法律制度,改进法律制度运行机制。法律制度改革存在潜在利润,当国家机关"意识到通过法律改变行为模式或建立某种行为模式可以获取该'潜在利润'"[4]时,就应当选择进行法律改革。从行政公益诉讼和监察监督的

---

〔1〕 参见张曙光:《论制度均衡和制度变革》,载盛洪主编:《现代制度经济学》(第2版·下卷),中国发展出版社2009年版,第259~260页。

〔2〕 参见贾永健:《中国检察机关提起行政公益诉讼模式重构论》,载《武汉大学学报(哲学社会科学版)》2018年第5期。

〔3〕 钱弘道:《法律的经济分析工具》,载《法学研究》2004年第4期。

〔4〕 钱弘道:《法律的经济分析》,清华大学出版社2006年版,第106页。

关联关系分析可知,二者在运行中存在部分分歧和矛盾,适当的制度改革能够获取更大的制度效益。那么,什么样的制度改进才更适合客观社会条件,才能更好地发挥两种制度的合力呢?

一个国家政治、经济、文化等是影响法律制度需求的重要因素;随着经济社会不断向前发展,法律制度需求会随之发生变化,社会现实会积极地创造制度需求。如果法律制度供给与社会实际需求不相适应,就会出现法律制度的非均衡状态。但是,受人类理性认识局限,立法存在无法克服的滞后性和局限性,法律制度供给很难完全满足现实社会需求:或者供给量大于需求量而造成资源浪费,或者制度供给针对性和适应性不足而造成资源闲置,现实急需的制度需求又得不到满足。对行政机关公权力行使者和行使过程的监督制度也是如此:无论从立法方面对行政公益诉讼和监察监督如何进行设计,总会有一些执法领域、执法行为因缺少规范而成为失范行为。因此,对权力运行监督约束制度的非均衡是绝对的,实现均衡是相对的;行政公益诉讼和监察监督应当在非均衡—均衡—非均衡的动态循环过程中,走向未来。因此,行政公益诉讼和监察监督之间就存在动态均衡的可能。动态均衡,是指在公权力监督制约的制度供求上,行政公益诉讼和监察监督的补充完善应实现逐渐适应需求—基本适应需求—完全适应需求的发展状态;在公权力监督制约制度体系上,行政公益诉讼和监察监督作为一类制度结构下的不同制度安排,相互关系应实现相对协调—基本协调—完全耦合的发展状态。

(二)实现动态均衡的路径

行政公益诉讼具有程序性和救济性优势。程序性优势体现为,诉前检察建议和向法院提起诉讼只是针对行政执法违法或不作为提出异议,要求自行启动审查自身行为合法性的程序;诉前检察建议只要求及时启动审查并作出回复,对建议内容有不同意见还可以向检察机关提出异议。而提起行政公益诉讼也只是启动法院审理程序,由法院主导审查行政行为合法性,行政机关在审理过程中有权就事实依据和法律适用提出意见。监察监督直接对行政机关负责人和责任人员进行监察处理,容易造成公众对该机关所有决策和具体行政行为的合法性产生信任危机。公众对公权力机关的信任是影响法律制度成本收益的重要因素，行政公益诉讼的程序性特征使其在社会公共利益直接相关的生态、食药等行政执法行为的监督效益上相对具有一定优势。国有资产、国有土地使用权领域的行政公益诉讼是直接对国家财产权的救济，生态、环保、资源、食药等既涉及公众的人身权益也涉及财产权益救济，行政公益诉讼的直接救济优势也很明显。检察监督与监察要实现动态均衡，应当充分发挥行政公益诉讼和监察监督的职能特征和监督侧重点，实现两种制度在实施中的合理衔接、协调耦合。

1. 将检察机关与监察机关之间的信息沟通作为两种职能衔接的基础。从发展方向看，准确衔接行政公益诉讼与监察监督两种职能，形成对公共利益的全面保护，应是制度均衡的目标和理想状态。在相互交织的制度架构中，不同的制度供给者需要相互合作、彼此支撑，才能获得更大的制度收益。具有关联关系的两个制度供给者之间产生合作需求—寻找合作对象—发出合作信号—确定合作方式—实现合作结果的过程，实际上也是一个典型的博弈过程；只是因为双方都有强烈的合作需求，有共同的策略目标，这种博弈属于合作型博弈。检察机关和监察机关分别在行政公益诉讼和监察制度实施过程中意识到两机关职能协作和衔接的需求，即产生了合作需求并已经明确了彼此合作的对象；但发出合作信号和确定合作方式的过程不可能一蹴而就，需要彼此发出合作信号，表达合作意愿，通过反复的信息沟通和一段时间的实践探索才能形成稳定的合作状态。信息沟通需要两个机关付出一定的成本。但由于行政公益诉讼和监察制度改革已经实际运行了几年时间，基本形成了各自的制度规则体系，彼此之间的信息沟通成本不会太多；且如果实现了稳定合作，就意味着两种制度之间形成了均衡状态，制度收益一定远高于信息沟通成本。要实现行政公益诉讼与监察监督两种职能的均衡状态，必须意识到两机关在办案过程中在相互关联的程序和环节上加强信息沟通的重要性。

2. 在监督范围上，行政公益诉讼和监察监督要实现横向分治，形成公益保护职能配置上的适度分野。行政公益诉讼的程序性、救济性属性决定了其对公共行政权的监督具有片段化、滞后性缺陷。在我国，以行政立法和行政规范性文件为表现形式的抽象行政行为一直未纳入行政诉讼受案范围，只在案件审理时可依申请对行政行为所依据的国务院部门和地方人民政府及其部门制定的规范性文件进行附带审查。行政机关的决定、命令等规范性文件制定主体广泛，在现代国家政府公共管理活动中大量存在，多数公共政策的决策都以规范性文件的形式出现。但在实践中，县级以上各级人民代表大会常务委员会对本级政府的行政决定命令的监督、县级以上各级政府对所属工作部门及下级政府的行政决定命令的监督适用率极低；这些规范性文件制定程序不似行政立法程序严密，缺乏公开透明性、行政权与监督行政权的力量不对称问题较为突出。对公共行政权的监督涵盖范围应囊括所有社会公共管理、社会保障和福利、公共建设项目审批、公共设施建设、财政资金审批使用等公共行政管理领域。检察机关行政公益诉讼监督目前只包括了法律授权的"4 +2"行政执法领域，监察委员会对具体行政执法领域的监督重点应放对除此之外的公共行政领域。在监督的行政行为类型上，监察委员会除了监督能够直接对国家利益、社会公共利益造成损害或损害危险的具体行政行为外，更重要的是，监督公共行政领域有可能对公共利益造成损害的重大行政决策、规范性文件的出台及实施过程。由监察机关承担公共决策制定及实施过程的监督职能，检察机关承担重点公共行政领域具体行政违法行为的监督，结合作为国家权力机关的人民代表大会及其常务委员会承担的宏观监督职能，能够对行政机关涉及重大公益和公共秩序的行为进行全方位监督，形成相互补充和支撑的监督体系。[1]

3. 行政公益诉讼和监察监督在监督顺位上要实现纵向递进，监察监

---

〔1〕 参见乌兰：《公共行政权监督的分野、补强与融合——一种基于监察与行政检察公益保护职能配置的思考》，载《政法论丛》2018 年第 2 期。

督要形成监督时机上的事前和事中补强。在对公共行政权的监督顺位上，监察权应注重于对公共行政领域的事前、事中监督。公共行政管理活动专业性、技术性较强，提倡用尽可能少的公共支出保证行政效率的前提下提供有效的公共服务；在监督职能配置时应充分考虑行政行为的公定力、先定力原则，以免造成不当干预。为保障行政权的自主性，司法权不应也无法介入行政政策制定及实施过程，这也是行政检察监督无法突破的制度壁垒。监察监督不同于司法监督。为了巩固“不敢腐”、强化“不能腐”，就要监督关口前移，加强从执法依据、规范性文件的制定出台到具体实施的整个过程的监督。监察监督应当以公共行政权力行使的事前、事中预防和约束为主，辅以事后监察。[1] 在行政公益诉讼未被授权的公共行政执法领域，可以考虑将监察机关对行政机关涉及重大公益和公共秩序，对公共利益造成损害的重大行政决策的监察建议作为行政公益诉讼的诉前程序；行政机关对监察建议没有完全采纳，没有按照建议要求纠正违法行为的，监察机关可以移送检察机关提起行政公益诉讼。

4. 检察机关和监察机关在监督过程中应加强互动协作。一些涉及行政机关负责人、工作人员故意或重大过失造成国家和社会公共利益受损的案件线索，检察机关和监察机关有可能同时收到申诉、控告、举报；检察机关与监察委员会应当做到信息共享互通，避免多头受理、职能交叉。检察机关在行政公益诉讼案件中调查收集的行政机关单位性质、行政机关负责人及工作人员的任命文件和职责分工、询问笔录、证人证言、鉴定报告、其他有关书证物证和视听资料等，在向监察机关移送案件线索时应当同时移送，就事实认定和法律适用问题进行说明，以便节约监察机关的调查成本。监察机关需要对证据进一步核实的，检察机关应当及时予以协助。

---

〔1〕 参见乌兰：《公共行政权监督的分野、补强与融合——一种基于监察与行政检察公益保护职能配置的思考》，载《政法论丛》2018 年第 2 期。

当然,行政机关工作人员违法履职、滥用职权、渎职懈怠等情形往往直接体现在具体行政行为方式、内容违法,造成国家和社会公共利益重大损害的执法过程和执法决定之中。监察机关监督手段具有强制力、执行力,而检察机关具有中立性、专业性、程序性优势;监察机关与检察机关在双向移送案件线索的同时,可以通过互相提出案件审查意见、共同开展调查审查等方式开展协作。如在行政机关工作人员乱作为、不作为造成严重后果的渎职案件中,监察机关对行政机关工作人员职务犯罪行为的查处往往要根据其执法行为作出审查判断。检察机关在办理行政公益诉讼案件时获得的有关行政机关职能范围、行政执法工作程序、行政决定法律依据、行政处罚数额、种类的确定等判断行政行为合法性的证据都可以直接移送监察机关,并提出具体法律适用的建议。

第五章　行政公益诉讼的制度改进路径

全国人民代表大会常务委员会和检察机关分别作为行政公益诉讼的制度提供者和主要的制度实施者，为推动这项制度改革作出了积极努力。行政公益诉讼本身立法依据有限，需要实践探索反哺制度规范；对其理解不能局限于文本规定，需要深入理解和分析这项制度在实施过程中对公益保护现实产生的实际作用。笔者运用法经济学原理和分析工具对行政公益诉讼的程序结构、具体规则及实施过程展开分析和阐释，试图充分利用法经济学关注“行动中的法”[1]的优势，研究如何才能达到有效制约和监督行政权，促进最大化公共利益保护的预期目标，如何才能通过资源的有效配置更好满足人民群众日益增长的美好生活需要，如何才能在国家治理体系和治理能力现代化建设进程中发挥出更大的助推作用。通过对行政公益诉讼诉前程序、司法程序和工作机制三个核

---

〔1〕 汤自军：《法经济学基础理论研究》，西南交通大学出版社2017年版，第2页。

心问题的法经济学分析可以发现,这一制度运行过程中呈现制度供给需求不完全相符、制度供给重叠或交叉、执法和司法资源配置不当、成本负担过重、制度效益发挥不足等问题。制度运行过程中显现出的一系列不经济、不均衡和低效率问题,使我们不得不反思这一制度设计和实施中的理性局限,包括制度方案不完整、缺乏成本收益思维、运行效果评价基础不客观等。归根结底,这项制度在建构之初虽然提出了公共利益保护最大化的制度目标,但在维护公平还是追求效率的关系问题上并不清晰,相关行为主体定位不明晰,造成制度实施效果不尽如人意。因此,笔者认为,行政公益诉讼的制度改进应当立足我国经济社会发展现状和公益保护资源配置需求,从宏观和微观两个层面探究符合我国法治建设实际需要、具有可操作性并能够解决实际问题的制度改进路径。宏观上,应当以公平与效率有机结合为制度改进的导向,重新规范所有参与行政公益诉讼制度实施主体的角色定位,厘清主体的权利义务和职权职责。微观上,根据第二、三、四章有关诉前程序、司法程序和工作机制的法经济学分析结论,建议加强和改进公益诉讼地方立法和最高人民法院、最高人民检察院案例指导,通过自下而上的立法推动和自上而下的案例指导使那些有益于优化公共资源配置、提升公益保护制度效益的法律适用方法和办案方法在全国各级司法机关得以推行。

第一节　制度改进应遵循公平与效率兼顾之理念

对公平与效率的追求非此即彼,“鱼和熊掌不能兼得”的观念起点可能就在于“公平正义是法学追求的价值,效率是经济学追求的价值”的观点。行政公益诉讼制度只在检察建议前置程序的设计和运行中,明确提出了节约资源提高效率这个经济因素,在总体制度实施中都是采用最大化保护公共利益这一相对模糊的、道德直觉式的表达方式。案件从诉前程序转入司法程序时审查判断标准不清、司法程序类型选择的随意、内部司法资源配置不当、与监察机关相关职能的交叉等问题的出现，根本原因在于，对于行政公益诉讼制度到底应当将公平还是效率作为追求目标的问题上，制度设计者和实施者一直以来都是模糊的，甚至是混淆不清的。理念是改进行政公益诉讼制度的总体指导准则，能够为这项制度的设计和实施提供明确的整体改进思路，避免在厘清主体角色定位和职权职责、开展案例指导时再出现公平与效率的混淆。

一、马克思主义法学经济分析方法与法经济学的共同点

笔者从法与经济学互动的视角，以行政公益诉讼制度实践中存在的问题为出发点展开研究，主要运用传统微观经济学、新制度经济学、博弈论、公共选择理论的基本原理和分析方法，从诉前程序、司法程序、工作机制三个层面分析行政公益诉讼制度结构、运行过程、效率及未来发展。不过，对法律制度进行经济分析，并不只是以科斯、诺思、波斯纳等为代表的现代西方法经济学者的首创；马克思运用了经济学的基本概念和分析方法对法律制度进行了深入阐释，马克思主义法学理论中的一系列经典论述正是“一个具有法律意识的政治经济学家从经济学视野去观察分析的法律问题”。[1] 我们需要在借鉴和吸收前人有益思维的基础上，解决公平与效率哪个才是制度改进的导向这个关键前提：是“更多一点的公平”还是“更多一点的效率”，抑或“公平和效率两个一样多”，或者还有更好的解决方案？

马克思从历史唯物主义角度提出经济基础决定上层建筑原理，认为法作为上层建筑的组成部分，“法的关系正像国家的形式一样……它们根源于物质的生活关系”，[2] 从本质上来说法律是经济关系的意志表达。马克思和恩格斯认为，市民社会就是受到一切历史阶段的生产力制约同时又反过来制约生产力的交往形式，国家是统治阶级借以实现其共

---

〔1〕 张乃根：《法经济学：经济学视野里的法律现象》，上海人民出版社 2014 年版，第 42 页。

〔2〕《马克思恩格斯选集》(第 2 卷)，人民出版社 2012 年第 3 版，第 2 页。

同利益的形式;法以一定的社会物质关系为基础,绝不是脱离了现实基础的意志。[1] 由生产力和生产关系决定的统治阶级共同意志上升为国家意志,就产生了法;法必须适应现实社会总的经济状况,因为“法的关系或意志关系的内容是由这种经济关系本身决定的”。[2] 作为上层建筑的法虽然由经济基础决定,但法也是“促进历史变革的重要推动性力量”,[3] 在维护受社会经济基础决定的各种社会关系过程中也实现着自身从低级到高级、从野蛮到文明的历史发展。立法不能背离现实社会经济条件,法律制度必须反映社会经济基础的客观要求。行政公益诉讼产生发展完善的整个过程也充分体现出经济基础条件与法律制度之间的辩证关系。从改革开放到市场化改革逐步深化,社会主义市场经济体制不断完善;从党的十八大后不断加快转变经济发展方式,推进“五位一体”总体布局和“四个全面”战略布局,践行五大发展新理念至党的十九大后加快推进国家治理体系和治理能力现代化的整个过程和每个关键节点,都与行政公益诉讼制度的每一步发展变化紧密相关。随着国家经济社会发展战略的发展变化,行政公益诉讼实现了从探索行政执法活动监督、开展督促履职,到试点检察公益诉讼并被正式赋权,至行政检察和公益诉讼检察位列检察机关“四大检察”,成为国家治理体系重要组成部分的跨越式发展。行政公益诉讼制度的发展历程充分表明,法律制度与整个国家经济社会发展格局息息相关,只有适合本国经济社会现实条件的制度才是科学的制度。

马克思不孤立地研究法律现象而是深入法律制度背后去探究经济根源的研究范式,对新制度经济学产生了很大的影响。作为新制度经济学的代表人物,诺思的国家制度与经济绩效的关系理论在很大程度上是对马克思有关经济基础与法律制度关系的分析框架和具体观点的继承

---

〔1〕 参见《马克思恩格斯选集》(第1卷),人民出版社2012年第3版,第212页。

〔2〕 《马克思恩格斯选集》(第2卷),人民出版社2012年第3版,第128页。

〔3〕 付子堂等:《马克思主义法学理论的中国实践与发展研究》,中国人民大学出版社2020年版,第111页。

和借鉴。诺思认为马克思主义的框架是目前对长期的制度变革最有力的论述，因为包括了新古典框架舍弃的制度、产权、国家和意识形态要素；他认为马克思强调的产权在有效率的经济组织中的重要作用及现存产权体系与新技术的生产潜力之间紧张关系在发展的观点是一项重大的贡献。〔1〕现代西方法经济学直接根源于新制度经济学。法经济学和马克思经济分析方法的一个最大共同点在于二者都是通过对法和经济相互关系的探讨，促使法律制度安排向促进经济发展、提升整体社会效益目标变迁和发展。法经济学主张法律制度应该是行为人成本收益分析后，寻求效率最大化、利益最大化的最优选择；这与马克思主张的法律制度必须符合人类社会发展的固有规律，只有正确反映客观社会法则的法律制度才能促进社会发展具有一致性。只有符合现实社会经济基础条件的法律制度才能提高社会效率，才是有益于历史发展的法律制度；不符合现实社会经济基础条件的法律制度就是缺乏效率的法律制度，阻碍人类社会发展的法律制度。法经济学理论在 20 世纪 90 年代被引进我国并逐渐接受的原因就在于，其对法律制度和经济发展之间相互关系的探讨符合我国发展社会主义市场经济的内在需求和健全完善社会主义法治体系的需要。但是，在对法经济学理论借鉴和适用过程中有必要用马克思主义的历史唯物主义和辩证论视角客观审视和辨析西方意识形态的内容，将其变为在建设中国特色社会主义思想指导下的法经济学分析工具。

综上，经济是法律的第一决定力，法律必须与经济相适应；只有法律制度与社会经济发展基本需要相适应，通过法律规则把经济社会良性循环的各种条件加以确定并推动其实施，整个社会才能处于良性互动中。行政公益诉讼制度作为生发于我国特定国情和经济社会发展需要的具有中国特色的制度改革，其制度运行只有真正实现公益保护法律制度和

---

〔1〕 参见［美］道格拉斯·C. 诺思：《经济史上的结构和变革》，厉以平译，商务印书馆 1992 年版，第 71 页。

经济社会发展之间供求关系的均衡，真正达到有效配置公益保护执法和司法资源，有效提升总体社会福利，才属于有效率的法律制度，才是能够促进经济社会发展的法律制度。检察机关、行政执法机关和法院都要充分认识到行政公益诉讼制度必须最大限度地反映我国经济社会发展现状的客观要求，要对这一制度从规则设计到实际实施需要什么样的经济社会条件、产生什么样的成本与收益有充分的了解；避免由于这一制度与经济社会发展基本需要之间的不相适应造成不必要的社会资源耗费，引起经济基础的反作用。"保护一定的个人或集团的权利和获益是法律制度触及的根本问题"，[1]马克思强调的法律保护的利益恰恰是大写的利益，即由社会最广泛的群体享有的公共利益。因此，作为新时代中国特色社会主义法律制度组成部分的行政公益诉讼制度，要始终立足于我国经济社会发展现状，以有效配置公共资源，以尽可能少的成本支出获取更大的公共利益为目标向前推进。

二、追求效率与维护社会公平正义殊途同归

虽然多数法理学著作在阐释法的价值时除正义、自由、秩序价值外还会列举效率价值；但普遍认为法的价值存在位阶性，效率价值往往排在正义、自由等价值之后。从法经济学角度来说，效率是衡量一切法律价值和从事一切法律活动的最终标准。根据科斯的交易成本理论，在有交易成本的任何场域，法律制度及其实施过程都会对有限资源的效率配置产生重要影响。"立法、执法、司法、守法的真正根据都在其经济理由"，[2]无论是立法者还是司法者，当意识到通过交易改变了对资源的合理配置时就要及时做出反应，减少或阻止这类交易的发生，以降低因这类交易带来的资源耗费。检察机关的办案行为也直接影响着经济效率；如果发现了自身的办案行为带来了经济影响，在不影响法的安定性

---

〔1〕 张乃根：《法经济学：经济学视野里的法律现象》，上海人民出版社 2014 年版，第 111 页。

〔2〕 沈宗灵：《现代西方法理学》，北京大学出版社 1992 年版，第 415 页。

的前提下也要及时改变行为策略和选择。对于主流法经济学主张的“财富最大化”不应从单纯的金钱意义上理解。其所说的“财富”是指一项法律制度运行中所能够获得有形或无形的所有物品和服务的总和，如同波斯纳强调的：“财富最大化不仅仅讲求功利，其精神是不同的，财富最大化是一种注重产出和强调社会合作的伦理。你要对社会物品和服务享有权利，你就一定要能够提供什么为他人珍重的东西”。[1] 因此，法经济学绝不是让立法者和司法者在公平与效率之间作非此即彼式的简单取舍，而是希望他们在设计法律制度、寻找法律制度实施路径的过程中为公平与效率的有机契合做出努力。

改革开放以来，我国对于公平与效率关系问题的认识也随着经济社会发展不同阶段采取的政策变化而不断深化，经历了一个动态变化过程，“效率优先，兼顾公平”“公正优先，兼顾效率”等价值观念的形成与发展都离不开特定的社会历史文化背景。党的十八大以来，我国对公平与效率关系的认识持续深化。党的十八大报告指出“公平正义是中国特色社会主义的内在要求”；在党的十八届五中全会提出“创新、协调、绿色、开放、共享”五大发展理念的基础上，党的十九大报告明确了我国社会主要矛盾已经转化为人民日益增长的美好生活需要和不平衡不充分的发展之间的矛盾，提出“坚持新发展理念”“在发展中补齐民生短板、促进社会公平正义，保证全体人民在共建共享发展中有更多获得感”。习近平总书记指出“把促进社会公平正义作为核心价值追求”，[2] 强调公平正义在社会主义核心价值观中基础地位的同时，提出“逐步建立以权利公平、机会公平、规则公平为主要内容的社会公平保障体系，努力营造公平的社会环境，保证人民平等参与、平等发展权利”。[3] 习近平总书记明确指出了关于五大发展理念要解决的核心问题：创新发展要解决

---

[1] [美]理查德·A. 波斯纳：《法理学问题》，苏力译，中国政法大学出版社 2002 年版，第 488 ~ 489 页。

[2] 习近平：《习近平谈治国理政》，外文出版社 2014 年版，第 13 页。

[3] 习近平：《习近平谈治国理政》，外文出版社 2014 年版，第 96 页。

发展动力问题,协调发展要解决发展不平衡问题,绿色发展要解决人与自然和谐的问题,开放发展解决的是发展内外联动的问题,而共享发展解决的就是社会公平正义的问题。[1] 这一认识反映出我国在公平与效率关系认识上进入了新时代,公平正义作为贯彻新发展理念的重要牵引和价值导向被提出,充分认识到了公平正义与社会发展之间是一种相互关联、相互促进的关系;没有贯彻公平正义导向的制度设计及配套机制难以持续高质量发展,会影响全社会创造力和发展活力,影响人民共建共享发展成果的积极性和获得感。

邓小平指出:"社会主义的本质,是解放生产力,发展生产力,消灭剥削,消除两极分化,最终达到共同富裕"。[2] 社会主义的本质,在一定意义上,就是要解决公平与效率的问题,"公平与效率是衡量社会进步的两个相互关联的基本维度,也是社会发展的两大基本目标",[3]行政公益诉讼对公平与效率的追求和保障互为前提,且相互包容。只有在最广大人民的合法权益得到维护、经济高质量发展得到保障的条件下,对公益保护资源的配置才是有效率的。而公益保护资源配置有效率意味着执法和司法资源的配置达到了最优状态,社会福利总产出趋向于最大化;这也为促进国家治理体系和治理能力现代化提供前提条件。因此,对行政公益诉讼制度改进导向的理解要基于历史唯物主义和辩证法思想,要立足于我国经济社会的发展实践,要在对立统一的辩证关系中分析和把握公平与效率之间的关系。维护每一主体在公共资源配置过程中的合法权益,最大限度减少公共政策实施的成本,提高检察机关、行政机关、法院、监察机关等公权力机关在公共事务管理和监督中的效率,既是公平的要求,也是效率的体现。

---

[1] 参见习近平:《习近平谈治国理政》(第2卷),外文出版社有限责任公司2017年版,第198~199页。

[2] 《邓小平文选》(第3卷),人民出版社1993年版,第373页。

[3] 王佩蓓:《公平与效率的均衡:法经济学对社会发展目标的追求》,载《学术月刊》2006年第4期。

三、制度设计和运行过程必须兼顾公平与效率

改革开放40余年来,我国紧紧抓住经济建设这个中心,持续推动经济持续健康发展,经济发展这个"蛋糕"持续做大。但随着经济高速发展,在生态环境资源、食品药品安全、国有财产管理等重大行政执法领域出现了行政监管不力,导致国家和社会公共利益受到严重侵害的突出问题。行政公益诉讼是适应当前我国社会主要矛盾发生变化的新需求,以有效维护国家和社会公共利益,增进人民福祉,保障国家经济社会可持续发展为目标的制度改革。新时代中国特色社会主义建设必须在继续做大"蛋糕"的同时,通过一系列创新制度安排分好"蛋糕",让发展成果惠及每一个社会成员。行政公益诉讼制度创制和运行必须在兼顾公平和效率、当前和长远的前提下处理好增进人民福祉和实现社会公平正义之间的内在关系:不仅要促进"蛋糕"做大,还要保证"蛋糕"能分好。

控制行政公益诉讼的制度成本和保障社会公益不受侵害的公平状态不是矛盾对立的关系,因为"对公平原则的偏离过程,实际上也就是对经济效率的否定过程"。[1] 类似"更多一点的效率"还是"更多一点的公平",这种对法律制度价值的目标排序无意中放大和突出了公平与效率二者之间的不同,忽视了二者相互统一相互适应的方面。公平和效率是一个国家经济社会发展的一体要求,是正向的、统一的关系。提高效率,促进总体社会福利的增长是行政公益诉讼制度改进的最佳目标;制度改进的导向、路径和程度,都必须兼顾公正与效率这对价值关系的两翼。行政公益诉讼制度实施的过程,是公正与效率相互依赖、相互促进、同行共进的过程。公平与效率互为基础、互为前提:制度实施缺乏效率会直接影响社会整体福利的增长,没有效率的公平不是真正的公平。公平是

---

〔1〕 王佩蓓:《公平与效率的均衡:法经济学对社会发展目标的追求》,载《学术月刊》2006年第4期。

让最广大的人民群众分享制度改革效率带来的成果。只有行政机关依法行政水平不断提升，公共事务管理能力和效果不断提高，生存发展环境不断改善；政府职能部门与人民群众之间才会更加协调和谐，人民群众才会有更多的公平感、获得感、幸福感，才会有力地促进整个社会经济持续高速发展。

检验一项法律制度最为合理的标准就是其实施能否促进最广大人民的最大化幸福，而从最大化幸福观念中演绎出的公平感、获得感、满足感直接来源于整体社会效率和社会福利水平的增长惠及最广大人民这个前提。新时代的社会主义社会就是一个追求最广大人民最大化幸福总量的社会。行政公益诉讼唯有最大化满足人民群众对依法行政、效率提升、经济增长、社会福利等所有偏好时；才能达到最大化幸福的标准，才能真正实现以人民为中心，最大限度满足人民日益增长的美好生活的需要。

第二节　行政公益诉讼主体性制度之重构

行政公益诉讼主体性制度，是指规范所有参与行政公益诉讼制度实施主体角色定位的规则体系。通过对行政公益诉讼不同层面的分析可知，主导实施和参与实施这项制度的主体主要是公权力机关，具体包括检察机关、行政机关、审判机关和监察机关。出现制度供给重叠或交叉、执法和司法成本叠加的主要原因在于相关主体定位偏差和职能混淆。重构行政公益诉讼主体性制度，就是要厘清相关主体的职能边界和履职顺位，使他们具备主体意识、明确主体功能，为有限的公共资源发挥最大的价值提供前提和基础。

一、行政公益诉讼主体之定位

行政公益诉讼以监督行政机关依法行使公共行政权，及时校正偏离轨道的公共行政权,保障受损害的公共利益及时得以修复为己任。我们需要对制度实施过程中的所有参与主体重新进行科学定位:既要避免由于叠床架屋造成社会资源的浪费,更要厘清职责界限促进协同治理的效率。

(一)检察机关之定位

检察机关在行政公益诉讼中的合理定位应当是提醒行政执法机关提高公共事务管理法治化程度和公共利益维护水平的建议者和督促者。检察机关是根据法律授权监督特定领域行政违法行为的法律监督机关;即便是维护公共利益这一占据绝对道德制高点的制度目标,也不能成为超越权限边界直接干预行政机关的具体执法权,不当介入行政机关执法过程的理由。检察权必须秉持其固有的监督属性,监督对象应当是行政机关超越裁量权限界的行为及滥用裁量权的行为。根据当前经济社会发展条件下行政机关和司法机关的资源配置情况和承受力,行政机关直接监管、司法监督后位救济的方法是实现有效配置公益保护资源的最优解。检察机关与行政执法机关之间应保持适度的界限。检察机关应当将自身定位为懂得把握分寸、进退得当的建议者和督促者:当发现行政机关执法不及时,处理措施不合法、不合理造成公益损害时,及时启动监督程序进行督促和提醒,在职责范围内提供必要的协助,促使行政机关及时纠正违法行为,修复受损害的公共利益。无论是提出诉前检察建议,还是建议不被采纳而不得不提起行政公益诉讼,检察机关都应当全面深入分析行政行为违法和公益受损问题的原因,提出科学合理、有利于提高效率的理性建议。在参加行政公益诉讼庭审活动的过程中,检察机关也应立足建议者和督促者的定位,秉持维护正常的公法秩序、尽量节约司法资源提高公益保护效率的原则监督行政公益诉讼活动的过程和结果。

(二)行政机关之定位

行政机关在行政公益诉讼中的合理定位应当是保护国家和社会公共利益职责的直接承担者,对检察机关公益保护法律监督的积极接纳者。行政机关在国家机构体系中处于保护和实现国家和社会公共利益的第一层级,是国家和社会公共利益的首要代表。检察机关对行政机关的监督,是基于公益保护法律监督职责的外部监督,其对行政行为适法性进行审查判断的过程同时也是对公共利益受损害原因、程度进行测度的过程。行政机关需要积极接受并采纳检察机关提出的合理建议,需要意识到检察机关提出诉前检察建议甚至对其提起诉讼,是因为自己未能尽到充分有效的管理保护义务造成了国家和公共利益损害,且损害的严重程度已经达到了检察机关启动监督程序的标准,必须接受来自检察机关、审判机关的审查,积极回应检察机关的意见建议,及时启动自查自纠程序。但是,检察机关监督的只是行政机关的违法行为,不包括行政相对人的违法行为;行政机关不能因行政公益诉讼程序的启动不当阻止相对人行使行政复议或行政诉讼的法律救济权。

(三)审判机关之定位

审判机关在行政公益诉讼中的合理定位应当是行政公益诉讼案件进入诉讼程序以后的主导者。在我国,法院作为审判机关,与检察机关共同被称为司法机关。行政公益诉讼进入诉讼程序后,就表现为司法机关对行政行为适法性及其与公共利益损害程度之间进行审查判断的有机结合,司法机关共同督促行政机关依法行政与维护公共利益的有机结合。审判机关应当进一步发挥行政公益诉讼程序中的主导作用,在起诉条件的把握、诉讼类型的选择、诉讼请求的确定等方面尽量进行引导和释明,以尽量节约司法资源、最大限度地维护公共利益为考量标准。通过行政公益诉讼庭审和裁判过程引导检察机关和行政机关合理界分管理权和监督权,根据行政机关不履行行政职责的不同情形确定裁判内容,对公共管理领域的执法权形成有效规制。在审查判断行政机关履职适法性和公共利益损害恢复程度时,应当充分考虑执法资源有效配置的因素,为执法机关自行配置执法资源留有一定空间,尽量避免单一的形式判断或结果判断。

(四)监察机关之定位

监察机关在涉行政公益诉讼相关活动中的合理定位应当是对公共

管理重点领域执法机关工作人员履职情况的全方位监督者,是对公共行政权合法行使的事前、事中预防者和约束者。监察监督属于对所有公权力机关公职人员履职情况的全方位监督;而行政公益诉讼针对的是公共管理重点领域的执法违法行为,也可以认为是对行政执法人员履职表现的监督。监察制度和行政公益诉讼制度同属于国家权力监督制度体系;如果监察机关定位合理,完全可能降低整个公权力监督制度运行的成本,提高制度运行的效益。监察机关可以从不同的切入点对行政权不同行使阶段形成监督。监察机关应重点监督公共行政领域有可能对公共利益造成损害的重大行政决策、规范性文件的制定出台及具体实施过程,从监督时机上对行政公益诉讼形成事前和事中补强。此外,也可以考虑赋予符合条件的监察建议等同于诉前检察建议的效力,即监察机关向行政机关提出及时纠正涉及重大公益和公共秩序,对公共利益造成损害的重大行政决策的监察建议后,如果行政机关没有合法合理的理由及时纠正违法决策,监察机关有权直接移送检察机关提起行政公益诉讼。

由于资源有限的客观前提,所有公权力资源的使用必须受到限定,因为这些资源的使用都需要国家财政承担成本。对行政公益诉讼参与主体进行明确定位的目的就是提高资源配置的效率,把相应的资源配置给能够最有价值地利用它们的人,排除任何人以任何不恰当的方式使用某些稀缺资源,促使这项制度在推进国家治理体系和治理能力现代化进程中的制度效益得以进一步发挥。

二、国家治理体系中的合作者

从整个国家治理体系建构的角度,所有参与行政公益诉讼制度实施的主体具有共同的角色定位,就是配合协作、共同致力于国家治理现代化的合作者。促进依法行政和公共利益保护只是行政公益诉讼这项司法制度在国家权力分工体系中所承载的基本功能;在推进国家治理现代化进程中,这一制度体现出的是国家治理体系中检察权与行政权、审判权、监察权的合作治理。米尔伊安·R.达玛什卡在《司法和国家权力的多种面孔》一书中基于政府与社会之间关系中承担的责任和角色,将国家分为回应型国家和能动型国家。其认为在回应型国家中政府主要承担维护秩序和提供解决纠纷平台的职责;而在能动型国家中,国家政策会渗入社会生活的各个领域,政府主要以国家政策为管理和评价社会关系的标准,司法的目标不仅是解决纠纷,更重要的是通过司法活动实施国家政策。[1] 根据达玛什卡提出的两种类型国家司法程序理论,我国的司法程序属于纠纷解决型和政策实施型司法的混合。在行政公益诉讼尚未入法前,我国《行政诉讼法》主要体现的是主观权利救济功能,即旨在救济被行政主体违法行政行为侵害的行政相对人权利,但在对主观权利救济过程中客观上起到制约行政权、促进依法行政的作用。检察机关和审判机关分别作为行政公益诉讼的启动者和审理者,开展行政公益诉讼活动并不是为了维护任何一项私益,其本质上并非只是公共利益救济机制,更是公益保护法律秩序的修复与整合机制,属于典型的政策实施型司法程序。与此同时,监察机关针对所有公权力机关内公职人员履职情况的全方位监督,虽然不属于司法程序,但属于典型的国家政策在制度层面的落实;且监察机关针对的行政机关工作人员作为公职人员的工作表现,与行政公益诉讼针对的公共管理重点领域行政执法行为具有直接的关联关系。因此,检察机关和审判机关开展行政公益诉讼的目标、监察机关监察行政机关公职人员的目标最终指向的是促进国家治理体系和治理能力的现代化。

行政公益诉讼制度是党中央立足党和国家事业发展全局作出的重大决策部署。从党的十八届四中全会《决定》第一次提出“建立检察机关提起公益诉讼制度”到党的十九届四中全会《决定》提出“拓展公益诉讼案件范围”,党的二十大报告强调“完善公益诉讼制度”,党中央对行政公

---

[1] 参见[美]米尔伊安·R.达玛什卡:《司法和国家权力的多种面孔——比较视野中的法律程序》,郑戈译,中国政法大学出版社2004年版,第106~144页。

益诉讼始终高度关注，是落实党的十八届三中全会提出的"完善中国特色社会主义制度，推进国家治理体系和治理能力现代化"主题的重要改革举措。无论是这项制度的提出，还是制度的实际运用过程，都体现了以法治思维和法治方式推动国家治理体系和治理能力现代化的制度初衷。当然，国家治理也不能局限于法律制度对政策执行和落实的层面，还包括"一系列体制机制、法律法规的协调问题"。[1] 因此，对于检察机关的公益诉讼检察职能，不应只强调其法律监督属性，还要认识到其在"国家治理体系中重要地位和制度价值"，[2] 是检察权与行政权、审判权、监察权在重大公共事务管理领域的合作治理，体现出国家治理理论中多方合作治理的精神。正如学者所说，"检察公益诉讼制度作为我国国家治理体系现代化建设的一环，包含对现有体制机制和法律法规的改革，更包含新的体制机制、规范体系的构建"。[3] 现代化的国家治理体系需要有效的权力制约和监督制度体系，行政公益诉讼就是监督制度体系中的一项重要制度安排。检察机关通过公益诉讼加强了与行政机关的沟通协作，提出了"双赢多赢共赢"这一合作治理目标，与法院、监察委员会等机关加强了协作共治的关系，在维护公益这一点上，与行政机关、法院、监察机关和媒体舆论、广大人民群众拥有共同的契合点。

综上，与加强重大公共事务管理领域法律实施和监督事项关联的各方主体应当从共同保障国家治理体系有效运行的美好愿景出发，协同配合、协同治理；行政公益诉讼不仅要成为激励行政机关在内的所有相关主体共同提高社会效率的内在诱因，也要成为维护社会公共秩序、促进总体社会福利增长的外在推动力。

---

〔1〕 习近平：《切实把思想统一到党的十八届三中全会精神上来》，载《人民日报》2014年1月1日，第2版。

〔2〕 胡卫列：《国家治理视野下的公益诉讼检察制度》，载《国家检察官学院学报》2020年第2期。

〔3〕 刘艺：《论国家治理体系下的检察公益诉讼》，载《中国法学》2020年第2期。

第三节　行政公益诉讼主体权利义务之重构

重构行政公益诉讼主体权利义务，是指在明确相关主体角色定位的基础上，重新配置不同主体在行政公益诉讼活动中的权利与义务、职权与职责。公平与效率兼顾的制度改进理念、行政公益诉讼制度实施过程中的所有参与主体的角色定位，需要通过主体的理性行为变为现实。对相关主体的权利义务、职权职责的配置方案作出理性调整，可以解决诉前程序效益发挥不足、程序类型选择不考虑成本收益因素、举证规则和判决执行程序无法形成有效激励、检察机关内部工作环节繁杂拖沓等问题，从而优化制度实施的成本收益比，促进总体社会福利的提升。

一、检察机关职权职责的配置

检察机关作为国家专门的法律监督机关，法律赋予的行政公益诉讼职权本身就是其必须履行的法定职责。因此，对检察机关职权职责进行重新界定的过程就是对其应尽职责进行梳理，并分析如何才能更好地履行其职责的过程。通过对诉前程序、程序选择、举证规则、层报审批、内部职能衔接等程序和工作机制进行法经济学分析所得出的结论，笔者认为，检察机关在行政公益诉讼活动中应当履行下列职责：

1. 信息交换的职责。行政机关对检察建议不积极回应，不采取有效措施整改违法行为，都源于缺乏信息沟通而产生了对检察建议以及公益诉讼结果的错误预期。而检察机关提出的检察建议缺乏针对性和可行性、越权监督、启动诉讼程序不够审慎等问题，也源于双方信息沟通不畅，检察机关对行政机关机构地位、职能设置、工作程序不了解。及时有效的信息交换能够起到重大的程序推动和行为激励作用，避免造成执法和司法资源的不当耗费，有必要将检察机关与行政机关之间自愿性、随机式的信息交换转变为强制性、定期的信息交换。行政公益诉讼的程序性特征决定了检察机关没有实体上的处分权:无论是诉前检察建议还是提起行政公益诉讼,检察机关所作的决定属于程序性权力,并无终局性,属于对行政违法提出的异议及启动纠错程序。所以,在整个监督过程中,检察机关与行政机关之间的信息获取程度越高,行政机关在程序上接受、采纳检察机关的监督意见,主动整改行政违法情形,产生实体监督效果的可能性就越高。从检察机关发现行政机关履职违法、提出建议督促纠正,到行政机关采取行政处理措施,整改违法行为,公益受损情况得到全面修复的每一个阶段,如果双方的信息交换能够及时充分全面,行政相对人的违法行为就能够更早地得到处置,检察建议就更具有可操作性和针对性,行政机关的执法违法问题就能够更及时地得到纠正,公共利益也能够更早得以修复。充分及时的信息交换,能够避免检察机关和行政机关由于信息不对称对自身行为和结果产生错误预期,从而作出非理性决策。因此,在决定立案、启动调查核实、制发诉前检察建议、整改情况的核实、提起诉讼、庭前会议、庭审过程、判决执行等环节,检察机关应主动与行政机关开展信息交换,交换内容应当包括法律法规及规范性文件依据、调查核实过程及掌握的事实证据等。

2. 科学配置内部资源的职责。检察机关应当科学配置内部资源,将有限的资源配置给能够最有价值使用该资源的检察院、部门和工作人员。在公益诉讼工作从无到有、办案体量从小到大的发展过程中,检察机关加大人力、物力、财力等内部资源投入是必不可少的,任何国家机关的工作运转都会耗费一定的资源。但是,资源的投入不一定能够全部转化为司法效率,资源投入的增多与司法效率的提升也并非正相关关系。随着公益诉讼这项新型业务职能的确立,检察机关内部从机构设置、人员配备、物质资源投入(通信指挥设备、视频拍摄设备、物质检验鉴定设备、业务用车等)、鉴定费用垫资等方面给予了资源倾斜。但是,国家的资源禀赋有限;从国家或社会的角度看,必须在投入多大比例的资源到检察机关,检察机关内部如何分配司法资源,降低成本支出和提高司法效率方面作出合理选择。受诉讼管辖所限,行政公益诉讼案件主要由基层检察机关办理,地市级以上检察机关主要承担工作指导的职责。但现实局面却是承担着公益诉讼案件绝对多数办案量的基层检察院没有单设公益诉讼部门,民事行政公益诉讼职能归属一个部门,加之基层院员额数量有限,一名检察官承担三类案件办理职责的情况比比皆是。而省、市一级检察院都单设了公益诉讼部门,员额检察官多,但自身却很少办案,只对基层检察院办案进行指导,造成了案件量和资源配置极不和谐的倒三角局面。因此,检察机关内部资源配置应当向基层检察机关倾斜,在可行的范围内尽量增加基层检察院公益诉讼部门人员编制和员额比例,将更多的优秀办案力量配置在基层,在物质资源、办案经费等方面首先也要保证基层检察院的办案需求。

3. 简化工作运转程序,提升工作效率的职责。请示汇报多、办案周期长,办案质量未必能提高;且由于公益损害得到救济时间被拖延,被破坏的生态环境资源长期得不到修复,办案效果也会大打折扣。层级请示、汇报、审核、批准,往往带来办案时间、事务性活动运转时间的延长,参与工作人员的增加,协调事务的增多。检察机关作为启动公益诉讼程序的机关,应当具备成本收益分析意识:如果实施了一项工作机制而并未相应增加社会收益,那么这项工作机制显然是没有效益的,这种工作机制就应当放弃或者进行必要控制。为降低成本支出、提高工作效率、减少公益保护效果的不确定因素,检察机关应当取消不必要的案件请示汇报和审批,简化工作运转程序,缩短办案周期。

4. 优化内部业绩考核的职责。从内部管理角度看,通过对检察官的业绩考核对其形成激励和约束,促进检察官提高办案质量和效率是必不可少的。但目前检察机关内部考核公益诉讼工作业绩仍以办案数量为先,其次才考虑办案质量,办案效率这个因素更是基本湮没在办案效果这一主观性评价因素之中。在很多地方,行政公益诉讼起诉案件数在检察机关内部工作业绩考核中是一项极为重要的考核指标,各地对这项数据增加或下降都极为看重;尤其是行政公益诉讼案件多数都在诉前检察建议阶段办结的情况下,每一年度向法院提起行政公益诉讼的案件数成为各地比拼业绩的关键因素，一些上级检察院甚至采用对辖区内基层检察院下达指标来提升起诉案件数的办法。检察机关应当摒弃这种不符合司法规律、简单机械、考核导向存在偏差的业绩考核方法，设置科学的量化评价指标体系，建立办案效果和效率为核心、符合行政公益诉讼办案规律、体现公益诉讼工作目标和价值追求的业绩考核制度，以科学合理的内部业绩考核对检察官办理公益诉讼案件形成有效激励和有力约束。

二、行政机关职权职责的配置

行政机关作为最重要的公共决策者，其执法过程不可避免存在自身利益最大化和公共利益最大化之间的矛盾。检察机关启动行政公益诉讼的起因就在于行政机关没有履行好法定职责，造成了公益的损害；因此，对行政机关的职责界定应当从提高行政处理效率、公众参与、如何回应检察机关的建议、如何保证行政行为的适法性、如何有效激励约束工作人员行为等方面出发。行政机关在行政公益诉讼中应当履行下列职责：

1. 信息公开和信息交换的职责。当前，信息工具对政府行政管理活动的规制作用愈加凸显，政府及其职能部门需要持续拓展信息公开的广度和深度，作出的涉及重大公共利益问题的所有决策应当向一般社会公众公开，保障公众的信息获取权。政府应该根据不同行政管理领域的信息不对称程度对相应的职能部门设定信息公开的义务，对信息不对称程度高的行政管理领域，应当要求执法机关作为信息义务主体提供相对更多的信息，履行更有利于公众的信息提供程序，通过强制的信息公开给那些购买公共产品接受公共服务的社会公众带来直接的福利收益。此外，信息公开的内容除了执法信息外，还应当包括与公众权益密切相关的专业领域信息。如在对环境违法行为人的违法信息、处罚信息及修复环境信息进行公示的同时，对大气、土地、水质等生产和生活环境可能的影响进行提示；在对危害食品安全的违法行为人违法信息、处罚信息进行公示的同时,行政执法机关应当对食品药品中含有的可能对人体存在不利影响的成分进行明确提示。这样的信息公开在提示公众的同时以违法企业声誉不利益来促使其及时履行行政处罚,采取措施修复其损害的公共利益。在行政公益诉讼活动中,行政机关的信息交换职责与检察机关之间是相互对应并互补的关系。虽然信息交换过程需要双方分别承担一定的成本,但只要交换及时且信息量充分全面,则获取的制度效益远高于信息交换成本。行政机关的信息交换需要向前延展到检察机关立案之前,即发现公益损害线索后启动行政执法的过程、作出行政处理决定、督促违法行为人整改的相关信息都必须及时向检察机关提供;在检察机关决定立案后,按照建议要求整改的过程、出席行政公益诉讼案件庭审、执行行政公益诉讼判决直至违法行为彻底纠改的所有环节,行政机关也必须积极回应检察机关的信息交换要求,主动与检察机关交流意见、达成一致。从最小化社会成本角度看,双方的信息交换可以避免行政公益诉讼产生错误成本;即便检察机关和行政机关可能会因此增加部分管理成本,但从整个社会成本的节约和福利提升上看还是有利的。

2. 提高行政处理效率的职责。行政机关应当提高对危害公共利益违法行为进行行政处理的效率。社会主体的理性最大化特征决定了危害公共利益的潜在违法行为人的行为决策取决于其对违法行为成本和收益的比较。当违法所得的个人收益大于其违法行为可能受到的惩罚时,就会选择违法;如这种情况长期得不到改变,选择违法的行为人规模就会不断扩大,从而造成行政执法和司法成本的持续增加。行政机关应当提高对违法行为进行行政处理的及时性、针对性和有效性,增加公益损害赔偿损失的额度如惩罚性赔偿等途径抑制潜在的违法行为。只有尽早对行政相对人的违法行为作出行政处理,尽早纠改行政违法问题,才能更早修复受损害的公共利益,缩短公共利益修复时间,最大限度降低公共利益的修复成本。

3. 为公众参与提供条件的职责。在公共利益管理和保护资源有限的约束条件下,有效的公众参与可以有效传递公众对于资源利用排序的偏好,可以为行政立法的决策者提供更加充足的信息,避免行政机关因为信息不足而影响公共事务决策的普惠性,使行政机关履职过程更加具有回应性特征。有效的公众参与能够提升行政决策和具体履职过程的正当性和合理性。行政机关应将公众参与引入涉及公共利益的行政决策、对公众产生影响的行政指令、行政执法、履行检察建议、行政公益诉讼应诉、判决执行等所有程序和环节,充分听取社会公众的见解和意愿。行政机关应当为公众提供便利条件,方便公众以提供信息、发表评论、阐述利益诉求、表达意见等方式参与行政机关的履职过程。

4. 有效约束和激励内部工作人员的职责。根据公共选择原理,行政公益诉讼涉及的所有行政机关负责人及其直接责任人员都不可避免地具有追求自身利益最大化的经济人特性。在执法和决策过程中广泛吸纳公众意见,积极回应检察机关的建议意见,开展信息沟通交流,通过认真全面地调研分析提出最佳解决问题方案,协调组织各方面力量修复受损害的公共利益等工作过程,需要行政机关工作人员花费大量的时间和精力;这些虽然能够增进整个社会的福利,但和具体的工作人员没有直接的利害关系。所以,行政机关应当通过职级升迁、物质待遇、声誉等机制对工作人员个人进行约束和激励,保证他们及时回应检察建议、开展信息沟通、积极整改的工作表现能够获得包括上级评价、公众评价、精神物质回报等直接的个人利益。

三、法院职权职责的配置

基于法院是行政公益诉讼案件诉讼程序中的主导者这一定位,法院应当在确定公益诉讼程序类型、诉讼请求等方面主动引导和释明,在庭审过程中依法合理分配举证责任,尽量缩短案件审判周期、简化运转程序,以达到节约诉讼成本、提高诉讼效益的目的。法院在行政公益诉讼中应当履行下列职责:

1. 引导检察机关和行政机关选择适当诉讼程序的职责。法院应当在保证公益保护效益的前提下，引导检察机关、行政机关选择成本更低、诉讼周期更短的诉讼程序，提高诉讼请求的适法性、合理性和可行性。在同时可以适用民事公益诉讼、行政公益诉讼或行附民公益诉讼程序的情况下，应当向检察机关释明，引导其充分考量诉讼的预期成本和预期收益的前提下作出选择。如果出现针对同一生态环境侵害行为，同时或先后受理了民事公益诉讼、行政公益诉讼和生态环境损害赔偿诉讼的情况，首先应考虑关联诉讼之间是否存在衔接可能，通过合并审理、先后审理等方式进行整合，确保以最少的诉讼资源支出获得足额的生态环境损害救济。支持检察机关介入提起生态环境损害赔偿诉讼的前置磋商程序，及时对生态环境损害赔偿协议进行司法确认并执行。明示检察机关提出的诉讼请求应与诉前检察建议的建议内容相对应，不得触及行政机关的自由裁量权，为行政机关自行配置执法资源留有空间。

2. 合理分配举证责任的职责。不能因为检察机关在办理公益诉讼案件中具有不同于行政私益诉讼原告调查收集证据的能力而让检察机关承担超出法律和司法解释规定范围的举证责任，被诉行政行为的合法性这一行政诉讼核心问题仍应由被告承担举证责任。行政机关在作为类行政公益诉讼中需要对具体行政行为事实、程序、决定及其法律依据提供证据证明。在不作为类行政公益诉讼中，应对其没有“不作为”或者“不依法履行职责”承担举证责任；如举证不能，应承担败诉的不利后果。

3. 尽量缩短行政公益诉讼案件审理周期的职责。为节约相应的司法资源投入，尽早修复受损害的公共利益，法院应当尽量缩短行政公益诉讼审理周期。因行政公益诉讼一审案件由基层法院管辖，法院系统在人员配备、物质资源、办案经费等方面也要确保满足基层法院审理公益诉讼案件的需求。在此基础上，配置内部审判资源时应当进行成本收益分析，以降低成本、增加效益为其考量因素。在法院审判阶段，影响行政公益诉讼案件周期的具体因素包括一审、上诉不同阶段的办案环节、运转程序，还包括判决后的执行机制。在遵循法定程序和期限、确保办案质量的前提下，法院应当尽量简化案件的工作流程、缩短办案期限、减少案件的积压和拖延；只有最大限度降低案件耗费的人力成本、时间成本和物质成本，才有可能实现最优的诉讼成本和诉讼产出之比。

四、社会公众权利义务的配置

生态资源、环境污染、食品药品安全等行政公益诉讼领域都与社会公众生产生活和切身利益紧密相关。根据公共选择理论有关决策集团规模与预期成本关系的分析，公众参与有利于降低决策成本、提高决策效率；因此，有必要厘清社会公众在相关行政公益诉讼活动中的权利义务。社会公众在行政公益诉讼活动中应当享有以下权利：

1. 及时获取相关信息的权利。社会公众有权获得行政机关就重要行政规范性文件征求意见、出台相关文件前开展听证、检察机关开展行政公益诉讼案件的公开听证、就公益修复方案开展磋商等信息。行政机关和检察机关应当提前向社会公众发出公告，以便有参与意愿的社会公众提前做好准备。

2. 参与磋商和决策过程的权利。社会公众有权参与重大行政决策和检察决策过程，有权参与制定和监督执行公益修复方案，充分表达自身意见。行政机关、检察机关应当为社会公众提供便利条件，充分吸收广大公众参与具体的行政决策、检察决策程序，在作出决策之前应听取参与者的见解和意见。公众有权对政府各部门制定的涉及公共利益的政策及规范性文件，对公共利益产生影响的行政指令、行政许可、行政处罚决定和作出过程，收到检察机关诉前检察建议后的纠正整改违法行为，组织修复受损害的生态环境，制定生态修复方案等，表达见解和意见，行使监督权。

3. 获得一定报酬和奖励的权利。社会公众的参与必须通过一定程序选派出的代表者行使，这些代表需要个人负担大量的时间和金钱成本，但获得的收益为社会所共享。要完善公众参与的有效程度，必须为参与者提供积极的正向激励，由所有纳税人分担这部分代表者的支出成本，支付公众代表一定的劳动报酬。此外，应当按照公益修复的效果给予参与者一定的物质奖励。

在享有一定权利的同时,参与决策和监督过程的社会公众负有充分了解相关行政执法领域的专业知识、遵循法定的公众参与程序、积极有序表达意见建议的义务。所有参与的代表成员都必须认真对待,衡量利弊,与行政机关、检察机关共同寻求最有益于公共利益、有利于提升整体社会效益的建设性方案并对其实施过程进行监督。

第四节 公益诉讼地方立法之改进

法律制度在现实世界中的运行无法脱离地方性知识,一国的法律制度改革经验需要从制度与现实世界之间的互动、调适、融合中逐渐积累。通过研究提出的法律制度改进建议只有与当前的法治国家建设实际需求相契合,才能真正满足最广大人民最大化幸福的需要。因此,在厘清行政公益诉讼制度改进理念和参与主体的角色定位之后,仍需要立足本土制度实践,从已有的制度资源中挖掘符合经济理性要求、具有可操作性的具体改进方法。

一、公益诉讼单独统一立法属于次优选择

面对程序运行和工作机制中的低效率、相关职能之间的不均衡问题,为追求公共利益保护的最大化,需要找到成本最低的改进方案。立法无疑属于积极的改进资源配置的方式,理论界也在呼吁推动公益诉讼单独统一立法。[1] 但是,在缺乏客观检视的前提下,依靠制定新法来实现合理配置公益保护资源、提升公益保护制度效益的改革目标是不现实

〔1〕 参见如田凯:《检察公益诉讼立法要破立并举》,载《检察日报》2020年11月5日,第5版;刘加良:《公益诉讼单独立法的必要性与可能方案》,载《检察日报》2020年11月12日,第7版;湛中乐:《探索公益诉讼的中国方案——公益诉讼单独立法的必要性与可能性》,载《检察日报》2020年11月26日,第7版。

的。从成本耗费与资源配置效率角度看，相较于司法改进路径，制定新法目前只是一种次优选择。理由有三点。第一，统一立法过程需要耗费大量直接成本支出，包括为制定新法而进行的调研走访、征求意见、提交审议讨论、表决、法律文本制作、立法人员的劳动报酬和差旅费用等；除了上述人力、物力、财力及时间成本支出外，立法方案还需考虑因新法规则之间及新旧法规则之间不周延、不衔接等不科学立法造成的错误成本，以及实施新法带来的一系列法律适用成本，如司法机关的宣传培训、组织实施的支出。第二，人类无法克服的有限理性。立法都是人的行为，由于外在环境的复杂性，信息的不完整性和人的生理、心理局限，立法决策不周延、不明晰、遗漏、错误等在所难免，法律在实施过程中还需要司法解释、类推等方法弥补制定法的不足。第三，问题解决方案的不确定性。从提起诉讼主体看，目前，除了检察机关外还包括符合法律规定条件的社会组织和被授权提起生态环境损害赔偿诉讼的政府及其职能部门。如果要单独立法，首先需要对检察机关、政府与社会组织在公益诉讼体系中的角色定位作出协调和安排。从诉讼类型看，目前，除了行政公益诉讼和民事公益诉讼两种主要类型外，刑事附带民事公益诉讼案件数量在起诉案件中已占绝对优势；但对于同一个案由符合两种或以上公益诉讼立案条件时如何选择诉讼类型，即便检察机关内部也无定论。因实践基础不足，现行立法和司法解释也没有厘清不同主体提出的不同类型公益诉讼之间的关系问题。行政公益诉讼与具有直接关联的行政检察、监察监督职能之间的部分重合或交叉问题已经在制度实践中有所显现，但尚未形成成熟可推行的解决方案。在没有找到科学有效的解决方案之前急于出台统一的公益诉讼法，极有可能导致部门职能重叠、制度运行成本叠加，最终造成立法、执法和司法资源的无端浪费。

基于以上理由，笔者认为，至少在当前这个时期，公益诉讼单独统一立法并非最优选择。但人类对秩序的稳定偏好又需要为行政公益诉讼行为主体提供一套尽可能科学有效又相对稳定的行为规则。所有公益保护执法和司法机关、社会组织、公众需要对其活动规则具有较高的预知性，确定和实施公益保护政策方面有相对标准的程序、制度化的规则和适度的裁量权。笔者认为，一些理论和实践问题争议较大、一时在全国范围内难以达成共识的公益诉讼问题，各地方司法机关可通过推动地方立法的方式确立区域公益诉讼规则，为将来条件成熟时公益诉讼单独统一立法奠定基础。

二、各省级人民代表大会常务委员会出台的“决定”的规范作用发挥不足

据不完全统计，检察机关被正式赋权开展公益诉讼活动以来，已有超过25个省级人民代表大会常务委员会出台了支持检察机关开展公益诉讼工作的决定文件，其中部分省级人民代表大会常务委员会直接出台了“关于加强检察公益诉讼工作的决定”，也有部分省份出台了“关于加强新时代检察机关法律监督工作的决定”，将公益诉讼工作作为加强检察机关法律监督职能的一项重要组成部分予以规定。省级人民代表大会常务委员会出台的“决定”体现了地方立法机关对检察公益诉讼工作的重视，也体现出人大代表、广大人民群众及社会各界对检察公益诉讼工作效果的期盼，对促进地方行政机关、法院、企事业组织与检察机关做好公益诉讼的衔接、配合，共同推动检察公益诉讼顺利开展有着积极作用。但目前各地方出台的“决定”存在部分内容同质化、规范作用发挥不足等问题：

1. 各地方的“决定”存在部分内容同质化问题。笔者对各地方出台“决定”的体例结构、条款内容、文字表述等进行对比后发现，部分地方出台的“决定”在体例、内容上存在重合。部分地方的“决定”在标题、体例上基本相同或相似，只是在章节、条款内容上做了重新排列组合，创新内容不多；即便有些条款在表述方式上有所区别，但仅改变了条款的前后顺序，或者仅仅是对部分用词做了同义词替换。以检察机关公益诉讼案件范围的规定为例，超过20个地方的“决定”对公益诉讼办案领域的列举内容和表述方式几近相同，都是在生态环境和资源保护、食品药品安

全等法定领域外增加了安全生产、文物和文化遗产保护、个人信息保护、大数据安全、网络侵害、铁路交通安全、国防军事等新领域案件。少数地方的“决定”在每一个大领域下又进一步列举了具体案件类型，如在生态环境和资源保护领域下列举了土地、大气、水、固体废物污染，破坏自然保护区、水源地、湿地及土地资源、矿产资源、林业资源、草原资源等公益受损的案件，这样的列举其实并未形成案件范围上的实际拓展和创新。只有极少数地方“决定”将案件范围拓展到涉众型侵害公民隐私、知识产权保护、旅游消费、金融安全等新领域。当前，在公益诉讼案件范围拓展、调查核实程序、行政机关是否履行职责的认定标准、诉前程序与诉讼的衔接标准等方面缺乏立法依据，理论支撑不足，需要各地方检察机关先行先试，充分开展实践探索为将来的立法积累经验。如果地方的“决定”能够在《宪法》和《立法法》的授权范围内，在遵循上位法的基础上对上述内容进行一定程度的细化甚至探索，将为本地方检察机关的公益诉讼实践提供更具针对性的指引。

2. 地方出台的“决定”规范作用发挥不足。近年来全国人民代表大会常务委员会为解决改革和现行立法滞后之间的矛盾，经常通过“授权决定”的形式授权某一项法律制度改革进行试点。这类“授权决定”虽未在《立法法》中出现，但多数学者认为这类“决定”具有法的效力，效力低于《宪法》和法律（包括立法解释）。[1] 为授权检察机关在 13 个省（区、市）开展公益诉讼试点，全国人民代表大会常务委员会于 2015 年 7 月 1 日通过《关于授权最高人民检察院在部分地区开展公益诉讼试点工作的决定》，在 2017 年两大诉讼法修法增加公益诉讼条款之前起到了检察公益诉讼法律依据的作用。但对一些地方人民代表大会常务委员会出台的涉及本地区加强某一项司法制度运行的“决定”类文件是否属于一种立法形式，目前还缺乏统一认识。对多地出台的“关于加强检察公

〔1〕 秦前红、刘怡达：《“有关法律问题的决定”：功能、性质与制度化》，载《广东社会科学》2017 年第 6 期。

益诉讼工作的决定”等文件,还缺乏对其性质、地位、效力位阶、事权范围等关键问题的明确辨析和厘清。根据现行《立法法》,在我国社会主义法律体系中全部法律规范形式即“法律”“行政法规”“地方性法规”“自治条例和单行条例”“规章”。在《立法法》中,上述法律规范形式根据法律效力等级由高到低排列,不同的法律规范形式在制定主体、权限范围、立法原则、立法要求、立法程序和法律效力等级上存在明显区别。在行政诉讼中,上述法律规范的适用分为依据适用和参照适用:法院在审理行政公益诉讼案件时对于法律、行政法规、地方性法规是依据适用,对部门规章和地方规章是参照适用。各地方出台的公益诉讼决定文件在符合地方性法规有关立法要求和立法程序的情况下,才能够在诉讼程序中作为法律依据予以适用,才能充分发挥地方立法机关能动立法的作用。

三、公益诉讼地方立法的改进方向

1. 所有设区的市地方立法都可以在公益诉讼领域有所作为。设区的市被授权开展地方立法,是完善我国立法体制、提高地方治理法治化程度的重要制度支撑。设区的市的人民代表大会及其常务委员会可以对城乡建设与管理、生态文明建设、历史文化保护、基层治理等方面的事项制定地方性法规,而这四个地方立法事项能够涵盖目前行政公益诉讼法定“4 +9”领域中的大部分内容。设区的市可以根据本市的具体情况和实际需要,在不同上位法相抵触的前提下,制定公益诉讼领域的地方性法规。目前,各省级人民代表大会常务委员会出台有关公益诉讼工作的“决定”的过程颇为审慎复杂,各省级检察机关从推动立项、起草、征求意见、论证、审议通过的过程需要近一年的时间,其间需要反复汇报、沟通、论证、修改。这样耗费大量时间、人力、物力后出台的“决定”却在实践中只是作为号召和指导,不仅无法在法院裁判文书中援引,也不可能在检察机关制作的诉前检察建议中适用。通过法定立项、起草、审议、批准程序通过的公益诉讼地方性法规具有法定效力,能够在司法审判中直接援引;从成本收益角度看,出台地方性法规显然优于“决定”。

2. 加强公益诉讼地方立法评估。为了达到公益诉讼地方立法效益最大化,杜绝重复立法现象,应该在地方立法出台前后分别开展评估,尤其是事前评估。立法前评估解决的是某一部地方性法规有无必要、时机是否合适、形式和内容是否恰当等问题。通过对拟立法的若干项目进行科学调研、论证、分析基础上做出筛选和取舍,才能做出效益最大化的立法方案,从而可以提高地方性法规的针对性和适应性。《人民检察院公益诉讼办案规则》规定检察机关在案件审查过程中必要时可组织听证,充分了解有关情况,听取相关各方意见的基础上作出决定。公益诉讼案件审查过程中的听证方式可以拓展到检察机关推动本地方人大出台公益诉讼地方立法工作中来。建议检察机关在汇报、提请地方人大出台地方性法规之前组织召开立法听证会,邀请法律专家、相关技术领域专家、行政机关、法院、公众代表参会,充分听取意见建议,经过严谨论证之后再提出地方立法计划,防止重复立法、立法同质化现象的发生。

3. 建立完善检察机关与地方人民代表大会常务委员会、法院、行政机关之间的地方性法规适用常态化协商机制。基于公益诉讼已涉及"4 +9"办案领域且继续扩展的事实,可以肯定公益诉讼正在且必将影响国家整体治理状况。除检察机关外,地方法院、行政机关是公益诉讼地方立法的主要适用者,对地方立法的制定需求和具体适用中的问题有着最直接、最切身的感受和体会,最了解地方性法规应该规定什么,对相应事项和行为是否合法作出明确的判断,选择适用与之相适应的法律规定。对于地方性法规在法律适用中的具体法律效果,地方法院、行政机关也具有最直观的感受,什么样的内容是合法的、正当的、合理的,能够解决什么问题,可以对地方性法规的制定和修改提出最合理的建议。不仅在立法过程中,在立法适用中广泛征求和听取地方司法机关和地方行政机关及其工作人员的意见,使他们能够充分表达意见,依靠他们丰富的司法执法实践经验促进地方立法更符合司法执法实际工作需要,防止地方立法与司法执法实际脱节,增强地方立法在法律适用中的可操作性。

第五节 行政公益诉讼案例指导之强化

所有公益保护执法和司法机关、社会组织、公众需要对其活动规则具有较高的预知性，在确定和实施公益保护政策方面有相对标准的程序、制度化的规则和适度的裁量权。通过两大诉讼法和一系列单行法律的授权，辅之以司法解释、地方性法规，能够建构起基本的行政公益诉讼制度体系。在判例法国家，判例是对立法机关公共决策加以制约和补救的有效路径。笔者认为，对我国这样非判例法国家而言，既符合最小化成本最大化收益原则，又符合规则的可预知性和稳定性，避免任意性的改进路径就是最高人民检察院和最高人民法院自上而下的案例指导，一些制度实施中的不经济、低效率问题完全可以通过加强指导性案例的针对性和适用性来加以改进。通过自上而下推行指导性案例，让全国各级检法机关接受并适用那些更符合成本收益原则、更有益于有效保护公共利益、更有利于提升总体社会福利的法律适用方法和办案方法，与制定法形成相互保障、相互支撑的制度构造，从而获得更大的报酬递增。

一、案例指导路径的可行性

2010 年 7 月和 11 月，最高人民检察院和最高人民法院先后颁布了“关于案例指导工作的规定”（以下简称“案例规定”），[1] 标志着案例指导制度在我国正式确立。虽然我国在传统上受大陆法系影响较深，判例不属于正式法律渊源，但从“案例规定”对规定出台目的、参照适用要求及加强学习培训等条文内容看，可以认为指导性案例的参照适用还是具有某种程度的强制性。实务界和理论界也普遍认为，我国指导性案例虽

---

[1] 最高人民检察院分别于 2015 年和 2019 年两次修订《关于案例指导工作的规定》，最高人民法院于 2015 年颁布《关于案例指导工作的规定实施细则》。

然没有法律上的拘束力,但应当肯定其事实上的拘束力。[1] 最高人民法院、最高人民检察院正式颁布的指导性案例对全国四级法院、检察院的法官、检察官增加了办理同类型或类似情形案件时的注意义务。虽然在行政公益诉讼判决书、诉前检察建议书、起诉书中不能直接援引指导性案例,但可以在文书说理部分引用指导性案例确立的裁判或办案规则,也可以在法律文书中就参照指导性案例情况作出说明。法官和检察官非经法定程序不得拒绝适用指导性案例;办理或审理的案件背离了指导性案例所确立规则的,要接受上级机关的监督。不适用指导性案例理由不充分的,上级法院、检察院有权撤销原判决裁定(或撤销原办案决定)。

在遴选行政公益诉讼的指导性案例时,应当注意选择涉及的法律适用问题属于现行法或司法解释均无明确规定但具有普遍性,或现行法、司法解释仅有原则性规定,或相关的实体、程序法规定有一定冲突,或属于法律尚未授权的新领域案件,法院、检察院就该案件的办理审理过程和结果应符合公共利益保护最大化的基本精神,有效节约了司法成本,有利于促进总体社会福利提升的案件。指导性案例要对案件事实和法律适用、逻辑推理过程进行充分、明确、清晰的阐述和论证,要旨部分要对价值判断、不同利益之间的衡量等方面进行总结和提炼。最高人民检察院的指导性案例可以对检察机关内部办案过程、不同部门之间的工作衔接、上下级检察院之间一体化办案、与行政机关之间开展磋商、制发检察建议及提起诉讼的审查判断标准、举证、组织判决执行及监督等方面确立指导性规则。最高人民法院的指导性案例可以对行政机关公共事务管理行为的合法性判断标准、检察建议内容与行政机关整改程度之间的审查判断、庭审程序、判决执行程序等方面确立指导性规则。盛洪教授曾提出,应将法律和制度本身看作一个试错过程,法官裁决在弥补立法不完善,解决立法冲突及立法机关与行政机关的冲突方面具有积极作

---

〔1〕 参见陈兴良:《案例指导制度的规范考察》,载《法学评论》2012 年第 3 期;胡云腾、于同志:《案例指导制度若干重大疑难争议问题研究》,载《法学研究》2008 年第 6 期。

用,根据对先例的总结纠正错误,累积起来就成为理论,依靠这样的理论研究就使改进法律和制度成为可能。[1] 最高人民检察院和最高人民法院指导性案例的主要功能就在于通过创制司法办案规则,解决立法规则不足的问题,“是一种规则的自我形成机制”。[2] 因此,通过指导性案例不断探索和总结行政公益诉讼制度实施的利弊得失,在持续修正错误的基础上,就可以形成相对成熟的规则,并由点到面辐射性推广,形成检察机关、审判机关自身持续修正错误自我调节的反思机制。通过这些指导性规则在制度实施过程中不断得以完善和强化,那些不符合成本收益原则、不利于提升社会整体效率、制度预期与实际效果脱节的规则和做法逐渐被那些适应经济社会发展需要、符合实际行之有效的做法替代和补充;在积累一定的立法资源后,在适当的时机考虑公益诉讼单独立法或对现行法进行大幅修改。

二、指导性案例要旨的提炼

指导性案例的要旨在案例指导中具有重要作用,因为后案的办案人员主要参照要旨处理案件。行政公益诉讼从试点推行至今不过短短6年的时间,无论是检察机关办案还是法院审判过程均无太多先例可循。指导性案例较之公益诉讼单独立法的优势就在于能够以更低的成本支出获得相同甚至更多的制度收益。因此,指导性案例的要旨不仅要包括法律适用的主体、条件、标准、方法、范围等多个方面,还应包括一些优秀的办案思路和处理争议问题、解决棘手问题的方式方法。根据对行政公益诉讼诉前程序、司法程序和工作机制中一系列现实问题展开法经济学分析得出的具体程序和机制改进的结论,笔者认为,当前应重点提炼以下要旨:

1. 在诉前程序和诉讼程序能够获取同样监督效益的情况下,应尽量

---

〔1〕 参见盛洪:《法官裁决与公共选择》,载盛洪:《现代制度经济学》(第2版·下卷),中国发展出版社2009年版,第195~197页。

〔2〕 陈兴良:《案例指导制度的规范考察》,载《法学评论》2012年第3期。

选择以成本更低的诉前程序达到公益保护目标。在行政机关履行职责与否的认定上,实行形式性判断和实质审查相结合;在诉前程序启动上,应当侧重于形式判断。从诉前程序进入提起诉讼的司法标准上,应将形式性判断与实质审查相结合,更侧重实质性的把握标准。在对受损害公共利益是否得以修复的实质性判断上,不宜采用单一的结果审查标准。为激励行政机关主动履行检察建议,建立声誉和绩效双重激励机制。

2. 将检察机关介入生态环境损害赔偿诉讼的时间点从诉前检察建议阶段前移到磋商程序,在生态环境损害赔偿诉讼中的前置磋商程序中引入检察监督;由检察机关主导推动磋商,有利于减少或避免磋商带来的不经济因素,节约成本,提升效率。当生态环境损害赔偿案件有必要进入诉讼程序时,检察机关仍有权对有责任提起生态环境损害赔偿的行政机关进行监督。

3. 一个案件线索同时具备行政公益诉讼和民事公益诉讼立案条件时,行政公益诉讼优先。在一个案件既可单独提起行政公益诉讼或民事公益诉讼,也可选择行政附带民事公益诉讼程序的情况下,哪一种诉讼类型能够利用最少的司法资源,在最短的时间内高效实现公共利益最大化是最为重要的考量因素。刑事公诉与民事公益诉讼一并提起可有效提升司法治理功效,更符合成本收益原则,但需要从提升整体社会效益的角度对案件类型、诉前公告、责任范围等方面进行改进。应建立行政执法与刑事司法的双向衔接:行政执法机关应根据案件审理和判决情况及时调整行政处罚措施,检察机关应加强对行政执法与刑事司法程序双向衔接的监督。

4. 检察机关在行政公益诉讼中就公益受损害事实只承担初步证明责任,其全面性、翔实性和准确性程度无须太高;能够用询问笔录、周边群众反馈意见、现场照片说明问题的,就无须制作视频,更无须每案必出鉴定报告或专家意见。在作为类行政公益诉讼中,行政机关应对具体行政行为事实、程序、决定及其法律依据提供证据证明;在不作为类行政公益诉讼中,行政机关应对其没有“不作为”或者“不依法履行职责”承担举证责任,如举证不能应承担败诉的不利后果。

5. 建立检察机关主导下的判决执行合议制,由检察机关组织被执行机关及相关职能部门、法院执行部门、违法行为人(行政相对人)、社会组织、群众代表等,按照一定的规则和程序,充分听取各方主体的意见,共同研究决定执行方案和措施,并共同组织实施,提升判决执行的效率,保证受损害的公益得到更及时、更全面的修复。

6. 为提高检察机关内部办案效率,应明确上下级检察机关责任划分,突出承办检察官办案主体地位。刑事附带民事公益诉讼起诉案件原则上由拟提起诉讼的检察院自行审查决定,无须提级审批。各级检察院办理的第一件民事和行政公益诉讼起诉案件报请上一级检察院审查批准,其后拟提起诉讼的案件自行审查决定。刑事附带民事公益诉讼、民事公益诉讼、行政公益诉讼起诉后拟撤诉的案件,由拟提起诉讼的检察院自行审查决定。"等"外领域公益诉讼案件的立案和诉前程序可报请上一级检察院审查批准;拟提起诉讼的,层报省级检察院审查批准。重大疑难复杂公益诉讼案件的起诉和撤诉,有必要时可报请上一级检察院审查批准。上级检察院拟提出纠正或改变下级检察院办案意见前,应进行充分的沟通协商。

7. 在检察机关内部,公益诉讼和行政检察监督是相辅相成同步发展的关系,在办案中要打破行政检察和公益诉讼检察部门职能的樊篱,使行政公益诉讼诉前程序、司法程序与后续行政机关履职程序之间有序衔接,相互支撑,实现对行政执法监督和公共利益保护的整体监督和最佳效果。对造成重大公益损害的无效行政行为或不作为的案件,应协同发挥公益诉讼检察和行政检察职能,在对国家和社会公共利益、相对人的合理诉求等进行全面衡量的基础上,同时采取行政公益诉讼诉前检察建议和行政争议实质性化解调处的监督方式。办理非诉执行监督案件时,公益诉讼检察和行政检察之间应相互保障、相互支撑,根据被监督行政机关是否具有法律授权的强制执行权作为部门职能划分的标准。

8. 为及时解决监察监督和行政公益诉讼制度运行过程中存在的职

能交叉,需要采取一些补充和完善措施,保证二者处于动态均衡状态,以免对制度运行的效率造成影响。监察机关和检察机关在办案中应实现案件线索双向移送;双方应通过互相参与案件审查,对有关法律适用提出意见建议等方式加强互动协作。探索赋予符合条件的监察建议等同于行政公益诉讼诉前检察建议的效力;在行政公益诉讼未被授权的公共行政执法领域,监察机关针对重大行政决策提出监察建议后,行政机关没有及时纠正违法决策的,由监察机关直接移送检察机关提起行政公益诉讼。

以上提出的要旨内容,是以公益保护资源利用和制度运行成本为中心,运用制度经济学、博弈论、公共选择理论的基本原理和分析方法得出的制度改进建议。当然,地方检察机关和地方法院也不能机械僵化适用指导性案例的要旨:在参照适用的过程中要将指导性案例案件事实、外部环境、内外部职能衔接等情况与所办具体案件的相关情况进行比对,在对指导性案例要旨的指导价值和范围进行全面考量的基础上获得准确的处理方案。为确保指导性案例的质量,广泛吸纳社会各层面的意见,最高人民法院和最高人民检察院应当邀请人大代表、政协委员、人民陪审员、人民监督员、行政机关、律师、社会公众等各个层面的代表参与案例的遴选审查,吸纳法学、生态环保、食品药品等涉案相关领域专家学者提供咨询意见,遴选出符合公平与效率兼顾的目标、真正对实践具有指导价值的案例。

指导性案例确立的办案或审判规则有利于统一各级司法机关办理行政公益诉讼案件法律适用标准;那些取得良好的办案效果和效率、有利于节约司法成本提高制度效益的做法,通过指导性案例可以获得承继和延展,使之后办理的类似案件有先例可供遵循,由此可以缩短检察办案和法院的审理时间,节省司法办案资源,提升办案效率,从而提高公益司法保护的整体效率。通过最高司法机关统一发布的指导性案例,各级行政机关、造成公益损害的违法行为人也可以预测自身行为的可能风险,从而作出理性选择和判断,降低行政机关执法成本。指导性案例的发布，还有助于社会公众通过案例信息形成对自身行为与结果的稳定预期，提升公众对公益保护法律制度的认同感以及促进整个社会参与维护公益的积极性。总之，通过案例指导制度，可以逐步提升行政公益诉讼法律制度实施的确定性、一致性和可预见性，使行政公益诉讼促进提升整体社会效率和社会福利水平的增长并惠及最广大人民这一制度价值获得全面昭示和落实。

结　语

检察机关的法律监督以公益为坐标向行政执法领域拓展。无论是行政公益诉讼两阶段的程序设置,还是诉前检察建议的结案方式在整个行政公益诉讼体量中占比不断扩大的现实,都体现出制度设计者和实施者意图投入少一些司法资源,获得更多一些或更及时的公益损害补偿的初衷。用法经济学分析工具可以相对客观评价、预测一项法律制度的实施效果。但通过本书的研究发现,法经济学的分析效果很可能与立法者、实务工作者所希望达到的目标相去甚远,甚至背道而驰。对法律的经济分析可能会完全改变传统研究方法对法律规则提供支持或反对的理论依据,一些在传统研究方法下认为支持规则成立的明显正当理由可能会受到动摇。本书的研究结果表明,为了最大限度地保护公共利益不受损害,监督公共行政权依法行使,建立多层级多角度的监督体系,设计复杂的监督程序和多样化的诉讼类型,实行控制严密的内部工作机制,结果却可能事与愿违:不仅没有对行政权形成最优激励,而且由于管理成本的叠加带来制度净收益的减少,造成了社会资源的浪费。行政公益诉讼在诉前程序、司法程序、工作运行机制方面主要存在以下需要反思的问题:(1)在诉前程序及其与诉讼程序的衔接方面,行政机关、检察机关、行政相对人、社会公众之间复双重博弈结构带来的诉前程序和诉讼程序审查、判断、选择的成本收益及效率问题,生态环境损害救济中与生态环境损害赔偿改革的可能冲突和资源浪费问题;(2)在司法程序方面,行政公益诉讼与民事公益诉讼、行政附带民事公益诉讼、刑事附带民事公益诉讼程序选择的成本效率问题,检察机关实际承担较重举证责任的举证成本和反向预防激励问题,行政公益诉讼案件判决执行过程中的利益冲突问题;(3)在工作机制方面,检察机关内部在行政公益诉讼和行政检察之间的资源配置不平衡问题,与监察监督在制度运行过程中的职能交叉和制度非均衡等问题。

“天下熙熙,皆为利来;天下攘攘,皆为利往。”以科斯为首的法经济学研究先驱告诉我们,以提升效率为指向的制度改进与公平正义的价值目标并不冲突,公平、正义、效率等司法价值目标衡量标准要与当下社会发展阶段的具体目标相适应。以检察监督手段促进公共利益保护资源的最佳配置、最大限度增进社会福利、有效实现公共利益的最大化,是行政公益诉讼的制度基础,也是其最为重要的出发点和归宿。我们应当将发展中的行政公益诉讼置于经济社会发展的总体框架之中,置于国家治理体系和治理能力现代化进程之中,从增进总体社会福利的视角来理解分析和检验这一制度的运行对公益资源保护的实际作用,客观测度其未来发展。通过反思行政公益诉讼制度设计和实施中的理性局限,笔者认为,应当立足我国经济社会发展现状和公益保护资源配置需求,尽量释放制度改进的空间,从理念、主体性制度、权义模式、地方立法、案例指导五个方面进行制度改进:(1)改进行政公益诉讼制度设计和实施必须有明确的整体思路,这项制度的创制和运行必须兼顾公平和效率,二者之间互为基础、互为前提,以促进社会整体福利增长为目标。无论是作为新一轮司法体制改革中的检察职能重构,还是作为行政权制约监督体系的重要组成部分,行政公益诉讼都要以合理消除相关主体间行为的效率冲突,采取更有效率的运行模式,让最广泛的社会成员共享更多的社会福利,实现公益保护执法和司法资源的均衡配置状态为目标。(2)重构行政公益诉讼主体性制度,重新规范所有参与这项制度实施主体的角色定位。检察机关应当是提醒行政机关提高公共事务管理法治化程度和公共利益维护水平的建议者和督促者,行政机关应当是保护国家和社会公共利益职责的直接承担者和对检察监督的积极接纳者,审判机关应当是行政公益诉讼案件的主导者,监察机关应当是对公共管理重点领域执法机关工作人员履职情况的全方位监督者和权力滥用预防者、约束者,而所有制度实施的主体是共同致力于国家治理现代化的合作者。(3)在明确相关主体角色定位的基础上,应当重新配置检察机关、行政机关、审判机关、监察机关及社会公众的权利与义务、职权与职责,解决制度实施中的成本收益不成正比,无法形成有效激励和约束等问题。(4)从成本耗费与资源配置效率角度看,至少在当前这个时期,公益诉讼单独立法并非最优选择,当前更应该加强公益诉讼地方立法。(5)既符合最小化成本最大化收益原则又符合规则的可预知性和稳定性的改进路径,就是最高人民检察院和最高人民法院自上而下的案例指导。有关诉前程序、司法程序和工作机制方面的具体改进建议都可以提炼为指导性案例的要旨,通过加强指导性案例的针对性和适用性来改进制度实施中的不经济、低效率问题。

波斯纳强调,法治是一种真正的无法估价的公众善品;一项法律制度改革是否成立,关键是要客观测度其在真实世界中的后果。但是,传统的法律研究总有一种向后看而不是向前看的倾向:总想发现本质,而不是去拥抱经验的涌流。[1] 法经济学研究一直秉持一个重要观念——“向前看”,即着眼于事物将来的发展,面向未来或注重后果。“向前看”排斥的是只看眼前,只着眼于解决眼前纠纷的司法短视现象;“向前看”

---

〔1〕 参见[美]理查德·A.波斯纳:《法理学问题》,苏力译,中国政法大学出版社2002年版,第583页。

的观念能够为法律制度或司法政策实施过程和结果起到客观评价和矫正作用。对所有参与行政公益诉讼活动的主体重新进行科学定位,厘清相关主体的权利义务和职权职责,并通过指导性案例的发布和参照适用不断弥补法律文本不足,矫正以往检察办案或法院裁判中的司法偏差,虽然具有部分"向后看"的思维特征,但其实质上仍然是"向前看","因为前者只是后者的手段,'向后看'的最终目的还是为了'向前看'",[1]让行政公益诉讼这个无法估价的公众善品成为公益保护资源配置中最有效的激励信号。当然,法经济学的相关原理和分析工具并非适用于所有现实中的法律问题。本书中一些借助假定前提、数理模型等推导出的结论性意见也可能会因为假定前提不周延、量化检验不全面等因素造成解释力不足的问题,唯愿本书的研究思路、研究方法和制度改进建议与行政公益诉讼的其他研究成果形成不同视角的互补。

过去已成定格,未来仍可选择。法学研究的一项重要价值应当是对法律制度将来的改进方向提供不同角度的智识资源。向前看,行政公益诉讼才刚刚开始。

---

〔1〕 桑本谦、李秀霞:《"向前看":一种真正负责任的司法态度》,载《中国法律评论》2014年第3期。

参考文献

一、中文著作、译著

[1]陈清秀:《行政诉讼法》,法律出版社 2016 年版。

[2]陈瑞华:《司法体制改革导论》,法律出版社 2018 年版。

[3]陈新民:《德国公法学基础理论》(增订新版 · 上卷),法律出版社 2010 年版。

[4]邓小平:《邓小平文选》(第 3 卷),人民出版社 1993 年版。

[5]冯玉军主编:《新编法经济学:原理 · 图解 · 案例》,法律出版社 2018 年版。

[6]冯玉军:《法经济学范式》,清华大学出版社 2009 年版。

[7]冯玉军:《法律的成本效益分析》,兰州大学出版社 2000 年版。

[8]付子堂等:《马克思主义法学理论的中国实践与发展研究》,中国人民大学出版社 2020 年版。

[9]高鸿业主编:《西方经济学》(微观部分 · 第 7 版),中国人民大学出版社 2018 年版。

[10]韩成军:《依法治国视野下行政权的检察监督》,中国检察出版社 2015 年版。

[11]韩大元主编:《中国检察制度宪法基础研究》,中国检察出版社 2007 年版。

[12]何海波:《行政诉讼法》(第 2 版),法律出版社 2016 年版。

[13]黄欣荣:《复杂性科学的方法论研究》(第 2 版),重庆大学出版社 2012 年版。

[14]姜明安主编:《行政法与行政诉讼法》(第 6 版),北京大学出版社、高等教育出版社 2015 年版。

[15]姜明安主编:《行政执法研究》,北京大学出版社 2004 年版。

[16]蒋惠岭:《司法改革的知与行》,法律出版社 2018 年版。

[17]金观涛、刘青峰:《观念史研究:中国现代重要政治术语的形成》,法律出版社 2009 年版。

[18]林莉红主编:《行政法治的理想与现实:行政诉讼法实施状况实证研究报告》,北京大学出版社 2014 年版。

[19]卢现祥、刘大洪主编:《法经济学》,北京大学出版社 2007 年版。

[20]卢现祥、朱巧玲主编:《新制度经济学》(第 2 版),北京大学出版社 2012 年版。

[21]钱弘道:《法律的经济分析》,清华大学出版社 2006 年版。

[22]沈岿:《公法变迁与合法性》,法律出版社 2010 年版。

[23]沈宗灵:《现代西方法理学》,北京大学出版社 1992 年版。

[24]盛洪主编:《现代制度经济学》(第 2 版·上卷),中国发展出版社 2009 年版。

[25]盛洪主编:《现代制度经济学》(第 2 版·下卷),中国发展出版社 2009 年版。

[26]孙谦主编:《中国特色社会主义检察制度》(第 2 版),中国检察出版社 2015 年版。

[27]孙笑侠:《司法的特性》,法律出版社 2016 年版。

[28]汤自军:《法经济学基础理论研究》,西南交通大学出版社 2017 年版。

[29]汪庆华:《政治中的司法:中国行政诉讼的法律社会学考察》,清华大学出版社 2011 年版。

[30]王广辉:《比较宪法学》,北京大学出版社 2007 年版。

[31]王桂五主编:《中华人民共和国检察制度研究》,法律出版社 1991 年版。

[32]王桂五:《王桂五论检察》,中国检察出版社 2008 年版。

[33]习近平:《习近平谈治国理政》,外文出版社 2014 年版。

[34]习近平:《习近平谈治国理政》(第 2 卷),外文出版社 2017 年版。

[35]习近平:《习近平谈治国理政》(第 3 卷),外文出版社 2020 年版。

[36]谢鹏程选编:《前苏联检察制度》(第 2 版),中国检察出版社 2008 年版。

[37]谢鹏程、郑青、傅国云等:《行政执法检察监督论》,中国检察出版社 2016 年版。

[38]许崇德、皮纯协主编:《新中国行政法学研究综述》,法律出版社 1991 年版。

[39]杨惠基:《行政执法概论》,上海大学出版社 1998 年版。

[40]应松年主编:《行政法学新论》,中国方正出版社 2004 年版。

[41]余凌云:《行政法讲义》,清华大学出版社 2010 年版。

[42]张步洪:《行政检察制度论》,中国检察出版社 2013 年版。

[43]张乃根:《法经济学:经济学视野里的法律现象》,上海人民出版社 2014 年版。

[44]张维迎:《博弈论与信息经济学》(新 1 版),格致出版社、上海三联书店、上海人民出版社 2012 年版。

[45]张五常:《经济解释:张五常经济论文选》,易宪容、张卫东译,

商务印书馆2000年版。

[46]章剑生:《现代行政法基本理论》,法律出版社2008年版。

[47]周林彬:《法律经济学论纲》,北京大学出版社1998年版。

[48]最高人民检察院第八检察厅编:《行政公益诉讼典型案例实务指引》(生态环境资源保护领域上册),中国检察出版社2019年版。

[49]最高人民检察院第八检察厅编:《行政公益诉讼典型案例实务指引》(生态环境资源保护领域下册),中国检察出版社2019年版。

[50]最高人民检察院第八检察厅编:《民事公益诉讼典型案例实务指引》,中国检察出版社2019年版。

[51]最高人民检察院民事行政检察厅编:《检察机关提起公益诉讼实践与探索》,中国检察出版社2017年版。

[52][冰]思拉恩·埃格特森:《新制度经济学》,吴经邦等译,商务印书馆1996年版。

[53][德]伯恩·魏德士:《法理学》,丁晓春、吴越译,法律出版社2013年版。

[54][德]哈特穆特·毛雷尔:《行政法学总论》,高家伟译,法律出版社2000年版。

[55][德]汉斯·J.沃尔夫、奥托·巴霍夫、罗尔夫·施托贝尔:《行政法》(第1卷),高家伟译,商务印书馆2003年版。

[56][德]柯武刚、史漫飞:《制度经济学:经济秩序与公共政策》,韩朝华译,商务印书馆2000年版。

[57]《马克思恩格斯选集》(第1卷),人民出版社2012年第3版。

[58]《马克思恩格斯选集》(第2卷),人民出版社2012年第3版。

[59]《马克思恩格斯选集》(第3卷),人民出版社2012年第3版。

[60][德]普维庭:《现代证明责任问题》,吴越译,法律出版社2006年版。

[61][俄]Ю.Е.维诺库罗夫主编:《检察监督》(第7版),刘向文译,中国检察出版社2009年版。

[62][苏]B.Г.列别金斯基、[苏]Д.И.奥尔洛夫编:《苏维埃检察制度》,党凤德等译,中国检察出版社2008年版。

[63][美]E.博登海默:《法理学:法律哲学与法律方法》(修订版),邓正来译,中国政法大学出版社2004年版。

[64][美]阿兰·斯密德:《制度与行为经济学》,刘璨、吴水荣译,中国人民大学出版社2004年版。

[65][美]埃里克·弗鲁伯顿、[德]鲁道夫·芮切特:《新制度经济学:一个交易费用分析范式》,姜建强、罗长远译,格致出版社、上海三联书店、上海人民出版社2015年版。

[66][美]本杰明·卡多佐:《司法过程的性质》,苏力译,商务印书馆1998年版。

[67][美]丹尼尔·H.科尔:《污染与财产权:环境保护的所有权制度比较研究》,严厚福、王社坤译,北京大学出版社2009年版。

[68][美]道格拉斯·C.诺思:《经济史上的结构和变革》,厉以平译,商务印书馆1992年版。

[69][美]道格拉斯·C.诺思:《制度、制度变迁与经济绩效》,杭行译,格致出版社、上海三联书店、上海人民出版社2014年版。

[70][美]盖多·卡拉布雷西:《事故的成本:法律与经济的分析》,毕竞悦、陈敏、宋小维译,北京大学出版社2008年版。

[71][美]戈登·塔洛克:《公共选择》,柏克、郑景胜译,商务印书馆2015年版。

[72][美]加里·S.贝克尔:《人类行为的经济分析》,王业宇、陈琪译,格致出版社、上海三联书店、上海人民出版社2015年版。

[73][美]凯斯·R.桑斯坦:《行为法律经济学》,涂永前、成凡、康娜译,北京大学出版社2006年版。

[74][美]理查德·A.波斯纳:《法理学问题》,苏力译,中国政法大学出版社2002年版。

[75][美]理查德·A.波斯纳:《正义/司法的经济学》,苏力译,中国

政法大学出版社 2002 年版。

[76][美]理查德·B. 斯图尔特:《美国行政法的重构》,沈岿译,商务印书馆 2011 年版。

[77][美]理查德·波斯纳:《法律的经济分析》(第 2 版),蒋兆康译,法律出版社 2012 年版。

[78][美]罗宾·保罗·马洛伊:《法律和市场经济:法律经济学价值的重新阐释》,钱弘道、朱素梅译,法律出版社 2006 年版。

[79][美]罗伯特·考特、[美]托马斯·尤伦:《法和经济学》,史晋川、董雪兵等译,格致出版社、上海三联书店、上海人民出版社 2012 年版。

[80][美]罗纳德·H. 科斯:《企业、市场与法律》,盛洪、陈郁译校,格致出版社、上海三联书店、上海人民出版社 2014 年版。

[81][美]曼昆:《经济学原理:微观经济学分册》(第 5 版),梁小民、梁砾译,北京大学出版社 2009 年版。

[82][美]曼瑟尔·奥尔森:《集体行动的逻辑》,陈郁、郭宇峰、李崇新译,格致出版社、上海人民出版社 2018 年版。

[83][美]米尔伊安·R. 达玛什卡:《司法和国家权力的多种面孔——比较视野中的法律程序》,郑戈译,中国政法大学出版社 2004 年版。

[84][美]尼古拉斯·雷舍尔:《复杂性——一种哲学概观》,吴彤译,上海科技教育出版社 2007 年版。

[85][美]尼古拉斯·麦考罗、斯蒂文·G. 曼德姆:《经济学与法律——从波斯纳到后现代主义》,吴晓露、潘晓松、朱慧译,法律出版社 2005 年版。

[86][美]乔·B. 史蒂文斯:《集体选择经济学》,杨晓维等译,格致出版社、上海三联书店、上海人民出版社 2014 年版。

[87][美]乔治·斯蒂格勒:《价格理论》,施仁译,北京经济学院出版社 1990 年版。

[88][美]斯蒂文·沙维尔:《法律经济分析的基础理论》,赵海怡、

史册、宁静波译，中国人民大学出版社 2013 年版。

[89][美]威廉·N. 邓恩:《公共政策分析导论》(第 4 版)，谢明、伏燕、朱雪宁译，中国人民大学出版社 2011 年版。

[90][美]约翰·罗尔斯:《正义论》(修订版)，何怀宏、何包钢、廖申白译，中国社会科学出版社 2009 年版。

[91][美]詹姆斯·M. 布坎南:《公共物品的需求与供给》(第 2 版)，马珺译，上海人民出版社 2017 年版。

[92][美]詹姆斯·M. 布坎南:《自由、市场和国家:20 世纪 80 年代的政治经济学》，吴良健、桑伍、曾获译，北京经济学院出版社 1988 年版。

[93][美]詹姆斯·M. 布坎南、[美]戈登·塔洛克:《同意的计算:立宪民主的逻辑基础》，陈光金译，上海人民出版社 2017 年版。

[94][美]朱迪·弗里曼:《合作治理与新行政法》，毕洪海、陈标冲译，商务印书馆 2010 年版。

[95][英]丹尼斯·C. 缪勒:《公共选择理论》，韩旭、杨春学等译，中国社会科学出版社 2010 年版。

[96][英]H. L. A. 哈特:《法律的概念》(第 2 版)，许家馨、李冠宜译，法律出版社 2011 年第 2 版。

[97][英]洛克:《政府论》(下篇)，叶启芳、瞿菊农译，商务印书馆 1964 年版。

[98][英]亚当·斯密:《国富论》(上)，郭大力、王亚南译，译林出版社 2011 年版。

[99][英]亚当·斯密:《国富论》(下)，郭大力、王亚南译，译林出版社 2011 年版。

二、中文论文

[1]柏屹颖、翁芳洁:《行政检察监督与公益诉讼检察监督衔接机制研究》，载《中国检察官》2020 年第 18 期。

[2]蔡小雪、耿宝建、金诚轩:《行政机关申请法院强制执行维持或驳

回诉讼请求判决应如何处理》,载《法律适用》2014 年第 9 期。

[3]陈爱武、姚震宇:《环境公益诉讼若干问题研究——以生态环境损害赔偿制度为对象的分析》,载《法律适用》2019 年第 1 期。

[4]陈海嵩:《绿色发展中的环境法实施问题:基于 PX 事件的微观分析》,载《中国法学》2016 年第 1 期。

[5]陈兴良:《案例指导制度的规范考察》,载《法学评论》2012 年第 3 期。

[6]陈振明:《政治与经济的整合研究——公共选择理论的方法论及其启示》,载《厦门大学学报(哲学社会科学版)》2003 年第 2 期。

[7]成协中:《从行政过程的视角重塑行政执法检察监督》,载《人民检察》2013 年第 9 期。

[8]程多威、王灿发:《生态环境损害赔偿制度的体系定位与完善路径》,载《国家行政学院学报》2016 年第 5 期。

[9]程恩富、徐惠平:《新制度经济学派的成因、特点与总体评价——从海派经济学的角度来观察》,载《当代经济研究》2004 年第 9 期。

[10]程恩富:《新自由主义的起源、发展及其影响》,载《求是》2005 年第 3 期。

[11]迟晓燕:《行政公益附带民事公益诉讼的诉讼请求及判决执行》,载《中国检察官》2017 年第 18 期。

[12]崔建科:《论行政执法检察监督制度的构建》,载《法学论坛》2014 年第 4 期。

[13]戴治勇:《执法经济学:一个文献综述》,载《管理世界》2008 年第 6 期。

[14]丁春福:《社会主义市场经济:公平与效率有机结合的中国方案》,载《广西社会科学》2019 年第 4 期。

[15]杜磊:《检察指令权的程序性规制》,载《国家检察官学院学报》2016 年第 4 期。

[16]杜睿哲、赵潇:《行政执法检察监督:理念、路径与规范》,载《国

家行政学院学报》2014 年第 2 期。

[17]方福前:《论凯恩斯理论与罗斯福“新政”的关系》,载《经济理论与经济管理》1998 年第 3 期。

[18]方世荣:《东北振兴中的营商环境治理——关于拓展行政公益诉讼范围的思考》,载《社会科学辑刊》2018 年第 4 期。

[19]冯玉军:《法经济学范式的知识基础研究》,载《中国人民大学学报》2005 年第 4 期。

[20]冯玉军:《法经济学范式研究及其理论阐释》,载《法制与社会发展》2004 年第 1 期。

[21]傅国云、胡卫丽、张剑锋:《检察监督与监察监督衔接机制研究——以民事行政检察为对象》,载《汕头大学学报(人文社会科学版)》2018 年第 2 期。

[22]傅国云:《行政公益诉讼制度的构建》,载《中国检察官》2016 年第 5 期。

[23]傅国云:《行政检察监督的特性、原则与立法完善》,载《人民检察》2014 年第 13 期。

[24]傅国云:《论行政执法检察监督》,载《法治研究》2017 年第 4 期。

[25]高家伟:《检察行政公益诉讼的理论基础》,载《国家检察官学院学报》2017 年第 2 期。

[26]龚刚:《回归凯恩斯——写于〈通论〉发表 70 周年》,载《经济学(季刊)》2008 年第 1 期。

[27]郭振杰、刘洪波:《经济分析法学方法论的贡献及局限》,载《现代法学》2005 年第 3 期。

[28]韩波:《公益诉讼制度的力量组合》,载《当代法学》2013 年第 1 期。

[29]韩成军:《具体行政行为检察监督的制度架构》,载《当代法学》2014 年第 5 期。

[30]韩大元:《坚持检察机关的宪法定位》,载《人民检察》2012 年第 23 期。

[31]何海波:《行政行为对民事审判的拘束力》,载《中国法学》2008 年第 2 期。

[32]洪浩、程光:《检察行政公益诉讼中的第三人确定标准论析》,载《法律适用》2020 年第 11 期。

[33]侯佳儒:《生态环境损害的赔偿、移转与预防:从私法到公法》,载《法学论坛》2017 年第 3 期。

[34]胡卫列:《国家治理视野下的公益诉讼检察制度》,载《国家检察官学院学报》2020 年第 2 期。

[35]胡卫列:《论行政公益诉讼制度的建构》,载《行政法学研究》2012 年第 2 期。

[36]胡云腾、于同志:《案例指导制度若干重大疑难争议问题研究》,载《法学研究》2008 年第 6 期。

[37]黄立君:《论马克思对法律的经济分析》,载《政治经济学评论》2004 年第 3 期。

[38]黄萍:《生态环境损害索赔主体的适格性及其实现——以自然资源国家所有权为理论基础》,载《社会科学辑刊》2018 年第 3 期。

[39]黄泰岩:《构建公平与效率关系的新结构》,载《求是》2003 年第 11 期。

[40]黄文艺、魏鹏:《国家治理现代化视野下检察建议制度研究》,载《社会科学战线》2020 年第 11 期。

[41]黄学贤、张牧遥:《检察机关支持公益诉讼制度论》,载《甘肃社会科学》2016 年第 1 期。

[42]黄学贤:《行政公益诉讼回顾与展望——基于"一决定三解释"及试点期间相关案例和〈行政诉讼法〉修正案的分析》,载《苏州大学学报(哲学社会科学版)》2018 年第 2 期。

[43]贾永健:《中国检察机关提起行政公益诉讼模式重构论》,载

《武汉大学学报(哲学社会科学版)》2018 年第 5 期。

[44]江利红:《行政监察职能在监察体制改革中的整合》,载《法学》2018 年第 3 期。

[45]姜明安:《行政诉讼中的检察监督与行政公益诉讼》,载《法学杂志》2006 年第 2 期。

[46]姜明安:《论新时代中国特色行政检察》,载《国家检察官学院学报》2020 年第 4 期。

[47]姜涛:《检察机关提起行政公益诉讼制度:一个中国问题的思考》,载《政法论坛》2015 年第 6 期。

[48]蒋玮、李震:《检察公益监督的诉前建议适用及效力论》,载《西部法学评论》2019 年第 2 期。

[49]解文轶:《行政检察工作的现状与发展》,载《国家检察官学院学报》2015 年第 5 期。

[50]金波:《对违法行政行为法律监督问题的探讨》,载《西南政法大学学报》2007 年第 5 期。

[51]金国坤:《党政机构统筹改革与行政法理论的发展》,载《行政法学研究》2018 年第 5 期。

[52]柯华庆:《法律经济学的思维方式》,载《制度经济学研究》2005 年第 3 期。

[53]李浩:《生态损害赔偿诉讼的本质及相关问题研究——以环境民事公益诉讼为视角的分析》,载《行政法学研究》2019 年第 4 期。

[54]李洪雷:《检察机关提起行政公益诉讼的法治化路径》,载《行政法学研究》2017 年第 5 期。

[55]李建标、曹利群:《"诺思第二悖论"及其破解——制度变迁中交易费用范式的反思》,载《财经研究》2003 年第 10 期。

[56]李杰:《公平与效率:三十年不同学科研究述评》,载《社会科学研究》2008 年第 6 期。

[57]李劲:《行政公益诉讼的价值基础及制度构建》,载《社会科学

辑刊》2015 年第 3 期。

[58]李全喜:《习近平生态文明建设思想的内涵体系、理论创新与现实践履》,载《河海大学学报(哲学社会科学版)》2015 年第 3 期。

[59]李松林:《体制与机制:概念、比较及其对改革的意义——兼论与制度的关系》,载《领导科学》2019 年第 6 期。

[60]李松龄、栾晓平:《公平与效率的理论综述》,载《山东社会科学》2003 年第 4 期。

[61]李松龄:《新旧制度经济学派公平、效率分配观比较》,载《湖湘论坛》2003 年第 5 期。

[62]李晓西、林永生:《改革开放 40 年的中国市场经济发展》,载《全球化》2017 年第 7 期。

[63]李玉峰:《习近平关于生态文明建设的思想略论》,载《思想理论教育导刊》2015 年第 6 期。

[64]李挚萍:《生态修复案件中的责任承担和法律适用——以广州市白云区鱼塘污染公益诉讼案为例》,载《环境保护》2015 年第 8 期。

[65]李子、孟昭阳:《我国检察机关行政法律监督职能之完善》,载《南京政治学院学报》2017 年第 2 期。

[66]梁春程:《行政违法行为法律监督的历史、困境和出路》,载《天津法学》2018 年第 3 期。

[67]梁春程:《新时代"行政检察"概念论》,载《中国检察官》2019 年第 13 期。

[68]梁玉霞、沈志民:《走向公平正义——浅谈法律监督的意义与局限性》,载《广州大学学报(社会科学版)》2006 年第 1 期。

[69]廖小明:《公平正义在推进新时代中国特色社会主义进程中的基本范式》,载《理论导刊》2019 年第 2 期。

[70]林越坚、刘青青:《检察机关行政执法监督的法律经济学重述》,载《国家检察官学院学报》2017 年第 5 期。

[71]刘超:《环境行政公益诉讼诉前程序省思》,载《法学》2018 年第

1 期。

[72]刘国乾:《非诉行政执行模式的制度目标:以其司法审查为线索展开》,载《云南大学学报(法学版)》2010 年第 5 期。

[73]刘辉:《检察机关提起公益诉讼诉前程序研究》,载《中国检察官》2017 年第 3 期。

[74]刘莉、胡攀:《生态环境损害赔偿诉讼的公益诉讼解释论》,载《西安财经学院学报》2019 年第 3 期。

[75]刘艺:《公益诉讼检察与其他检察业务的融合发展》,载《人民检察》2019 年第 Z1 期。

[76]刘艺:《构建行政公益诉讼的客观诉讼机制》,载《法学研究》2018 年第 3 期。

[77]刘艺:《行政检察与法治政府的耦合发展》,载《国家检察官学院学报》2020 年第 3 期。

[78]刘艺:《检察公益诉讼败诉案件中的客观诉讼法理》,载《行政法学研究》2020 年第 6 期。

[79]刘艺:《检察公益诉讼的司法实践与理论探索》,载《国家检察官学院学报》2017 年第 2 期。

[80]刘艺:《论国家治理体系下的检察公益诉讼》,载《中国法学》2020 年第 2 期。

[81]刘艺:《刑事附带民事公益诉讼的协同问题研究》,载《中国刑事法杂志》2019 年第 5 期。

[82]刘艺:《中国特色行政检察监督制度的嬗变与重构》,载《人民检察》2018 年第 2 期。

[83]柳砚涛:《行政相对人违法行为的经济学分析及预防对策》,载《理论探索》2013 年第 4 期。

[84]卢超:《从司法过程到组织激励:行政公益诉讼的中国试验》,载《法商研究》2018 年第 5 期。

[85]卢现祥:《论制度变迁中的制度供给过剩问题》,载《经济问题》

2000 年第 10 期。

[86]卢现祥:《新制度经济学能统一社会科学吗?》,载《中南财经政法大学学报》2005 年第 1 期。

[87]吕忠梅:《"生态环境损害赔偿"的法律辨析》,载《法学论坛》2017 年第 3 期。

[88]马怀德、张红:《行政争议与民事争议的交织与处理》,载《法商研究》2003 年第 4 期。

[89]马怀德:《〈国家监察法〉的立法思路与立法重点》,载《环球法律评论》2017 年第 2 期。

[90]马怀德:《国家监察体制改革的重要意义和主要任务》,载《国家行政学院学报》2016 年第 6 期。

[91]梅宏、胡勇:《论行政机关提起生态环境损害赔偿诉讼的正当性与可行性》,载《重庆大学学报(社会科学版)》2017 年第 5 期。

[92]彭中遥:《论生态环境损害赔偿诉讼与环境公益诉讼之衔接》,载《重庆大学学报(社会科学版)》2021 年第 3 期。

[93]戚建刚、乌兰:《克服政治公地悲剧:祁连山生态问题的行政法思考》,载《福建行政学院学报》2018 年第 4 期。

[94]齐延平:《法的公平与效率价值论》,载《山东大学学报(社会科学版)》1996 年第 1 期。

[95]钱宁峰:《监察机关与执法部门之间关系的宪法定位及其具体化》,载《学海》2019 年第 3 期。

[96]强世功:《法理学视野中的公平与效率》,载《中国法学》1994 年第 4 期。

[97]秦前红、石泽华:《新时代法律监督理念:逻辑展开与内涵阐释》,载《国家检察官学院学报》2019 年第 6 期。

[98]秦前红:《检察机关参与行政公益诉讼理论与实践的若干问题探讨》,载《政治与法律》2016 年第 11 期。

[99]秦前红:《两种"法律监督"的概念分野与行政检察监督之归

位》，载《东方法学》2018 年第 1 期。

[100]秦前红、刘怡达：《“有关法律问题的决定”：功能、性质与制度化》，载《广东社会科学》2017 年第 6 期。

[101]曲振涛：《论法经济学的发展、逻辑基础及其基本理论》，载《经济研究》2005 年第 9 期。

[102]阮守武：《公共选择理论的方法与研究框架》，载《经济问题探索》2009 年第 11 期。

[103]桑本谦、李秀霞：《“向前看”：一种真正负责任的司法态度》，载《中国法律评论》2014 年第 3 期。

[104]桑本谦：《“钓鱼执法”与“后钓鱼时代”的执法困境——网络群体性事件的个案研究》，载《中外法学》2011 年第 1 期。

[105]桑本谦：《法理学主题的经济学重述》，载《法商研究》2011 年第 2 期。

[106]桑本谦：《推定与汉德过失公式》，载《广东社会科学》2003 年第 4 期。

[107]邵世星、安晓玉：《民事行政检察工作现状与发展思考——来自部分地区检察机关的调查与研究》，载《人民检察》2005 年第 16 期。

[108]沈开举、邢昕：《检察机关提起行政公益诉讼诉前程序实证研究》，载《行政法学研究》2017 年第 5 期。

[109]沈岿：《检察机关在行政公益诉讼中的请求权和政治责任》，载《中国法律评论》2017 年第 5 期。

[110]沈满洪、张兵兵：《交易费用理论综述》，载《浙江大学学报（人文社会科学版）》2013 年第 2 期。

[111]史晋川、吴晓露：《法经济学：法学和经济学半个世纪的学科交叉和融合发展》，载《财经研究》2016 年第 10 期。

[112]史绪广：《行政公益诉讼运行中的难点》，载《中国检察官》2017 年第 9 期。

[113]宋京霖：《行政公益附带民事公益诉讼的理论基础》，载《中国

检察官》2017 年第 18 期。

[114]覃慧:《检察机关提起行政公益诉讼的实证考察》,载《行政法学研究》2019 年第 3 期。

[115]谭家超:《国家监察权设置的功能》,载《河南社会科学》2017 年第 6 期。

[116]汤欣:《私人诉讼与证券执法》,载《清华法学》2007 年第 3 期。

[117]田凯:《行政公诉制度的前置程序》,载《人民检察》2011 年第 9 期。

[118]田凯:《检察机关开展行政执法监督的理论分析与制度设计》,载《人民检察》2006 年第 21 期。

[119]王春业、王娟:《行政公益诉讼范围的"等外"解读》,载《浙江学刊》2019 年第 6 期。

[120]王春业:《行政公益诉讼"诉前程序"检视》,载《社会科学》2018 年第 6 期。

[121]王春业:《论检察机关提起"预防性"行政公益诉讼制度》,载《浙江社会科学》2018 年第 11 期。

[122]王玎:《行政公益诉讼证据制度建构——以法经济学为分析视角》,载《青海社会科学》2018 年第 3 期。

[123]王玎:《检察机关提起行政公益诉讼的举证责任》,载《上海政法学院学报(法治论丛)》2017 年第 4 期。

[124]王圭宇:《行政执法、检察监督与法治政府的实现》,载《云南大学学报(法学版)》2012 年第 3 期。

[125]王洪涛:《威廉姆森交易费用理论述评》,载《经济经纬》2004 年第 4 期。

[126]王鸿翼:《谈民事行政检察权的配置》,载《河南社会科学》2009 年第 2 期。

[127]王华伟、刘一玮:《试论行政执法检察监督方式之改进——以"检察督促令"为契点》,载《湖北社会科学》2017 年第 6 期。

[128]王建国:《列宁一般监督理论的制度实践与借鉴价值》,载《法学评论》2013 年第 2 期。

[129]王珮蓓:《公平与效率的均衡:法经济学对社会发展目标的追求》,载《学术月刊》2006 年第 4 期。

[130]王万华:《完善检察机关提起行政公益诉讼制度的若干问题》,载《法学杂志》2018 年第 1 期。

[131]王旭光:《论生态环境损害赔偿诉讼的若干基本关系》,载《法律适用》2019 年第 21 期。

[132]王志伟:《哈耶克与新自由主义经济学》,载《福建论坛(人文社会科学版)》2005 年第 5 期。

[133]危辉星、谭星光:《非诉执行适度审查标准的再确立——从〈关于办理申请人民法院强制执行国有土地上房屋征收补偿决定案件若干问题的规定〉第 6 条谈起》,载《人民司法》2014 年第 5 期。

[134]魏建:《法经济学:效率对正义的替代及其批评》,载《甘肃社会科学》2002 年第 1 期。

[135]魏琼、梁春程:《行政公益诉讼中"行政机关不依法履行职责"的认定》,载《人民检察》2019 年第 18 期。

[136]魏晓娜:《依法治国语境下检察机关的性质与职权》,载《中国法学》2018 年第 1 期。

[137]温辉:《行政公益诉讼"等外"刍议》,载《河北法学》2020 年第 9 期。

[138]温辉:《行政诉讼法中"监督管理职责"的理解与适用》,载《法学杂志》2020 年第 4 期。

[139]文正邦:《公平与效率:人类社会的基本价值矛盾》,载《政治与法律》2008 年第 1 期。

[140]乌兰:《公共行政权监督的分野、补强与融合——一种基于监察与行政检察公益保护职能配置的思考》,载《政法论丛》2018 年第 2 期。

[141]乌兰:《行政附带民事公益诉讼若干问题研究——基于最高人民检察院检例第 29 号指导性案例的分析》,载《法律适用》2019 年第 22 期。

[142]吴元元:《双重博弈结构中的激励效应与运动式执法——以法律经济学为解释视角》,载《法商研究》2015 年第 1 期。

[143]吴忠民:《"效率优先,兼顾公平"提法再认识》,载《天津社会科学》2002 年第 1 期。

[144]肖金明:《建构、完善和发展我国行政检察制度》,载《河南社会科学》2011 年第 6 期。

[145]谢鹏程:《马克思主义法学经济分析方法的形成和发展》,载《烟台大学学报(哲学社会科学版)》1993 年第 4 期。

[146]谢玉美、刘为勇:《行政违法行为检察监督程序论》,载《行政法学研究》2017 年第 1 期。

[147]邢昕:《行政公益诉讼启动标准:基于 74 份裁判文书的省思》,载《行政法学研究》2018 年第 6 期。

[148]徐全兵:《检察机关提起公益诉讼有关问题》,载《国家检察官学院学报》2016 年第 3 期。

[149]徐全兵:《检察机关提起行政公益诉讼的职能定位与制度构建》,载《行政法学研究》2017 年第 5 期。

[150]徐文燕:《交易费用理论综合分析》,载《黑龙江财专学报》1998 年第 6 期。

[151]许中缘、颜克云:《论检察机关对行政执法的法律监督》,载《湖南社会科学》2015 年第 4 期。

[152]薛刚凌、范志勇:《检察机关在行政诉讼中的功能定位》,载《国家检察官学院学报》2013 年第 3 期。

[153]颜运秋、罗婷:《论确立环境公益诉讼奖励制度的正当性》,载《山东警察学院学报》2015 年第 5 期。

[154]杨建顺:《公共选择理论与司法权的界限》,载《法学论坛》

2003 年第 3 期。

[155]杨建顺:《拓展行政公益诉讼范围和路径的积极探索——赤壁市人民检察院诉赤壁市水利局怠于履行饮用水安全监管职责案评析》,载《中国法律评论》2020 年第 5 期。

[156]杨解君、李俊宏:《公益诉讼试点的若干重大实践问题探讨》,载《行政法学研究》2016 年第 4 期。

[157]杨立新:《民事行政诉讼检察监督与司法公正》,载《法学研究》2000 年第 4 期。

[158]杨龙:《公共选择学派关于集体决策规则的理论评析》,载《中共福建省委党校学报》2003 年第 1 期。

[159]叶必丰、刘轶:《西方行政法治理论演进的经济学基础》,载《法商研究(中南政法学院学报)》2000 年第 5 期。

[160]易亚东:《国家监察体制改革背景下的行政检察》,载《中国检察官》2018 年第 11 期。

[161]应松年、胡卫列、张步洪等:《行政诉讼检察监督制度的改革与完善》,载《国家检察官学院学报》2015 年第 3 期。

[162]应松年:《行政公益诉讼试点亟待解决的几个问题》,载《人民论坛》2015 年第 24 期。

[163]应松年:《检察机关对行政诉讼的法律监督》,载《国家检察官学院学报》2013 年第 3 期。

[164]袁庆明:《关于交易费用的几个问题》,载《江苏社会科学》2004 年第 1 期。

[165]詹金峰、汤维婷:《论生态环境损害赔偿制度与检察公益诉讼的衔接》,载《中国检察官》2019 年第 6 期。

[166]湛中乐:《三个层面构建科学的行政检察监督体系》,载《人民检察》2015 年第 2 期。

[167]张步洪、孟鸿志:《检察机关对公共行政的监督》,载《人民检察》2001 年第 9 期。

[168]张步洪:《“四大检察”融合背景下行政检察的新方位》,载《人民检察》2019 年第 19 ~20 期。

[169]张步洪:《略论完善行政诉讼检察监督制度》,载《人民检察》2004 年第 4 期。

[170]张辉:《论环境民事公益诉讼裁判的执行——“天价”环境公益诉讼案件的后续关注》,载《法学论坛》2016 年第 5 期。

[171]张建平、沈博:《改革开放 40 年中国经济发展成就及其对世界的影响》,载《当代世界》2018 年第 5 期。

[172]张晋邦:《论检察建议的监督属性——以行政公益诉讼中行政机关执行检察建议为视角》,载《四川师范大学学报(社会科学版)》2018 年第 6 期。

[173]张维迎:《法律制度的信誉基础》,载《经济研究》2002 年第 1 期。

[174]张相军:《关于做好新时代行政检察工作的思考》,载《中国检察官》2019 年第 7 期。

[175]张相军:《做实行政检察工作:提高行政检察监督质效》,载《人民检察》2019 年第 3 期。

[176]张晓飞、潘怀平:《行政公益诉讼检察建议:价值意蕴、存在问题和优化路径》,载《理论探索》2018 年第 6 期。

[177]张雪樵:《坚持司法为民　做实行政检察》,载《人民检察》2019 年第 Z1 期。

[178]张袁:《在交互中融合:检察机关提起刑事附带民事公益诉讼的程序考察》,载《安徽大学学报(哲学社会科学版)》2019 年第 6 期。

[179]张运萍、严然:《行政违法行为检察监督研究》,载《法学杂志》2009 年第 9 期。

[180]章剑生:《论行政公益诉讼的证明责任及其分配》,载《浙江社会科学》2020 年第 1 期。

[181]赵理文:《制度、体制、机制的区分及其对改革开放的方法论意

义》,载《中共中央党校学报》2009 年第 5 期。

[182]郑锦春、乌兰:《行政执法检察监督的正当性及其机制探析》,载《中国检察官》2014 年第 9 期。

[183]郑青:《论司法责任制改革背景下检察指令的法治化》,载《法商研究》2015 年第 4 期。

[184]中国社会科学院"新自由主义研究"课题组:《新自由主义研究》,载《马克思主义研究》2003 年第 6 期。

[185]周光迅、胡倩:《从人类文明发展的宏阔视野审视生态文明——习近平对马克思主义生态哲学思想的继承与发展论略》,载《自然辩证法研究》2015 年第 4 期。

[186]周林彬、黄健梅:《行为法经济学与法律经济学:聚焦经济理性》,载《学术研究》2004 年第 12 期。

[187]周为民、卢中原:《效率优先、兼顾公平——通向繁荣的权衡》,载《经济研究》1986 年第 2 期。

[188]周晓霞:《上下级检察院办案指导关系研究》,载《华东政法大学学报》2017 年第 4 期。

[189]朱全宝:《论检察机关提起行政公益诉讼:特征、模式与程序》,载《法学杂志》2015 年第 4 期。

[190]朱孝清:《国家监察体制改革后检察制度的巩固与发展》,载《法学研究》2018 年第 4 期。

[191]朱哲、孙秋枫、庄磊:《对马克思主义的经济分析法学的探讨》,载《理论探讨》2005 年第 5 期。

[192]庄永廉:《在新起点上推进新时代检察工作创新发展——大检察官研讨班述要》,载《人民检察》2018 年第 15 期。

[193]邹绯箭、邵晖:《"检察一体"与中国上下级检察院组织关系构建》,载《中国刑事法杂志》2013 年第 8 期。

[194][美]约瑟夫·费尔德:《科斯定理 1-2-3》,李政军译,载《经济社会体制比较》2002 年第 5 期。

［195］［美］克丽斯蒂娜·沃波鲁格:《替代诉讼的纠纷解决方式（ADR）》,载《河北法学》1998 年第 1 期。

［196］范愉:《浅谈当代“非诉讼纠纷解决”的发展及其趋势》,载《比较法研究》2003 年第 4 期。

［197］张文显:《习近平法治思想研究（中）——习近平法治思想的一般理论》,载《法制与社会发展》2016 年第 3 期。

［198］颜运秋:《习近平法治思想中有关公益诉讼的重要论述及其展开》,载《中国政法大学学报》2022 年第 1 期。

三、外文文献

［1］Alfred Denning, *Freedom Under the Law*, London: Stevens, 1949.

［2］Baumol W. J., *On Taxation and the Control of Externalities: Comment*, American Economic Review 62(3), 1972.

［3］Buchanan J. M., *A Contractarian Paradigm for Applying Economic Theory*, American Economic Review 65(5), 1975.

［4］Fowler V. Herper, Fleming James Jr., *The Law of Torts*, Boston: Little, Brown, 1956.

［5］Hardin G., *The Tragedy of the Commons*, Science 162 (13), 1968.

［6］John W. Kingdon, *Congressmen's Voting Decisions*, Ann Arbor: University of Michigan Press, 1989.

［7］Klein P., *Beyond Dissent: Essays in Institutional Economics*, Armonk: M. E. Sharpe, 1994.

［8］Llewellyn K. N., *The Effect of Legal Institutions Upon Economics*, American Economic Review 15(4), 1925.

［9］Mary B. Cairns, *The Law of Tort in Local Government*, London: Shaw, 1945.

[10] Trebing, Harry M. , *Public Utility Regulation*, *Institutionalist Contribution to.* in Hodgson, Geffrey M. , Semuels, Warren J. , et al. eds. , The Elgar Companion to Institutional and Evolutionary Economics. UK: Edward Elgar, 1994.

[11]池田実著『憲法』(嵯峨野書院,2016年)。

[12]高橋真『制度経済学原理』(税務経理協会,2012年)。

[13]高橋滋『行政法』(弘文堂,2018年)。

[14]亘理格「「公共性」の意味をどのように解すべきか—特集の趣旨説明を兼ねて」『法律時報』91巻11号(2019年)。

[15]関谷登「立憲的政治経済学は公共選択の拡張か?」『公共選択』65号(2016年)。

[16]黒川和美『官僚行動の公共選択分析』(勁草書房,2013年)。

[17]菊地諒「「法と経済学」の揺籃(三)—ジョン・R・コモンズの見解の紹介と検討—」『法學論叢』184巻5号(2018年)。

[18]菊地諒「「法と経済学」の揺籃(一)—ジョン・R・コモンズの見解の紹介と検討—」『法學論叢』183巻2号(2018年)。

[19]鈴村興太朗『厚生経済学と経済政策論の対話—福祉と権利、競争と規制、制度の設計と選択』(東京大学出版会,2018年)。

[20]塩野宏「行政法における『公益』について—公益法人制度改革を機縁として」『日本学士院紀要』64巻1号(2009年)。

[21]伊藤泰「憲法の選挙権条項の公共選択的基盤」『公共選択』70号(2018年)。

[22]櫻井敬子=橋本博之『行政法』(弘文堂,2019年)。

四、报纸与网络文献

[1]刘艺:《检察机关提起公益诉讼的道、理、势》,载《检察日报》2015年7月6日,第3版。

[2]姜明安:《完善立法,推进检察机关对行政违法行为的监督》,载

《检察日报》2016 年 3 月 7 日，第 3 版。

[3]马怀德、孔祥稳：《拓宽案件范围完善行政公益诉讼制度》，载《检察日报》2017 年 4 月 3 日，第 3 版。

[4]姜明安：《检察机关提起公益诉讼应慎重选择诉讼类型》，载《检察日报》2017 年 2 月 22 日，第 3 版。

[5]万进福：《行政公益诉讼中的举证责任分配》，载《人民法院报》2017 年 9 月 27 日，第 6 版。

[6]徐日丹：《中国之治：法律监督新布局助力国家治理现代化》，载《检察日报》2020 年 1 月 12 日，第 1 版。

[7]《发挥检察建议在社会治理中的规范引领作用》，载《检察日报》2020 年 1 月 13 日，第 1 版。

[8]刘艺：《准确理解和把握公益、诉讼、试点概念的内涵》，载《检察日报》2015 年 10 月 23 日，第 3 版。

[9]习近平：《切实把思想统一到党的十八届三中全会精神上来》，载《人民日报》2014 年 1 月 1 日，第 2 版。

[10]江必新：《依法开展生态环境损害赔偿审判工作　以最严密法治保护生态环境》，载《人民法院报》2019 年 6 月 27 日，第 5 版。

[11]江必新：《认真贯彻落实民事诉讼法、行政诉讼法规定全面推进检察公益诉讼审判工作》，载《人民法院报》2018 年 3 月 5 日，第 3 版。

[12]乌兰：《野生动物保护：刑事、民事并举增强合力》，载《检察日报》2019 年 1 月 17 日，第 3 版。

[13]《最高人民检察院关于开展公益诉讼检察工作情况的报告（摘要）》，载《检察日报》2019 年 10 月 25 日，第 2 版。

[14]《要常态化开展公益诉讼“回头看”》，载《检察日报》2019 年 9 月 2 日，第 1 版。

[15]刘加良：《公益诉讼单独立法的必要性与可能方案》，载《检察日报》2020 年 11 月 12 日，第 7 版。

[16]田凯：《检察公益诉讼立法要破立并举》，载《检察日报》2020 年

11 月 5 日,第 5 版。

[17]湛中乐:《探索公益诉讼的中国方案——公益诉讼单独立法的必要性与可能性》,载《检察日报》2020 年 11 月 26 日,第 7 版。

[18]杨建顺:《“过期之诉”与行政检察监督的价值追求》,载《检察日报》2020 年 12 月 30 日,第 7 版。

[19]沈静芳:《内蒙古首例行政附带民事公益诉讼案开庭》,载《检察日报》2017 年 11 月 16 日,第 1 版。

[20]《内蒙古检察机关公益诉讼十大典型案例公布》,载内蒙古自治区人民检察院官网 2018 年 9 月 30 日,http://www.nm.jcy.gov.cn/xwzx/qnyw/201809/t20180930_2373815.shtml。

[21]《中央第二环境保护督察组交办第二批群众举报环境问题调查处理情况公示》,载包头市人民政府官网 2018 年 6 月 14 日,https://www.baotou.gov.cn/info/4513/171005.htm。

[22]《政府大事记》,载达茂旗人民政府官网 2018 年 7 月 31 日,http://www.dmlhq.gov.cn/c/2018-07-31/1204420.html。

[23]《江苏省政府首次以赔偿权利人身份提起生态环境损害赔偿诉讼》,载央广网 2017 年 4 月 26 日,http://news.cnr.cn/native/city/20170426/t20170426_523727209.shtml。

[24]《2019 年城镇非私营单位就业人员年平均工资 90501 元》,载国家统计局官网 2020 年 5 月 15 日,http://www.stats.gov.cn/tjsj/zxfb/202005/t20200515_1745764.html。

[25]《最高检发布 26 件公益诉讼典型案例》,载人民网 2019 年 10 月 11 日,http://legal.people.com.cn/n1/2019/1011/c42510-31393997.html。

[26]《最高人民检察院工作报告》,载最高人民检察院官网 2020 年 6 月 1 日,https://www.spp.gov.cn/spp/gzbg/202006/t20200601_463798.shtml。

[27]《宿迁首例行政公益诉讼案当庭宣判,检察机关诉讼请求得到

全部支持》,载江苏检察网 2018 年 4 月 3 日,http://www. jsjc. gov. cn/yaowen/201804/t20180403_338142. shtml。

[28]林中明、成起萱:《上海:探索生态环境损害赔偿责任磋商机制》,载正义网 2019 年 8 月 13 日,http://news. jcrb. com/jxsw/201908/t20190813_2035070. html。

[29]《诉前磋商! 内蒙古自治区通辽市检察院探索民事公益诉讼诉前解决新路径》,载新浪网 2019 年 4 月 21 日,https://finance. sina. com. cn/roll/2019 - 04 - 21/doc - ihvhiewr7420977. shtml。

[30]《通辽中院发布全区首份生态环境损害赔偿司法确认裁定书》,载通辽市中级人民法院官网 2020 年 2 月 26 日,http://tlzy. nmgfy. gov. cn/article/detail/2020/07/id/5358734. shtml。

[31]《福建省检察机关首创公益诉讼诉前圆桌会议机制效果显著》,载闽南网 2019 年 2 月 19 日,http://www. mnw. cn/news/fj/2128638. html。

[32]张仁平、林道雨:《检察机关行政公益诉讼诉前圆桌会议机制探索推行纪实》,载正义网 2019 年 7 月 18 日,http://news. jcrb. com/jxsw/201907/t20190718_2024819. html。

[33]《衢州通过地方立法支持保障公益诉讼》,载新浪网 2018 年 10 月 18 日,http://k. sina. com. cn/article_1708763410_65d9a91202000oikz. html。

[34]《检察公益诉讼助餐馆从“浪费大户”到“光盘先锋”》,载民主与法制网 2022 年 2 月 11 日,http://www. mzyfz. com/cms/pufazhuanlan/pufazhuanti/pufashijian/html/1177/2022 - 02 - 11/content - 1554355. html。

[35]《2021 年生态环境领域检察公益诉讼十大典型案例》,载微信公众号“内蒙古检察”2021 年 12 月 28 日,https://view. inews. qq. com/k/20211228A07UXH00? web_channel = wap&openApp = false。

五、学位论文

[1]刘宛晨:《新制度经济学视角下的公有产权变革公平与效率问题

研究》,湖南大学 2005 年博士学位论文。

[2]马萌萌:《行政公益案件的执行问题及对策》,山东大学 2017 年硕士学位论文。

[3]徐庭祥:《行政诉讼的制度经济学分析——以受案范围为对象的研究》,西南政法大学 2009 年硕士学位论文。

[4]赵永建:《政府结构变革研究——公共行政价值的视角》,武汉大学 2011 年博士学位论文。

后　记

本书是在我的博士学位论文的基础上修改完成的。从法经济学角度研究检察公益诉讼问题，是我的导师戚建刚教授在2018年上半年帮助我确定的论文选题方向。我曾在检察机关从事多年的民行检察工作，参与了行政违法行为检察监督探索、公益诉讼改革试点及全面推行的整个过程。因为对行政违法行为检察监督和检察公益诉讼实践有着较为全面的认识和了解，该制度运行中出现的诸多理论和实践问题常常会引发我的深入思考和反思。戚老师结合我的工作经历和学术兴趣，提出以法经济学作为研究视角和切入点，为我研究检察公益诉讼问题拓宽了思路。在拟定提纲、撰写初稿、持续修改的过程中，导师倾注了大量的时间和心血给予指导，更在这篇跨学科研究论文陷入写作僵局时及时帮我梳理问题，为我指点迷津。戚老师对学术研究的无比热忱、刻不待时的惜时观念、孜孜不倦的创作激情、乐观积极的人生态度，是我永远的学习榜样！

感谢中南财经政法大学宪行导师组的各位导师。刘茂林教授、方世荣教授、王广辉教授、胡弘弘教授、石佑启教授，每一位导师都是治学严谨、学术精湛的大家学者，更是平易近人、豁达睿智的和蔼长者。在中南财经政法大学学习的几年，无论是在旁听开题、预答辩、正式答辩时，还是在参加学术会议、座谈的过程中，我都每每折服于导师组各位导师深厚的学术积淀，也感佩着各位导师睿智、宽容、平和的学养和心胸。方世荣教授在博士一年级时为我们讲授的论文写作方法课使我获益良多，尤其是如何从纷繁复杂的表面现象中寻找出最基本和最核心问题的指导至今记忆犹新。在论文开题和预答辩的过程中，刘茂林教授、方世荣教授、王广辉教授、胡弘弘教授、徐银华教授对我的论文提出了极具针对性和启发性的修改建议，各位老师的建议高屋建瓴、醍醐灌顶，让我受益匪浅。能够在这么多优秀学者的教导下学习几年，何其幸运！感谢武汉大学法学院的江国华教授和武汉理工大学法学院的李牧教授，两位老师在论文答辩中提出的宝贵意见建议让我深受启发，也促使我在毕业后继续深入思考并修改完善论文内容。

一路走来，得到了很多师长、领导、同窗、亲友的鼓励、支持和关照。我硕士研究生时期的导师，内蒙古大学法学院的王红岩教授，是一位慈祥、宽厚、正直的长者，是最早引领我走进学术研究之门的师者。研究生一年级下学期的那个春夏之交，王老师拖着病体伏案反复修改我的第一篇投稿小论文的情景，至今仍历历在目。师恩永难忘，祝愿老人家健康长寿！中国政法大学的刘艺教授是我国公益诉讼领域的前沿学者，多年来深耕于公益诉讼研究，成果斐然；我在博士学位论文写作过程中得到了刘老师无私的指导和帮助，在此向刘老师表示衷心的感谢！读博期间，结识了学识、人品、能力都很出众的诸位同窗，王丹、景勤、刘良志、肖季业、陈可翔、唐冬平、阿里木·沙塔尔，我们相互鼓励、结伴同行，与你们相知相伴的日子，是我最美好的回忆！漫长的求学生涯，还得到了很多师长、同学和亲友的帮助，那些雪中送炭的情谊，我会铭记在心！

感谢我的父母、亲人。从小到大，父母为我提供了他们能力所及最好的学习和生活条件。在漫长且艰辛的论文写作过程中，他们给予了我最无私的关爱,对我作出的每一次选择,都给予了毫无保留的支持,也总是为我的每一点小小进步而欢欣鼓舞。

感谢本书的责任编辑,法律出版社的似玉老师! 本书能够顺利出版,得益于似玉老师专业高效的工作能力和耐心细致的指导帮助。感谢法经济学研究领域的各位先驱学者,他们创建的法经济学研究体系、基本原理和分析工具,为后人提供了宝贵的学术沃野。感谢检察公益诉讼,有幸在试点初期即加入其中成为一名公益诉讼人,见证了检察公益诉讼从无到有、从试点探索到蓬勃发展的历程。于我,它远不只是曾经从事过的一项工作;在持续的思考、对话和研磨过程中,检察公益诉讼早已成为我的老朋友,彼此相知,共同成长,衷心希望它越来越好。

人生的每一段旅程都会有不同的风景,我将怀着一颗感恩的心继续前行,无论何时,都要向前看、向善、向好!

乌　兰

2023 年 4 月 28 日